# DES

# EFFETS DE COMMERCE

## ÉTUDE DE LÉGISLATION COMPARÉE

PAR

## DANIEL TOUZAUD

DOCTEUR EN DROIT, ANCIEN MAGISTRAT
PROFESSEUR A LA FACULTÉ LIBRE DE TOULOUSE

OUVRAGE COURONNÉ
PAR L'ACADÉMIE DES SCIENCES MORALES ET POLITIQUES

## PARIS

## L. LAROSE ET FORCEL

Libraires-Éditeurs
22, RUE SOUFFLOT, 22

1882

DES

# EFFETS DE COMMERCE

# DU MÊME AUTEUR

DES VICES DU CONSENTEMENT EN DROIT ROMAIN EN EN DROIT FRANÇAIS, 1 *vol. in-8°*, Paris, 1873.

DE LA PROPRIÉTÉ DES ÉGLISES ET DES PRESBYTÈRES, *broch.*, Paris, 1878.

DE LA SÉPARATION DES POUVOIRS ET DU TRIBUNAL DES CONFLITS, *broch.*, Paris, 1879.

### POUR PARAITRE PROCHAINEMENT :

ESSAI SUR LES PARLEMENTS ET LES ÉTATS-GÉNÉRAUX (*Ouvrage couronné par l'Académie des sciences morales et politiques*).

Châteauroux. — Typographie et Stéréotypie A. MAJESTÉ

# DES
# EFFETS DE COMMERCE

## ÉTUDE DE LÉGISLATION COMPARÉE

PAR

## DANIEL TOUZAUD

DOCTEUR EN DROIT, ANCIEN MAGISTRAT
PROFESSEUR A LA FACULTÉ LIBRE DE TOULOUSE

OUVRAGE COURONNÉ

PAR L'ACADÉMIE DES SCIENCES MORALES ET POLITIQUES

## PARIS

## L. LAROSE ET FORCEL

Libraires-Editeurs
22, RUE SOUFFLOT, 22

1882

# RAPPORT

PRÉSENTÉ

*A l'Académie des Sciences Morales et Politiques au nom de
la Section de Législation sur le concours de 1880*

## Pour le Prix Bordin

PAR

## M. G. MASSÉ

Membre de l'Institut, Président à la Cour de Cassation (1).

———

Sur la proposition de la Section de Législation,
l'Académie avait mis au concours pour le prix
Bordin, le sujet suivant :

« Exposer les modifications qui depuis le commencement du siècle ont été introduites en France et
à l'étranger dans les lois relatives aux titres négociables par la voie de l'endossement et aux titres au
porteur. — Examiner à cet égard les diverses législations, et en faire ressortir les avantages et les inconvénients. »

. . . . . . . . . . . . . . . . . . . . . . . .

Il en est autrement du mémoire portant le n° 1
ayant pour épigraphe : *Les opérations de change,*

———

(1) *Compte rendu des séances et travaux de l'Académie des sciences
morales et politiques. — Institut de France.*
(*Livraison de septembre — octobre 1880*).

1.

*admirables inventions, véhicules puissants, qui trans-
portent d'un bout du monde à l'autre les richesses
naturelles et créées, mais dont la modération fait la
force* (G. Massé), et contenant 379 pages in-4°.

L'auteur de ce mémoire, dans une introduction très
intéressante, jette un coup d'œil rapide sur l'état
économique et les besoins du commerce, les payements à distance, la circulation des valeurs et le
crédit ; il passe en revue les différentes sortes d'effets
de commerce, la lettre de change et le billet à ordre,
le chèque et les valeurs en marchandises, tels que
le warrant et les ordres en denrées ; il apprécie le car-
ractère général des innovations modernes, les avantages et les inconvénients des nouvelles réformes et
prouve la nécessité de l'intervention de la science
pour servir de guide à la pratique commerciale et
à la législation.

Entrant ensuite dans le cœur de son sujet, il divise les titres ou valeurs négociables en deux catégories : les titres ou valeurs pécuniaires, et les valeurs en
marchandises, c'est-à-dire payables en marchandises,
ou ayant pour objet une livraison en marchandises ;
la première catégorie comprenant la lettre de change,
le billet à ordre, le chèque ; la seconde, les factures, les ordres de livraison, le connaissement,
la lettre de voiture, les récépissés-warrants, les billets en marchandises, les ordres en denrées.

Sur chacun de ces titres, l'auteur fait, autant que
la matière le comporte, un exposé historique et

doctrinal des principes qui le régissent, des variations que ces principes ont subies, de la législation française, des législations étrangères, et un examen critique de ces législations. Il entre ainsi complètement dans les termes de notre programme, en prenant les divers titres négociables à leur origine et en les suivant à travers les modifications que la pratique ou la loi ont apportées à leurs conditions d'existence et à leurs effets.

Il va sans dire que dans ce travail, d'ailleurs très complet, une des parties les plus amplement traitées est celle qui est relative à la lettre de change, la valeur négociable par excellence, et à l'occasion de laquelle peuvent être examinées la plupart des questions auxquelles donnent lieu les titres transmissibles par voie d'ordre, ainsi que les théories anciennes et nouvelles sur leur nature et leurs conditions.

Ces théories sont examinées surtout dans le chapitre consacré à la comparaison des diverses législations sur la lettre de change. Après avoir rappelé que le caractère et la raison d'être originaire de la lettre de change était de procurer au commerce un transport fictif du numéraire et d'éviter le déplacement aussi incommode que périlleux des métaux précieux, et que cette conception de la lettre de change complétée par la faculté de la transmission par voie d'endossement, et par les règles relatives à l'acceptation et à la provision, avait servi de base à l'ordonnance de 1673 et au code de commerce français de 1807, l'auteur explique comment au cours du XIX⁰ siècle le mouvement des affaires a porté le commerce à chercher plutôt la facilité dans les relations que la sécurité dans les moyens.

De là les réformes introduites en Allemagne et dans d'autres pays, qui n'auraient fait que suivre l'exemple de la pratique anglaise formée sous le seul empire de la coutume et dont la tendance a toujours été de laisser à l'instrument de circulation appelé lettre de change, toute son élasticité, toute sa souplesse et son extension la plus large.

Sous l'empire de ces idées, on est arrivé à reconnaître que la lettre de change pouvait n'être pas seulement un moyen d'éviter le transport effectif des espèces monnayées, mais qu'elle pouvait être elle-même un article de commerce qui augmentait la masse des valeurs en circulation, et devenir un moyen de payer, de recouvrer, de compenser (1). Et de là à supprimer la nécessité de la remise de place en place, il n'y avait qu'un pas. Aussi, de toutes les réformes proposées, cette suppression paraît-elle, à l'auteur du mémoire n° 1, la plus facile à justifier.

Néanmoins, il est loin d'admettre le système de certains réformateurs qui assimilent la lettre de change au billet de banque, ou qui ne veulent y voir qu'une sorte de contrat *litteris* dans lequel le sous-cripteur serait tenu *scriptura*, par cela seul qu'il se

_______________

(1) Delamarre et Le Poitvin, V, p. 441.

serait obligé, indépendamment de toute cause certaine et licite d'obligation. C'est oublier qu'en droit il ne peut y avoir d'obligation sans cause, c'est oublier surtout que la lettre de change, à moins de devenir un papier de circulation sans valeur, doit représenter une affaire, et avoir derrière elle une opération qu'elle sert à conclure ou à liquider.

Le mémoire n° 1 reconnaît cependant que la suppression de la remise de place en place entraîne la suppression de la mention rigoureusement exigée jusqu'ici de la valeur fournie au tireur de la lettre de change. Il suffit que l'obligation contractée par le tireur ait une cause, sans qu'il soit nécessaire qu'elle soit exprimée.

Mais c'est là que se bornent les réformes dont il reconnaît notre législation susceptible, et il repousse toutes celles qui tendraient à faire de la lettre de change un papier-monnaie sans garantie.

Il est impossible d'entrer dans les détails des nombreuses questions examinées ou résolues par l'auteur, à l'occasion des divers titres négociables dont il expose la nature, et dont il explique la fonction dans les négociations commerciales où ils sont appelés à jouer un rôle. Il nous suffira d'avoir indiqué le plan général de son travail et l'esprit de judicieuse critique qui a présidé à son exécution.

Nous vous signalerons cependant comme tout à fait dignes d'attention les deux derniers chapitres de ce mémoire sur les billets en marchandises et les valeurs en denrées, qui renferment les aperçus les plus curieux et les plus intéressants sur les avantages que pourrait procurer l'emploi de ces valeurs fort répandu dans le midi de d'Italie pour la vente à livrer des produits de l'agriculture.

En terminant, nous exprimerons le regret de trouver dans ce travail, d'ailleurs si complet, une lacune qui a son importance. L'auteur a omis de traiter des titres au porteur (1). Il y est bien question quelquefois du billet de banque à l'occasion d'autres valeurs ; on y examine bien le point de savoir si une lettre de change ou si d'autres titres négociables peuvent être faits au porteur. Mais on n'y trouve pas une division ou un chapitre traitant spécialement des titres au porteur. Cependant ces titres étaient compris dans notre programme. Si l'auteur les a omis, ce n'est certainement pas par oubli ou par impuissance : ce ne peut être que parce qu'il ne s'est pas rendu un compte exact de ce qui lui était demandé.

Néanmoins cette lacune, facile d'ailleurs à combler, ne saurait diminuer le mérite supérieur du mémoire n° 1, en ce qui concerne les titres négociables par la voie de l'endossement, et la section de Législation n'hésite pas à vous proposer de lui accorder le prix.

*Le Rapporteur :*

G. Massé.

---

(1) L'auteur s'est empressé de répondre au vœu de l'Académie (Livre I, Titre IV).

# INTRODUCTION

I. — *L'état économique et les besoins du commerce.* — La richesse mobilière. — Des payements à distance. — La circulation des valeurs. — Le crédit.

II. — *Les différentes sortes d'effets de commerce.* — La Lettre de change et le Billet à ordre. — Le Chèque. — Les valeurs en marchandises. — Récépissé-Warrant. — « Ordres en denrées ».

III. — *Caractère général des innovations modernes.* — La circulation et le papier-monnaie. — Avantages et inconvénients des nouvelles réformes : Nécessité de l'intervention de la science pour servir de guide à la pratique commerciale et à la législation.

Le mouvement économique sans cesse grandissant depuis le commencement du XIX⁰ siècle, en même temps qu'il développait les transactions du commerce, a étendu les limites de la science du droit. Des perspectives nouvelles se sont révélées aux yeux du jurisconsulte, à mesure que les relations humaines sont devenues plus actives et plus fécondes.

Par lui-même, le progrès naturel de toutes choses tendait à rapprocher les peuples, et pour ainsi dire les mondes entre eux. On manquait encore de l'instrument, du

véhicule susceptible de porter dans toutes les parties de
la terre habitée l'étincelle civilisatrice. Il était réservé à
notre siècle de découvrir les agents merveilleux aptes à
supprimer les distances : l'électricité, qui transmet la
pensée, communique les ordres ; la vapeur, qui transporte
hommes et choses.

Aidés, renouvelés par d'aussi prodigieuses découvertes,
comment le commerce, comment l'industrie n'auraient-
ils pas changé de face ? Et comment, par suite, le monde
des affaires aurait-il pu se contenter des instruments de
crédit et de circulation, qui lui avaient suffi jusque-là ?
Tels qu'ils étaient, ces « effets de commerce » avaient assurément, au jour de leur création, constitué un progrès
considérable : Désormais ils devaient être à leur tour trans-
formés ou renouvelés ; et, avec eux, devaient se modifier
bien des règles considérées comme fondamentales du
droit commercial.

Il n'est guère, à vrai dire, d'élément de cette branche
du droit, qui n'ait subi, dans la législation de chaque peuple, des modifications capitales.

En 1807, le législateur français se bornait à remanier les admirables ordonnances du XVIIᵉ siècle.

Il promulguait un Code appelé à devenir aussi la loi des
nations voisines. Après la Belgique, après l'Espagne et le
Portugal, l'Italie adoptait, presque sans y rien changer,
notre Code de Commerce.

Mais, la France ne devait pas être la dernière à apporter
à sa législation de successives et importantes réformes.
La Belgique nous suivait et devait bientôt nous dépasser

dans cette voie. L'Allemagne, après avoir tracé des routes toutes nouvelles, par la loi du 24 novembre 1848 sur le change, que nous aurons à étudier et à juger, l'Allemagne promulguait, le 31 mars 1861, un Code de commerce, dont l'Autriche ne tarda pas à s'approprier les quatre premiers livres, aux termes d'une loi du 17 décembre 1862. En ce moment l'Italie étudie un projet de loi pour la réforme du Code de commerce (1), tandis que la Suisse prépare, de son côté, l'adoption du projet d'un Code fédéral, dont la rédaction remonte à 1864.

Quelles sont donc les principales entre ces réformes, dont la France, depuis 1807, avait encore su dans une assez large mesure prendre l'initiative.

C'est d'abord, la matière des faillites (2) ; puis, viennent les sociétés commerciales (3) ; citons ensuite le gage commercial (4), la légistion relative aux agents de change (5),

---

(1) En 912 articles, présenté une première fois au Sénat italien le 1er juin 1877, et à titre définitif le 13 février 1879. — (*Voy*. M. Massé, *Compte rendu de l'Académie des sciences morales et politiques, mai-juin 1879.*)

(2) Pour la France, loi du 8 juin 1838. — Pour l'Angleterre, acts 24 et 25 Vict. C. 134 ; 32, 33 Vict. C. 62, 71 et 83. — Pour l'Autriche, loi du 25 décembre 1858. — Pour l'Allemagne, les lois prussiennes des 8 mai 1865 et 12 mars 1867 ; et enfin, les lois judiciaires de l'empire, qui sont entrées en vigueur en 1879 et dont l'une est spéciale aux faillites.

(3) Pour la France, lois des 17 juin 1856, 23 mai 1863, 24 juillet 1867. — Pour l'Angleterre, acts 26 et 25 Vict. C. 89 ; 28 et 29 Vict. C. 126 ; 30 et 31 Vict. C. 131. — Pour la Belgique, loi du 18 mai 1873. — Pour l'Allemagne, lois des 11 juin 1870 et 22 avril 1871.

(4) Pour la France, loi du 23 mai 1863. — Pour la Belgique, loi du 3 mai 1872.

(5) Pour la France, loi du 2 juillet 1862. En Belgique, la loi nouvelle est du 30 décembre 1867.

l'organisation de la juridiction commerciale (1) ; n'oublions pas l'abolition de la contrainte par corps (2).

Ajouterons-nous les réformes adoptées par certains peuples voisins, mais que la France n'a pas cru devoir admettre, notamment en ce qui touche la liberté de l'intérêt de l'argent (3) ? Relaterons-nous les *acts* édictés en Angleterre, concernant les assurances sur la vie (4) ?

A bien dire, de toutes les parties du droit commercial, la matière des *effets de commerce* est peut-être celle qui a subi les modifications les plus étendues et les plus fondamentales. C'est surtout sur ce point qu'il s'est opéré une véritable *révolution* législative (5), dont la loi allemande de 1848 a donné le signal. Cette loi elle-même ne faisait d'ailleurs, en réalité, que consacrer la coutume anglo-américaine en matière d'effets de commerce. La Belgique, en 1872, s'est engagée dans la même voie, et de son côté la Hongrie, en 1876 ; car les lois commerciales allemandes régissaient déjà l'Autriche proprement dite. Les *projets* préparés par la Suisse et par l'Italie poursuivent, à leur tour, de pareilles réformes. On peut dire que tout ce qui touche la circulation des valeurs a été depuis le

---

(1) Pour la France, loi du 21 décembre 1871. — En Belgique, loi du 1er juin 1869. — En Allemagne, loi du 12 juin 1869 ; et loi prussienne du 24 février 1870, sur les chambres de commerce.

(2) Pour la France, loi du 22 juillet 1867. — Pour la Belgique, loi du 27 juillet 1871. — Pour l'Allemagne, loi du 27 mai 1868. — Pour l'Autriche, loi du 4 mai 1868.

(3) Pour la Belgique, loi du 5 mai 1865. — Pour l'Autriche, loi du 14 juin 1868.

(4) 33 et 34 Vict. 661 ; 35 et 36 Vict. C. 41.

(5) M. Demangeat sur Bravard, T. III, p. 9.

commencement de ce siècle plus ou moins remanié par les législateurs des diverses nations commerçantes.

Mais, avant de passer à l'étude qui doit nous occuper, il est indispensable de préciser ce qu'on doit entendre par l'état économique au point de vue tant de la *circulation* et du *crédit* en eux-mêmes, que des *effets négociables* destinés à pourvoir aux nécessités nouvelles du commerce.

I

La fortune mobilière, en France, constitue aujourd'hui près d'une moitié de la richesse nationale.

*Vilis mobilium possessio*, disaient nos auteurs de l'ancienne jurisprudence. Et l'économie politique elle-même, en plein XVIII<sup>e</sup> siècle, — c'était, à vrai dire, son berceau, — ne voyait de vraie source du revenu que dans la terre. Mais, dès 1826, les valeurs déclarées dans les successions, en dehors de l'élément foncier, s'élevaient déjà à *un milliard trois cent trente-sept mille francs* (1 milliard 000,337,359); en 1831, elles ne fléchissaient (1 milliard 000,286,371) que pour atteindre *deux milliards* en 1847 (2 milliards 55 mille); et enfin, en 1876, le chiffre de *quatre milliards et demi* était de beaucoup dépassé (4 milliards, 701,768,000). Et, sur ces bases, il a été calculé qu'en 1875, le tableau des masses successorales annuelles attribue à la richesse mobilière 48 °/₀ de la fortune générale du pays (1).

_______

(1) Voy. *Bulletin de statistique et de législation comparée,* publié par le ministère des finances, livraisons de juin 1878 et mai 1879.

Voilà par quels chiffres positifs se réalise le mouvement économique propre au XIX⁰ siècle.

Considérons maintenant les situations diverses où désormais les relations commerciales placent l'homme d'affaires, et recherchons les besoins qu'a dû faire naître successivement l'activité croissante dans ces relations.

1° *Je veux envoyer au loin une somme d'argent.*

Telle fut la première difficulté que rencontra le commerce : tant il est relié de près à l'avancement de la civilisation, au droit des gens !

Je dispose de la valeur en échange par excellence ; j'ai le numéraire entre mes mains: malheureusement les distances sont lentes à franchir et périlleuses à traverser. Ainsi en était-il aux siècles les plus policés des temps anciens, ou même des âges plus rapprochés de nous.

Aujourd'hui, de pareilles difficultés subsistent-elles encore ? Sans avoir assurément cessé tout à fait, elles ne se présentent plus qu'à titre d'exceptions.

Et d'abord, dans les limites du territoire, que de moyens divers pour opérer l'envoi sûr et rapide d'une somme d'argent!

S'agit-il du transport de numéraire entre deux villes chefs-lieux de département, les *Recettes générales* serviront d'intermédiaires ; et le déplacement des fonds sera évité au moyen d'une valeur quelconque de l'une sur l'autre (1) ; de même entre deux villes de moindre importance, par le canal de la *Banque de France* et de ses succursales ; ou

---

(1) *Mandat, — récépissé, — billet à ordre.*

enfin, à l'aide des comptes ouverts entre les *Banquiers*, dont les relations et les échanges sont devenus journaliers.

Puis et en dehors même des limites du pays, avec un grand nombre de nos voisins, mandats sur la *poste*, consignation aux bureaux des *télégraphes*, envoi de marchandises par les compagnies de *chemin de fer* contre remboursement.

Ici donc, l'usage de l'effet de commerce pourra être utile encore, mais il a cessé de jouer un rôle essentiel.

2° *Je veux payer*, sur place ou au loin : mais, *le numéraire fait défaut*, à raison des rapides échanges qui se succèdent indéfiniment avec moi, ou autour de moi.

Jadis, il avait fallu éviter les périls et les difficultés du transport des espèces. Désormais, c'est à l'emploi même des espèces, qu'il devient indispensable de suppléer. Comment, en effet, le numéraire existant pourrait-il suffire à des chiffres d'affaires sans aucune proportion avec lui.

Un premier remède consiste dans l'augmentation du numéraire lui-même à l'aide du papier-monnaie.

Ce seront d'abord des *Bons de Monnaie*, destinés à mettre en usage une monnaie, dès avant sa création complète (1) : mais, encore faudra-t-il que le numéraire apparaisse bientôt.

(1) Une loi récente en date du 31 juillet 1879, fournit le moyen d'assimiler le *bon de monnaie* aux effets de commerce, au point de vue de la transmission par *endossement*. Voici le passage que nous devons retenir dans *l'exposé des motifs* de cette *loi concernant la substitution du système de la régie au système de l'entreprise, dans la fabrication des monnaies :*

« Le commerce et la Banque de France demandent aussi depuis longtemps que les bons de monnaie soient rendus transmissibles par la voie de l'endossement. Nous pensons que le nouveau régime permettra de

Le *Billet de Banque* est plus satisfaisant. Un établissement financier fortement constitué émet un certain nombre de titres, représentatifs de sommes payables au porteur, à présentation. Le remboursement est assuré, spécialement par une *encaisse* métallique, susceptible de parer immédiatement aux demandes des porteurs, dans une prudente mesure. Quel doit être le chiffre de l'encaisse, proportionnellement à celui des émissions; quelles sont les autres garanties, en ce qui concerne, notamment, le capital et le portefeuille ; s'il est sage de restreindre les émissions à un seul établissement, ou s'il est possible de les autoriser de la part de plusieurs maisons : autant de questions d'un haut intérêt, et qui n'ont cessé de préoccuper les économistes (1). Or voici comment le billet de banque augmente réellement la quantité des espèces : L'établissement qui émet ce papier n'ayant besoin que de s'assurer, par une encaisse suffisante, le moyen de satisfaire aux demandes successives de remboursement qui pourront se produire, sa réserve métallique n'est point absolument égale au papier dont elle garantit la réalisation.

Ce procédé est excellent : mais à la condition d'être main-

donner facilement satisfaction à ce vœu, parce qu'il entraîne l'assimilation des bons de monnaie avec les effets négociables du trésor public. »

Voici, du reste, dans la loi elle-même, la disposition qui nous intéresse:

« Art. 3.—Le bon de monnaie délivré contre le versement des matières d'or ou d'argent forme titre contre le trésor, à la charge, toutefois, par la partie prenante, de le faire viser immédiatement et séparer de son talon par le contrôle spécial de la régie. »

(1) Voir les intéressantes dépositions recueillies dans l'*Enquête sur la circulation monétaire et fiduciaire* en 1865.

tenu dans d'exactes limites. Pour peu que la borne soit franchie, le *papier-monnaie* se présente sous l'aspect désastreux que son nom appelle aisément à l'esprit : « On applique le nom de papier-monnaie, écrit Jean-Baptiste Say, à une *véritable monnaie de papier,* qui ne stipule qu'un remboursement illusoire qu'on n'exécute pas. Le gouvernement autorise alors à acquitter en papier-monnaie des engagements contractés en espèces ; mais c'est autoriser une violation de foi ; et, sous ce rapport, une monnaie de papier peut passer pour [le dernier terme de l'altération des monnaies (1). »

Ainsi, les services qu'est appelé à rendre le papier-monnaie sont sensibles, mais essentiellement limités (2).

Il a fallu pour suppléer efficacement à l'insuffisance du numéraire, créer *la circulation des valeurs.*

Et d'abord, supposons que je possède un effet de commerce à mon ordre, j'en userai pour m'acquitter envers mon créancier ; je lui céderai ma créance ; à son tour, il fera de même, et ainsi de suite. En réalité, ce titre transmissible par la voie rapide de *l'endossement* propre au droit commercial, c'est une valeur en échange, qui circule comme le ferait la monnaie elle-même.

Mais, on pratique de nos jours bien d'autres procédés,

---

(1) *Traité d'économie politique* (8ᵉ édition), Ch. XXVI.

(2) Il est même très remarquable qu'à de certains moments la *Banque de France,* le seul établissement autorisé chez nous à émettre ce *papier* au porteur à vue, se trouve détenir une encaisse métallique supérieure de plusieurs millions au montant de ses billets en circulation : c'est ce qui avait lieu, notamment, au cours de l'année 1879.

destinés à atteindre le même but avec plus de facilité encore. Le *récépissé* constatant le dépôt chez un banquier, sera donné en paiement une première fois par le déposant à un tiers, puis par celui-ci à une autre personne, et ainsi de suite.

De plus, nous retrouvons ici, à titre d'application générale et sans conditions de lieu, des transports effectués sans déplacement d'espèces, entre les différents comptes que les banquiers s'ouvrent entre eux ; ces transports fictifs, ce sont des *virements* de comptes, lesquels procurent, pour peu que l'opération s'étende à plusieurs banquiers à la fois, des *compensations* réciproques.

Les instruments aptes à réaliser ces échanges au comptant sans déplacement de numéraire, ces virements et ces compensations, ce seront encore là des effets de commerce ; nous verrons lesquels.

3° Enfin, *j'ai besoin d'emprunter* : je n'ai ni numéraire en mains, ni créance à céder ; il me faut *du crédit*.

En souscrivant un effet de commerce, je trouverai un prêteur plus facilement qu'à l'aide de tout autre mode d'engagement, parce que des rigueurs exceptionnelles garantissent la réalisation de l'obligation commerciale. Nous étudierons plus tard et avec soin toutes les prescriptions juridiques et légales. En ce moment, placés comme nous sommes à un point de vue général, nous voulons laisser la parole à un des fondateurs de la science économique : « Les coutumes établies entre marchands, écrit Adam Smith, qui prirent naissance dans le temps où la jurisprudence barbare de l'Europe ne donnait aucune force à l'exécution des contrats, et qui furent adoptées pendant le cours des deux derniers siècles, dans la législation de toutes les nations européennes, ont attribué aux lettres de change des *privilèges si extraordinaires* que l'on avance bien plus volontiers de l'argent sur ces sortes d'effets, que sur toute autre espèce d'obligation, surtout quand les lettres de change sont payables à un court terme, comme deux ou trois mois. Si, à l'échéance de la lettre, l'accepteur ne la paie pas à l'instant de la présentation, il est dès lors en état de banqueroute. La lettre de change est protestée et revient sur le tireur, qui doit l'acquitter sur-le-champ, ou bien il est aussi pareillement réputé en banqueroute... De même, pour les endosseurs... (1). »

II

C'est, en effet, la *Lettre de change* qui constitue cet auxiliaire indispensable des affaires, le *titre de crédit.*

Telle ne fut pas, cependant, la raison d'être originaire de cette valeur commerciale.

Dans l'ancien droit, la lettre de change était essentiellement aux yeux de tout législateur et de tout jurisconsulte, l'instrument destiné à opérer le *transport fictif du numéraire,* à l'aide de cessions de créances, de délégations réciproques. Et ç'avait été par suite d'un progrès relativement récent, que la transmission de la propriété du titre lui-même pou-

---

(1) Liv. II, Ch. II. *Trad.* Garnier.

vait s'opérer à l'aide de la formalité rapide de l'*endossement*.

Or, voilà qu'une nation éminemment commerciale, une nation qui se plaît à s'attribuer l'empire des mers, écarte la condition jusqu'alors rigoureusement exigée de la *remise d'argent d'un lieu sur un autre*, en même temps qu'elle ose admettre la transmission du titre de la main à la main : De sorte que la lettre de change devient un effet soit *au porteur* soit *négociable par la voie de l'endossement,* susceptible de satisfaire aux besoins de la *circulation*.

L'exemple de l'Angleterre rencontre partout des défenseurs ardents, et bientôt, en Allemagne, des imitateurs. Cette loi allemande du 24 novembre 1848 dépasse même, dans la voie des réformes, la Grande Bretagne, puisqu'elle couvre du même nom et soumet, autant qu'il se peut faire, aux même règles, le *Billet à ordre* avec la lettre de change.

On conçoit d'ailleurs sans peine, que la lettre de change ait pu se plier à devenir un instrument de circulation. Il suffit pour s'en rendre compte, de considérer à ce point de vue, les garanties qui assurent l'acquittement de cet effet. « Quand même, dit Adam Smith, il serait vraisemblable que toutes ces personnes (accepteur, tireur et endosseur) finiront par faire banqueroute, ce serait grand hasard si dans un temps si court, elles allaient toutes faillir. Le logement menace ruine, dit en soi-même un voyageur fatigué, et vraisemblablement il ne durera pas longtemps ; mais il y aurait bien du malheur si on ne pouvait pas risquer d'y passer une nuit. »

Voilà donc la seule lettre de change, qui se prête à un triple usage pour un triple but : 1° *transport fictif de nu-méraire ;* 2° *circulation ;* 3° *crédit.*

Or, ainsi que nous l'avons montré, le premier de ces résultats est déjà atteint, dans la majorité des cas, par des moyens autres que la lettre de change, non moins sûrs et encore plus rapides. De sorte que le but originaire de ce titre a diparu presque entièrement.

Aussi bien, la lettre de change s'est-elle prise, dans notre siècle, à jouer le rôle d'instrument de circulation, non sans succès. Mais, ici encore, on a trouvé mieux qu'elle, et nous allons voir comment : Nous montrerons que le seul avantage économique qui soit devenu et reste le bienfait de la lettre de change, c'est d'être un instrument de crédit. Tel devra être, désormais, à peu près exclusivement, le point de vue auquel il faut envisager cette valeur commerciale.

En ce qui touche la circulation, en effet, on ne s'est pas même tenu au *billet de banque*, déjà plus commode que la lettre de change, mais dont l'extension est et doit être rigoureusement limitée, ainsi qu'on l'a vu.

Ce qu'il fallait et ce qu'on a obtenu, c'était que chaque commerçant, chaque particulier, pour mieux dire, pût créer pour chacun de ses paiements un papier susceptible de mobiliser ses fonds et de concourir en même temps à la circulation des capitaux. Ce papier de commerce, c'est le *Chèque,* instrument admirable, imaginé en Angleterre à la fin du siècle dernier, adopté en France depuis plusieurs années (Lois des 14 juin 1865 et 19 février 1874.)

L'étude si intéressante du fonctionnement du chèque, de son mécanisme, de son rôle, suffirait à démontrer, en même temps que les rares mérites de ce moyen de paiement et de liquidation, l'activité et l'étendue vraiment prodigieuse du mouvement économique au XIX<sup>e</sup> siècle (1).

Mais ce n'était pas assez de la lettre de change ainsi définie, du chèque ainsi créé.

Le commerce devait sentir le besoin de mobiliser les marchandises elles-mêmes: Le *Récépissé-Warrant* a été créé dans le but de procurer la circulation des marchandises sans les déplacer.

Autrefois, l'effet de commerce s'appliquait nécessairement à une somme d'argent et ne pouvait avoir d'autre objet qu'une créance mobilière.

Le contrat de change est un « contrat précuniaire » (*pecuniarius contractus*) ; à la charge de chaque partie se trouve une prestation en espèces (*in hoc contractu, ex parte utriusque contrahentis, venit pecunia*). Il n'est question, pour ainsi dire, que d'argent (*certum est in arte de quâ agimus et per contractum quem examinavimus nihil aliud nisi pecunias in contractu cambii deductas* (2).

Le temps était venu d'organiser ce qu'on a appelé d'un

---

(1) Voy. notamment *La monnaie et le mécanisme de l'échange*, par Stanley Jevons, 1876.

(2) Raphaël de Turri, *Prolegom.* n° 28 ; *Disput.* II. Q. XXII. n° 3 ; *Ad secund. disput. transit.*

terme énergique, le crédit des marchandises (1). Le temps
était venu de joindre aux valeurs pécuniaires, des *valeurs
en marchandises* (2). Déjà, d'ailleurs, le *Connaissement*
et même la *Lettre de voiture* constituaient des effets de
commerce ayant pour objet le transport de la propriété
des choses autres que les espèces.

L'usage commercial avait encore, dans un but analogue,
employé les *Factures*, et créé les *Ordres de livraison*.

Le *Récépissé-Warrant*, dans les termes surtout de la loi
de 1858, est venu consacrer le rôle des valeurs en marchandises, et marquer la place qui leur appartient dans le
droit commercial.

Est-ce tou ? Nous ne le pensons pas.

Dans les institutions humaines, il n'est peut-être pas de
limites au progrès. Déjà nous rencontrons, chez une nation voisine, un complément vraiment indispensable à
nos yeux, des effets de commerce dont nous venons de faire
la rapide énumération. « En réalité, enseignent d'éminents
auteurs, il n'est aucun motif de ne pas appliquer le change
aux *choses fongibles* (celles qui se consomment par le premier usage qu'on en fait et qui ont un cours régulier) » (3).
Telle est l'idée mise en pratique par le droit italien, à l'aide
de la valeur qui porte le nom d' «Ordres en denrées » (*ordini
in derrate*). On rencontre, suivant nous, dans cette valeur,

---

(1) Cette expression est employée au sujet du warrant, dans l'ouvrage
classique de Droit commercial par M. Rivière.

(2) Cf. MM. Delamarre et Le Poitvin, *Traité de droit commercial*, T.
V, p. 436, *à la note*.

(3) MM. Delamarre et Le Poitvin, *op. cit.*, T. V, p. 436, à la note.

au moins le germe des instruments que l'Agriculture réclame, à son tour, pour marcher du même pas que sa
triomphante et trop heureuse émule, l'Industrie.

Tels sont les différents effets de commerce que nous
aurons à passer successivement en revue. Notre matière
se divise, en quelque sorte d'elle-même, en deux parties :
Les valeurs pécuniaires et les valeurs en marchandises.


### III


Toutes ces valeurs appelaient, du reste, des innovations
et des réformes législatives, dont la nécessité résulte suffisamment de ce qui précède.

Assurément, ces différentes modifications apportées dans
le droit commercial, exigent l'examen spécial et successif
de chacun des titres que nous avons énumérés. Mais déjà
nous avons pu entrevoir, par quelques traits généraux rapidement esquissés, combien les législations étrangères
surtout, sont allées loin dans la voie nouvelle. Notre tâche
sera d'abord d'exposer les changements introduits, soit
chez nous, soit au dehors, dans l'ensemble comme dans
les détails de cette importante matière ; puis, de juger,
à l'aide d'un examen critique, le mérite de ces changements eux-mêmes.

Or, dès le début de nos recherches, nous pouvons discerner d'un premier coup d'œil, que la tendance moderne consiste particulièrement à favoriser la *circulation,* dans le
sens le plus étendu de ce terme : c'est-à-dire à faciliter
des échanges rapides, des transmissions sûres, de l'effet de

commerce employé soit comme moyen de paiement, soit comme instrument de crédit.

Qu'est-ce à dire ? si ce n'est qu'on veut transformer l'effet de commerce en une véritable monnaie fiduciaire, en *papier-monnaie !*

C'est sous cet aspect que les juristes allemands ont présenté la lettre de change elle-même, pour provoquer, au nom de la science, ce mouvement qui devait aboutir à la loi du 24 novembre 1848. Mittermaïer, analysant une publication alors toute récente, d'un jurisconsulte saxon, Charles Liner, écrivait en 1840 : « La lettre de change dépassant son but orginaire, est un *papier-monnaie* pour les commerçants (1). » Et, chez nous, de savants commentateurs du Code de 1807, n'hésitent pas à exprimer la même idée, dans les mêmes termes, sans réserves ni restrictions (2).

C'est là, pourtant, un excès de la théorie nouvelle et le côté périlleux des innovations. Déjà, économistes et jurisconsultes ont signalé ce danger.

Ce n'est point d'ailleurs seulement depuis 1840 que cet abus, car c'en est un, a commencé d'apparaître dans le droit commercial. Mais, au début, c'était par une pratique réputée coupable, que le mal s'introduisait : Les principes juridiques restaient saufs aux yeux de tous ; la parole était aux économistes, cherchant à éclairer le commerce et à lui montrer que ses audaces n'étaient pas seulement irrégulières, mais funestes à ses véritables intérêts.

(1) *Revue de législat. franç. et étrang.*

(2) Voy. notamment M. Bravard-Veyrières, T. III, p. 2 et 18.

« Il y a des traites, écrivait Jean-Baptiste Say, que les banquiers appellent *papiers de circulation,* dont le montant n'est représenté par aucune valeur réelle. Un négociant de Paris s'entend avec un négociant de Hambourg, et fournit sur lui des lettres de change, que ce dernier acquitte en rendant à son tour à Hambourg des lettres de change sur son correspondant de Paris... Négocier des lettres de change de circulation, est une manière d'emprunter, et une manière assez coûteuse : les traites sont réciproques et se balancent mutuellement... C'est un emprunt à perpétuité (1). » C'est, en effet, ce qu'on appelle *faire la navette.*

Or, voici quelles sont les conséquences plus ou moins prochaines, mais inévitables, de ce moyen par trop commode de se procurer de l'argent : c'est Adam Smith qui nous les révélera par des exemples empruntés à l'histoire financière de son pays.

« Cette pratique passa d'Angleterre en Ecosse... Le papier émis par ces *lettres circulantes* était donc sans garantie : Lorsque les banquiers refusèrent les escomptes tout fut perdu ! (2) ».

Malheureusement, le souvenir des catastrophes fameuses qui s'abattirent alors sur le marché écossais, n'a pas empêché le même fléau de se reproduire, et cela à des dates très récentes, dans le même pays. Les économistes ne peuvent ouvrir les yeux qu'au commerce honnête, jamais à l'agiotage et à la spéculation.

(1) *Op. cit.* Ch. XXX, § I.
(2) *Loc. cit.*

Mais, au moins, faut-il prendre garde que le législateur
ne vienne pas donner la main aux fauteurs des abus, si
hautement dénoncés, jugés et flétris, dans leur principe
comme dans leurs résultats.

Eh bien, il faut le dire tout de suite : Les législations
nouvelles ne se sont pas suffisamment tenues à l'abri de ce
grave reproche. Aussi doit-on voir intervenir le jurisconsulte, pour signaler à son tour le même mal, introduit en quelque sorte dans la place et appelé à faus-
ser les règles fondamentales de la justice et du droit. Car
tel est le véritable aspect de la tâche que nous avons à
remplir.

Dès à présent, nous pouvons utilement reproduire les
observations suivantes empruntées à un auteur versé dans
l'étude des législations comparées en ce qui touche spécialement les effets de commerce.

« Il est rare qu'on ne se jette pas d'un extrême à l'autre, écrit M. Charles Brocher, professeur à l'Université de
Genève : Le droit allemand a eu raison de se dégager des
entraves que les circonstances avaient imposées à la lettre
de change ; mais on se demande s'il ne s'est pas trop librement lancé dans les hautes sphères de la pure théorie,
s'il n'a pas trop perdu terre, et s'il a suffisamment res-
pecté les exigences de la force des choses. On a raison de
dire que la lettre de change doit être considérée comme
un instrument de crédit ; mais on est allé plus loin, on a
trop voulu, suivant nous, l'*assimiler à la monnaie* et l'on
s'est engagé, par cela, dans des tendances plus ou moins
dangereuses. C'est là, croyons-nous, qu'il faut généra-

lement chercher la source des *rigueurs* déployées en cette matière, soit envers le défendeur actionné... soit envers le porteur... (1) »

Nous verrons, en effet, que dans la même mesure où, pour faciliter la *création* des titres, il diminue les conditions jugées essentielles jusque-là avec les garanties qui en résultaient, le législateur, à l'inverse et dans le but de faciliter la transmission des mêmes titres, accroît les rigueurs destinées à assurer le paiement et qui déjà constituaient « des privilèges extraordinaires », suivant l'expression d'Adam Smith.

On croit ainsi provoquer, activer, assurer la *circulation*. On tranforme, il est vrai, les valeurs commerciales en une monnaie que tout le monde peut créer, en même temps qu'on s'efforce d'intéresser chacun à la recevoir. Mais, il reste à savoir si l'on ne tarit point, en réalité, la source même de la circulation ? Certes, on trouvera plus aisément que jamais pour la lettre de change un tireur, et peut-être un preneur : mais l'accepteur ? mais des porteurs successifs, à suite d'endossements ? En réalité, c'est la création seule du titre nu, qu'on aura provoquée jusqu'à l'excès, et plus on se montrera exigeant soit envers le tiré soit envers les porteurs, pour suppléer au défaut de garanties accompagnant l'émission, plus ces derniers s'inquièteront et s'abstiendront. Car on prétend les faire répondre, en quelque sorte, des hasards d'une émission de papier-monnaie illimitée et sans contrôle : et ils n'y consentiront pas.

---

(1) *Nouvelle Revue historique de législation,*—livraison de janvier-février 1879 (*Notice sur le projet de Code de commerce italien.*)

Tel est le résultat, assurément bien opposé à leur but, que les législations modernes peuvent amener, si l'on n'y prend garde. C'est en ce sens que M. Brocher juge des conséquences réelles où doivent aboutir ces *rigueurs,* en quelque sorte répressives, et substituées par le droit nouveau aux rigueurs qu'on pourrait appeler préventives, de l'ancien système : « Elles peuvent, il est vrai, créer un certain ordre extérieur ; mais elles donnent ouverture à des chances aléatoires, qui peuvent avoir pour résultat d'empêcher de recourir à un tel moyen de crédit (1). »

Si donc notre loi française de 1807, héritière de l'ancien droit, se trouve surchargée de précautions excessives qui ne répondent plus à l'état économique et au mouvement commercial moderne, qui entravent la circulation, en même te mps qu'elles obtiennent un respect de pure forme et passent à l'état de fictions dans la pratique des affaires ; s'il est vrai que l'avenir appartienne au système anglo-allemand : d'autre part, il importe d'étudier avec le plus grand soin le terrain sur lequel s'ouvre la voie nouvelle, et de ne s'y engager qu'avec prudence et maturité. Il est donc utile, nécessaire même, que la science, à la double lumière de l'économie politique et du droit, vienne porter son examen attentif et désintéressé dans la législation des effets de commerce, pour contrôler les réformes introduites, et juger les résultats acquis ; discerner quel est le mal réel et quel est le bon remède ; et enfin sur ce sujet comme sur tous les autres, faire la part de l'erreur et de la vérité.

(1) *Op. cit.*

# EFFETS DE COMMERCE

## LIVRE I

### DES VALEURS PÉCUNIAIRES

#### TITRE I

DE LA LETTRE DE CHANGE.

#### CHAPITRE I

NATURE ET ORIGINE DE LA LETTRE DE CHANGE. — ANCIEN DROIT

Du change . — Le contrat de change. — La lettre de change. — Remise d'un lieu sur un autre. — Origine de la lettre de change. — L'acceptation ; l'endossement ; rigueurs qui garantissent l'acquittement de la lettre . — Protêt. — Clause de Valeur fournie . — Provision.

Qu'est-ce que la *lettre de change ?*

Mais d'abord qu'est-ce que le change ?

Le *change* est une opération qui consiste dans le transport fictif et réciproque de deux sommes d'argent, d'un lieu dans un autre. Pierre, possesseur à Paris de 1,000 fr., a besoin d'avoir à sa disposition pareille somme à Bordeaux ;

Paul, qui habite également Paris, a 1,000 fr. à Bordeaux, alors qu'il en a besoin à Paris : Paul reçoit de Pierre les 1,000 fr. de celui-ci, et met à sa disposition ses 1,000 fr. à Bordeaux. Cette opération se résume en un échange (1), dont le but est d'éviter un double transport de numéraire.

On pourrait définir le change : L'*échange*, entre deux personnes, de deux sommes qui se trouvent en des lieux différents (2).

Selon que les personnes dans la situation faite à Pierre suivant notre exemple, auront plus ou moins de facilité à rencontrer d'autres personnes susceptibles, comme Paul, de leur procurer, à Bordeaux, les sommes que les premières ont besoin d'y avoir à leur disposition, une *soulte* plus ou moins forte sera prélevée. Cette abondance ou cette rareté des créances de Paris sur Bordeaux ou sur Londres, détermine, suivant les règles inévitables de l'offre et de la demande, le taux de la soulte, ou *prix du change* sur Bordeaux ou sur Londres.

La convention qui donne lieu à l'opération du change, a reçu un nom particulier, le *contrat de change.*

On peut définir enfin le contrat de change : Un contrat du droit des gens, par lequel l'un des contractants s'oblige

---

(1) Le change *manuel* n'est, lui aussi, que l'échange de certaines monnaies, contre des monnaies différentes, moyennant une soulte.

(2) Scaccia expose en quelque sorte l'histoire des relations commerciales en ces termes :

« Permutatio antiquior emptione. — Cœpit (emptio) solum post inventam pecuniam. — Posteà fuit inventa *permutatio quæ dicitur cambium.*
(§ 1. q. 4. *De commercio et cambiis.*)

*Aj.* Raphaël de Turri, *Tract. de camb.* Q. 3. n° 2. — Enfin, Pothier, *Contrat de change.* Ch. IV, n° 51.

à remettre en un lieu autre que celui où le contrat est formé, une somme d'argent dont l'autre contractant lui paie ou s'engage à lui payer le prix ou la valeur (1).

Ce n'est pas d'ailleurs le contractant en personne, Pierre, qui remettra la somme, mais il la fera remettre à Paul par son correspondant de Bordeaux.

En effet, tout contrat de change est à la fois constaté et exécuté à l'aide d'une *lettre*, conçue en ces termes ou en termes équivalents : *Paris le    .— A telle date, il vous plaira payer à l'ordre de M. Paul, la somme de 1,000 fr. valeur reçue comptant. Pierre. — A M. Jean, à Bordeaux.*

C'est là ce qu'on appelle une *lettre de change*. Pierre, le souscripteur de la lettre, qui a reçu 1,000 fr. à Paris, et s'engage à faire toucher pareille somme à Bordeaux, prend le nom de *tireur ;*

Paul qui reçoit la lettre en paiement des 1,000 fr. qu'il à fournis à Pierre, est désigné sous les divers noms de *preneur, bénéficiaire*, ou *donneur de valeur ;*

Enfin, Jean, de Bordeaux, le mandataire auquel est adressé l'ordre de payer, s'appelle le *tiré*.

Cette pièce sert, on le voit :

1° D'*instrumentum*, d'acte constatant le contrat intervenu;

2° D'avis au correspondant, au *tiré*, du mandat qui lui est donné d'exécuter l'engagement énoncé sur la lettre à la charge du *tireur*.

La somme à remettre, qui fait l'objet du contrat, peut être en dépôt dans les mains du tiré ; ou bien elle consiste dans une créance du tireur sur le tiré.

______

(1) Cf. MM. Delamarre et Le Poitvin. *Droit commercial*, T. V, p. 428.

Dans le premier cas, on saisit l'analogie du contrat de change avec la *vente ;* la *chose,* c'est la somme d'argent ; le prix, c'est la valeur payée ou promise (1).

Dans le second cas, on a, en réalité, une *cession de créance* ou transport, opéré par les voies commerciales, en dehors des formalités lentes et compliquées du droit civil : encore une autre sorte de vente.

Aussi les jurisconsultes les plus fameux, qui ont écrit sur la lettre de change, les Scaccia, les Casaregis, les Savary, ont-ils volontiers identifié le contrat de change avec la vente (2).

Toutefois, bien souvent, le plus souvent même, la chose n'existera pas en nature au moment du contrat : le correspondant, le tiré, ou recevra la somme avant l'échéance, ou sera chargé de vendre des marchandises consignées dans ses magasins, ou bien de réaliser des valeurs pour obtenir la somme à payer. En pareille hypothèse, on conçoit l'importance considérable du contrat additionnel de *commission* toujours joint pour son exécution au contrat de change.

Enfin, n'oublions pas que l'opération placée à la base de la lettre de change, exige nécessairement une condition qui lui est toute spéciale, c'est que *la somme. soit à remettre dans un lieu autre que celui où la valeur a été fournie,* situation qu'on désigne par cette expression, *remise* ou

---

(1) Pothier juge *plus plausible* l'opinion qui assimile le contrat de change à l'échange (*Contrat de change,* ch. IV, nº 51) : Mais, l'espèce actuelle est la seule qui soit favorable à cette opinion .

(2) Scaccia, Q. 6, nº 3. — Casaregis, *Disc.* 49, nº 10, et 196, nº 13. — Savary, *Parère* LXX. — Aj. Raphaël de Turri, *Disput.* I. Q. 2. et Q. 11 ; Dupuy, Ch. III, nº 22.

*change de place en place*. En effet, éviter des transports d'argent, telle est la raison d'être, telle est la fin du change.

C'est pour ces motifs que la doctrine et la jurisprudence sont aujourd'hui généralement d'accord pour voir dans le contrat le change, un contrat *sui generis*, participant seulement soit de la vente, soit du transport (1).

Sous l'empire de l'ancien droit, les juristes et les théologiens, préoccupés de poursuivre l'usure toujours fertile en déguisements, surtout alors que sous ce nom infâme le seul intérêt de l'argent était lui-même compris, ont d'abord recherché s'il n'y avait pas là simplement un contrat de *prêt*. Dans ce système, en effet, on raisonne ainsi : Le tireur a-t-il reçu la somme, ce sera un fils de famille qui souscrit la lettre parce qu'elle est à échéance éloignée ; la valeur est-elle seulement promise, le tireur remettra alors un titre immédiatement réalisable par la négociation en échange d'un engagement assumé par le preneur. Mais, qu'on le remarque, le tireur serait ainsi tantôt l'emprunteur et tantôt le prêteur ; cette observation suffit à démontrer combien la prétendue assimilation du contrat de change avec le prêt est insoutenable. Aussi, les théologiens eux-mêmes ont-ils dû bientôt renoncer à une doctrine rigoureuse, préjudiciable au commerce, et d'ailleurs inexacte dans son principe sinon dans toutes ses applications ; se retrouvant en présence des faits multiples engagés dans l'opération du change, il leur a fallu confesser à leur tour l'impossibilité de rattacher un tel contrat à tout autre du droit civil, et reconnaître en lui une opération d'une espèce particulière (2).

(1) V. M. Pardessus, T. II, p. 392.

(2) Au Concile de Trente, le prince des Théologiens, Soto Domi-

L'origine de la lettre de change est incertaine.

L'antiquité paraît ne pas l'avoir connue (1). — M. Vidari estime, néanmoins, qu'« un moyen aussi facile et aussi naturel d'éviter le transport des monnaies *ne pouvait être ignoré des anciens* » (2). Et il commente le passage d'une lettre à Atticus, où Cicéron demande à son ami s'il ne connaîtrait pas quelqu'un à qui il convînt de recevoir à Rome une somme d'argent à charge d'en faire payer l'équivalent entre les mains de son fils à Athènes (3).

Assurément, il semble qu'on puisse voir dans l'esprit de Cicéron la pensée d'un contrat de change à passer entre lui et tel autre Romain, créancier d'un citoyen d'Athènes auquel serait transmis, par lettre, ordre de se libérer en faveur du fils de Cicéron. Mais le contrat de change peut et a toujours pu se former indépendamment de la *lettre de change*, laquelle n'est autre chose que l'un des modes d'exécution de ce contrat (4).

On admet communément que ce serait aux Juifs, expulsés de France sous les règnes de Dagobert I, de Philippe-Auguste et de Philippe le Long, que serait due cette utile invention. Il résulte, en effet, d'une tradition con-

---

nique, de Ségovie, confesseur de Charles-Quint, fit cette déclaration :
« *Nescire se an sit cambium propria species negociationis, cum non sit emptio, neque locatio aut commodatio, neque mutatio, et à reliquis contractibus distet* ».

(1) Scaccia, Q. II, p. 99. Savary, *Diction. du Comm.*, v°. Lett. de ch. Dupuy, Ch. II, n° 1 etc., V. M. Nouguier.

(2) *La Lettera di Cambio* (p. 3) par M. Vidari, professeur de droit commercial à l'Université de Pavie.

(3) *Epist. ad. Attic.* XII, 24 ; XV, 25.

(4) *Voy.* Bravard-Veyrières, T. III, p. 9, et la *note* de M. Demangeat.

stante, que les Juifs réfugiés en Lombardie, — remettaient aux pélerins, aux voyageurs et négociants étrangers, des lettres « en style concis et de peu de paroles », adressées aux personnes à qui ils avaient confié leurs effets, lettres qui furent acquittées (1).

C'est ainsi que sans quitter la Lombardie, les juifs purent retirer les sommes laissées par eux en dépôt, en France, à l'avantage commun des voyageurs qui leur remettant pareilles sommes, s'évitaient les inconvénients de toute sorte qu'offrait, alors plus qu'aujourd'hui, le transport des métaux précieux.

D'autres écrivains ont soutenu que ce serait aux Gibelins expulsés de Florence qu'il faudrait rapporter l'origine de la lettre de change. Mais, cette origine paraît antérieure à cette date, qui ne remonterait guère au delà des dernières années du XVI° siècle (2).

Enfin M. Locré, et après lui M. Pardessus, reprenant une opinion ancienne, estiment que l'invention de la lettre de change ne doit être rapportée qu'aux besoins du commerce, à ses progrès et à ses développements (3).

Quoi qu'il en soit, c'est au XVII° siècle seulement que la lettre de change a acquis toute sa perfection.

Et d'abord, on a songé à porter remède au double caractère de révocabilité du mandat adressé au tiré : Il est de principe, en effet, que le mandat est essentiellement susceptible d'être anéanti, tant par la volonté du mandant que par celle du mandataire (4).

---

(1) *Voy*. M. Nouguier, *op. cit.*, p. 40 et les citations.

(2) Nouguier, *loc. cit.* et Vidari, *op. cit.* p. 5 et suiv.

(3) Locré, *Esprit du code de commerce*, Sect. I, p. 3. M. Pardessus, *Lois maritimes*, T. II, p. 112.

(4) *Digeste, De mandat. et sol.*, L, 106.

On est parvenu au résultat désiré en présentant la traite avant l'échéance, au tiré, qui est tenu d'accepter ou de refuser l'ordre à lui transmis : Par l'*acceptation*, le tiré s'oblige personnellement envers le bénéficiaire, et devient débiteur principal aux lieu et place du tireur, lequel n'en demeure pas moins garant solidaire du paiement. Le tireur doit rester obligé parce qu'ayant reçu une valeur, en échange de la lettre qu'il a fournie, il devait nécessairement être réputé s'engager à faire acquitter le montant de cette même valeur. Le contrat de change lui-même n'a-t-il pas été défini ci-dessus : « Un contrat par lequel l'un des contractants s'oblige à remettre une somme en un lieu autre, etc. » Le caractère même des effets de commerce et les besoins de leur circulation, ne permettaient d'ailleurs pas de n'attribuer au tireur que le caractère d'une simple *caution,* avec le droit d'user du bénéfice de discussion, ou même d'un *codébiteur conjoint,* avec division de la dette : L'équité s'unissait donc à la nécessité des choses pour faire considérer le tireur comme garant *solidaire.* Nous verrons même tout à l'heure que la solidarité est ici plus rigoureuse encore que dans les termes du droit commun.

L'acceptation était, en outre, utilisée dans les foires du Moyen Age, pour opérer des virements ou compensations entre les divers comptes des marchands entre eux. Les banquiers se réunissaient sur la place réservée *aux changes,* et faisaient l'appel des titres créés par eux ; lorsque le tireur acceptait, le titre était marqué d'une croix : L'appel terminé, les titres étaient annihilés les uns par les autres, et il ne restait que les différences à solder.

C'était verbalement qu'ainsi se faisait l'acceptation : l'Ordonnance de 1673, dans un intérêt de sécurité pour le commerce, a exigé l'acceptation écrite. En même qu'il faisait de l'acceptation une pratique constante (1), le XVIIᵉ siècle voyait naître une innovation de la plus grande im‑portance.

Jusque-là, pour transmettre ses droits à un tiers, le preneur était obligé de recourir aux lentes formalités de la cession de créance, d'après les règles du droit civil: Il a suffi d'un simple mot ajouté au texte de la lettre, pour procurer aux négociants un des avantages les plus précieux que leur puisse offrir la législation commerciale. On écrivait auparavant : « A telle date, il vous plaira payer à M. Paul », etc. Désormais, on conçut le texte en ces termes : « A telle date, il vous plaira payer *à l'ordre* de M. Paul, » etc.

De l'adjonction de ce simple mot, de cette *clause à ordre,* est aussitôt né l'*endossement* : Au verso, *au dos* de lettre, il fut permis au bénéficiaire d'écrire à son tour : « Il vous plaira payer à l'ordre de M. Philippe, etc. (*signé*) Paul ».

La lettre est remise à Philippe, qui prend le nom de *porteur*. A son tour, il pourra transmettre le titre, par endossement, à une autre personne, et ainsi de suite (2). Entre l'endosseur et celui à qui « l'ordre est passé », la si‑tuation qui existait entre le tireur et le preneur se reproduit. Chacun des endosseurs successifs demeure

______

(1) *Voy*. Cleirac, Ch. II, nº 11.

(2) Cleirac qui écrivait en 1659, est le premier auteur qui mentionne la clause à ordre (chap. V, nº 4) : Mais Savary en fait remonter l'invention à 1620 (*Parère* 82).

garant du paiement de la lettre, à défaut par le tiré de l'acquitter.

L'endossement ne se borne pas, en effet, à produire, au profit du porteur, le transport de tous les droits et actions de l'endosseur : La cession présente, ici, un caractère beaucoup plus énergique que dans les termes du droit commun.

Et d'abord, du côté du cédant. Tandis que le cédant ordinaire n'est, en principe, garant que de l'existence de la créance, l'endosseur est tenu, en outre et sans stipulation particulière, non point même seulement de la solvabilité actuelle du cédé, mais bien du paiement de la dette au moment de l'échéance. Et cela est très juste : En effet, quelle différence y a-t-il entre le preneur devenu endosseur, et le tireur vis-à-vis du preneur lui-même? De sorte que si le porteur n'obtient pas du tiré le paiement à l'échéance, il pourra le réclamer de son endosseur. Bien entendu, à défaut de satisfaction de la part de son cédant immédiat, le porteur aura encore le droit de s'adresser aux cédants antérieurs, jusques et y compris le tireur, conformément au droit commun, c'est-à-dire comme ayant-cause de son créancier personnel qu'il représente, et ainsi de suite, en remontant.

Mais ce n'est pas assez. Il faut admettre que le porteur pourra s'adresser, *à son choix, directement,* à tel des endosseurs ou du tireur qu'il jugera convenable. C'est le deuxième côté de la situation. Le cessionnaire, dans ses rapports avec le débiteur de l'effet, n'est point le simple *procurator in rem suam* de la loi civile. Il exerce, au contraire, vis-à-vis de ce débiteur, des droits propres et absolus, comme s'il avait traité immédiatement avec lui ; il en est créancier de son propre chef. Tout souscripteur d'un effet à ordre, à commencer par le tiré accepteur, est réputé avoir par avance assumé une obligation principale envers les porteurs successifs, quels qu'ils soient, et envers chacun d'entre eux, alors qu'en droit commun ceux-ci ne seraient que les ayants-cause les uns dès autres. Ils en sont, au contraire, les créanciers personnels et directs. C'est ce qu'enseignait Casaregis (1) ; « c'est là un principe professé par les anciens cambistes, depuis que l'usage de l'ordre ou de l'endossement s'est introduit dans le commerce, c'est-à-dire depuis le commencement du XVIIe siècle » (2).

En résumé, ce qui précède revient à dire ceci : C'est que tous les signataires d'un effet à ordre en sont co-débiteurs *solidaires*. Et voici en quoi cette solidarité même dépasse encore les règles communes : Le souscripteur qui, après avoir payé le montant de la lettre de change, devient porteur à son tour, peut demander son remboursement intégral à l'un quelconque des autres souscripteurs qui le précèdent, sans que le *bénéfice de division* puisse, même alors, lui être opposé par son co-débiteur solidaire ; et ainsi de suite, jusqu'au premier entre tous les signataires, c'est à savoir le tireur, lequel n'a de recours contre personne, et supporte la totalité de la dette. La circulation des effets de commerce exigeait qu'aucune exception de division ne pût être opposée, pas plus aux porteurs successifs, qu'au porteur originaire.

(1) *Disc.* 119, n° 19.

(2) G. Massé. *Le droit commercial dans ses rapports avec le droit des gens et le droit civil*, T. III, n° 1523.

Telles sont les rigueurs exceptionnelles, qui assurent l'exécution des engagements constatés au moyen de la lettre de change.

En présence de ces garanties, il était juste d'exiger du porteur qu'avant d'exercer le recours solidaire contre les souscripteurs de l'effet, il fît toutes les diligences nécessaires pour obtenir son paiement de la part du tiré, qu'il avait accepté comme débiteur. Le porteur doit, sous peine de se voir déchu de son recours solidaire, mettre le tiré *en demeure,* au moment de l'échéance, par un acte extra-judiciaire dit de *protêt;* et, de plus, signifier le même acte, dans un court délai, aux souscripteurs contre lesquels il entend conserver le recours en garantie. Telle est l'obligation imposée au porteur, à titre réciproque, par « toutes les coutumes, et toutes les législations qui s'y sont conformées » (1).

A ces éléments essentiels de la théorie définitive de la lettre de change, il faut joindre d'importantes règles, relatives à la *valeur fournie* et à la *provision.*

L'Ordonnance du Commerce de 1673 a exigé que la lettre de change énonçât en même temps que l'obligation à la charge du tireur, la *cause* de cette obligation, c'est-à-dire la valeur reçue en échange, « en deniers, marchandises, ou autres effets » (2).

Cette clause a eu pour but de prévenir une fraude de la part du preneur. Souvent, dans la pratique antérieure,

____

(1) G. Massé, *op. cit.* n° 1996.

(2) *Ordonnance du commerce* du mois de mars 1673, Titre V. art. 1. Le législateur de 1673 exigeait même « le nom de celui qui a donné la valeur. »

le donneur de valeur signait *un billet de change,* qu'il remettait au tireur contre la lettre, et par lequel il s'engageait, envers celui-ci, *pour lettre fournie.* Supposons que la lettre de change contînt seulement cette énonciation *valeur reçue,* sans ajouter *en billet de pareille somme :* si le preneur endosse la lettre, puis tombe en faillite, le tireur viendra au marc le franc, comme tout autre créancier. Au contraire, dans le système de l'Ordonnance, s'il n'est pas dit comment la valeur a été reçue, le preneur n'est plus considéré que comme un mandataire, le tireur demeure propriétaire de la lettre, et dès lors il peut révoquer le mandat, et empêcher par conséquent le preneur de toucher le montant de la lettre de change, qu'il a droit de revendiquer dans la faillite (1).

Enfin, « les tireurs ou endosseurs des lettres seront tenus de prouver, en cas de dénégation, que ceux sur qui elles étaient tirées, leur étaient redevables, ou *avaient provision* au temps qu'elles ont dû être protestées, sinon, ils seront tenus de les garantir » (2). La provision consiste donc, outre les créances existant à la charge du tiré en faveur du tireur, dans les sommes, valeurs ou marchandises, que le tireur est tenu d'expédier au tiré avant l'échéance, pour lui permettre d'acquitter la lettre.

Voilà les caractères essentiels de la lettre de change, tels que les a sanctionnés l'*Ordonnance du Commerce* du mois de mars 1673.

Il est remarquable que si, dans cet important document législatif dont l'influence fut si considérable sur le droit com-

---

(1) Pothier, *Contrat de change,* Ch. III. n° 34. *Ord.* 1673, T. V. art. 27, suiv.

(2) *Ordonnance de* 1673. Tit. V. art. 16.

mercial en Europe, influence à laquelle l'Angleterre resta seule, pour ainsi dire, étrangère, on voit figurer les éléments que nous venons de passer en revue, *acceptation, endossement, valeur fournie, provision,* on n'y trouve nulle part énoncée la nécessité de la *remise d'un lieu sur un autre.*

Aussi bien, personne ne s'est-il trompé à ce silence de la loi : c'est justement parce que ce point était essentiel, que le législateur a cru superflu de le mentionner. Nous le savons, en effet, dans la *distantia locorum,* pour parler le langage des juristes, réside la raison d'être du contrat de change, dont le but est d'éviter le transport des métaux précieux : Sans remise de place en place point de contrat de change, et par conséquent point de lettre de change.

# CHAPITRE II

## DE LA LETTRE DE CHANGE EN DROIT FRANÇAIS

Remise de place en place. — Des suppositions de lieu. — Valeur fournie ; — du défaut d'indication de la valeur fournie. — Acceptation. —
Clause à ordre ; — de l'endossement *en blanc*. — Provision ; — propriété de la provision. — Droits du porteur. — Exceptions qui lui
sont opposables : 1º Aux termes des principes généraux ; solidarité
cambiste ; cession par endossement ; porteur négligent ; — 2º D'a-
près les règles sur la capacité : Mineurs; — Femmes ; — 3º Au cas de
perte de la lettre de change ; — au cas de faux.

Le système de l'Ordonnance de 1673 est passé presque
en entier dans le Code de commerce de 1807.

La *remise de place en place* est et demeure l'élément
essentiel de la lettre de change : c'est la première condition exigée par la loi, pour la création régulière de la
Lettre. A vrai dire, l'art. 110 ne contient aucune détermi-
nation des distances, et la loi doit être considérée comme
satisfaite lorsque, par exemple, la remise a lieu d'une ville
sur le chef-lieu de la commune la plus voisine. Il faut remarquer, d'ailleurs, en ce qui concerne les lettres circu-
lant à l'intérieur du pays, qu'il ne peut pas y avoir à l'origine un véritable contrat de change, car, dans ces conditions, il n'y a pas même de change.

Mais, la règle n'en est pas moins rigoureusement édictée : « Sont réputées *simples promesses* toutes lettres de change contenant *supposition* soit de nom, soit de qualité, soit de domicile, soit *des lieux* d'où elles sont tirées ou dans lesquels elles sont payables » (art. 112).

De ce que le titre est réputé « simple promesse », — résultent les conséquences suivantes qu'il importe de rappeler :

1° Le droit commun reçoit son application dans les termes de l'art. 1326 du Code civil, suivant lequel si l'acte n'est écrit en entier de la main du souscripteur, la signature de celui-ci doit être accompagnée d' « un *bon* ou *approuvé* de sa main, et portant en toutes lettres la somme ou la quantité de la chose » ;

2° La loi civile gouverne également l'exécution du contrat, en ce que les cédants cessent d'être tenus de la solvabilité du débiteur, pour ne plus garantir que l'existence de la créance, conformément aux art. 1693, 1694, 1695 du Code civil ;

3° Enfin, demeurent applicables les autres dispositions de la loi commerciale destinées à assurer l'accomplissement des obligations portées sur une lettre de change, et qui ont trait soit à la solidarité entre les différents signataires, soit aux règles concernant le *protêt* faute de paiement à l'échéance ; on doit seulement réserver les droits du tiers-porteur de bonne foi (1).

Il peut aussi arriver que la supposition de lieu elle-même laisse subsister le caractère de lettre de change.

_______

(1) Cassation, 18 mars 1819; Bourges, 26 mars 1849. *Voy.* M. Bravard, p. 230.

L'espèce serait celle-ci : Le tireur, qui se trouve à Paris et désire ne pas révéler le lieu de sa résidence, date du Hâvre une traite sur Rouen.

Mais, hors ce cas, il ne subsiste en quelque sorte de la lettre de change, que la clause à ordre, c'est-à-dire la faculté de transmission par endossement : Nous verrons tout à l'heure quels sont, en pareil cas, les effets de ce mode de transmission.

La loi française exige aussi la mention, dans la lettre, de « la valeur fournie en espèces, en marchandises, en compte, ou de toute autre manière ».

De telle sorte que la situation est celle-ci : Dans les actes constatant les contrats civils, il n'est point nécessaire que la *cause* des obligations soit exprimée (art. 1132 du Code civil) ; la législation commerciale, au contraire, qui est en principe moins rigoureuse que la loi civile, s'attache à cette exigence. On a pensé qu'à la suite de la série des endossements dont les lettres de change sont l'objet, il serait fort difficile au dernier porteur de rechercher et d'établir la cause de l'obligation du tireur.

Il faut reconnaître seulement qu'ici encore, le législateur de 1807 s'est montré large dans l'application de la règle édictée.

Il prescrit, à la vérité, qu'il soit dit non seulement qu'il y a eu valeur fournie, mais aussi de quelle nature est cette valeur, ce qui exclut les expressions telles que *valeur reçue, valeur entendue, valeur entre nous.* Mais il n'a pas craint d'admettre comme suffisant le terme de *valeur en compte,* ce qui indique, d'une manière générale, que le tireur porte en déduction, sur son compte avec le preneur, le montant de la lettre. Et à son tour, la jurisprudence a déclaré cette clause suffisante alors même qu'aucun compte n'aurait existé au moment de la création du titre (1). Inutile d'ajouter que la fausseté de la cause ne saurait jamais être invoquée contre les porteurs de bonne foi.

Il est un cas dans lequel on doit considérer comme valable un terme singulièrement vague et général, *valeur en moi-même*. Ce terme est, en effet, employé lorsque le tireur crée la lettre à son ordre. Une lettre de change ainsi formulée n'est pas irrégulière. Le but du tireur est, en pareille hypothèse, de s'assurer de l'acceptation du tiré : une fois l'acceptation obtenue, la négociation devient plus facile. Ce n'est au surplus que par l'endossement qu'un pareil titre revêt véritablement la caractère de lettre de change, car c'est alors seulement que se rencontre avec le tireur et le tiré, la troisième personne nécessaire à l'existence parfaite de la lettre, le *donneur de valeur*. C'est par l'intervention de cette tierce partie, que, de simple projet, la lettre devient titre définitif : Jusque-là il n'existait pas de cause, les mots *valeur en moi-même* ne pouvant constater autre chose que l'absence de lien juridique, jusqu'à l'apparition d'un co-contractant.

Maintenant, quelles sont les conséquences de l'indication incomplète, ou du défaut d'indication de la valeur fournie ?

La loi ne dit pas ici, comme à l'égard de la *supposition* de lieu, notamment, que le titre vaudra comme « simple promesse ». L'acte sera-t-il donc radicalement *nul* ? Eh bien, non : car si la valeur a été réellement fournie, il

______

(1) Cassation, 20 août 1818.

serait vraiment trop rigoureux de n'accorder au preneur qu'une action en *répétition de l'indû*, en déclarant inexistante la lettre de change. D'autant qu'un tel système porterait atteinte aux droits des porteurs de bonne foi. Les droits de ceux-ci sont, au contraire, sacrés à ce point, qu'on n'hésite pas à les protéger dans le cas même où il n'y aurait pas eu de valeur fournie, et où par conséquent l'obligation première du tireur se trouve dénuée de cause (1). L'interprétation la plus sage paraît être d'admettre, par argument de l'art. 138 relatif aux endossements irréguliers, qu'à défaut de la clause de valeur fournie, le preneur sera considéré comme simple *mandataire* du tireur.

Si la valeur n'a pas été fournie, il est loisible au tireur de révoquer le mandat et de revendiquer le titre dans la faillite du preneur ; s'il reconnaît, au contraire, qu'il y a eu prestation de valeur, il tient compte envers le preneur-mandataire de la somme touchée en sa faveur, par ce dernier. Dans cette hypothèse, l'endossement qu'aurait passé le preneur sera valable, le preneur l'ayant opéré en sa qualité de mandataire du tireur (2.)

Enfin, en ce qui touche *l'acceptation, l'endossement,*

(1) Cassation, 15 mai 1839.

(2) La Cour de Nancy (5 avril 1845) et avec elle M. Nouguier (T. I, p. 130), poussent aux extrêmes la législation de 1807, sur ce point : D'après eux, la lettre de change, faute d'indication de la valeur fournie, serait radicalement nulle.

Notre solution est assurément plus conforme à la nature même du titre que nous étudions : « *Payez à un tel* » : que signifient ces paroles ? C'est affaire entre le tireur et le preneur. S'il n'y a pas eu de valeur fournie, c'est qu'apparemment le mandat avait pour but unique l'autoisation de toucher.

et la *provision*, le législateur de 1807 s'est encore à peu près borné à suivre pas à pas la doctrine traditionnelle.

Par son acceptation, le tiré assume envers le bénéficiaire de l'effet, une obligation personnelle et principale à laquelle ne peut porter atteinte la faillite même du tireur (art. 121). Tireur et endosseurs sont, au surplus, garants solidaires de l'acceptation, dont le refus donnerait lieu à un *protêt faute d'acceptation,* immédiatement suivi d'un recours à fin d'obtenir caution (art. 118 à 120). C'est ainsi que, dès le début, toutes les garanties de paiement à l'échéance sont fournies au preneur. Une circulation facile est assurée à la lettre de change ; et, en même temps, le crédit se trouve efficacement servi, puisque l'acceptation permet aux négociants de se procurer des cautions par voie indirecte sans mettre en plein jour les nécessités de leur situation présente. Il est un cas unique où le tireur n'est pas tenu de procurer l'acceptation. C'est en matière de lettres de change *à vue* (art. 130). On le comprend, l'effet à vue doit être payé sitôt qu'il est présenté.

Dans le but d'échapper aux règles de l'acceptation, et du protêt faute d'acceptation, l'usage commercial a créé le *mandat,* dont la formule ne diffère de celle employée dans la lettre de change qu'en ce point, savoir que le tireur écrit « Veuillez payer par le présent *mandat* », au lieu de dire « par cette lettre de change ».

L'emploi du titre ainsi conçu est répandu surtout en Normandie, à Paris et au Hâvre. Est-ce donc là une valeur différente de la lettre de change ? Est-ce à juste titre, que le Mandat est communément réputé dégagé de l'acceptation ?

Et d'abord, nul doute que le mandat ne constitue une

véritable lettre de change. A quoi bon déterminer avec tant de soin les conditions de forme et de fond destinées à protéger le crédit, en matière de lettre de change, si les régles posées par le législateur, pouvaient être écartées par la seule substitution d'un terme différent de celui qu'il a employé lui-même. En France, les mots ne sont point sacramentels; notre législation a laissé, au contraire de ce qui a été décidé dans d'autres pays (1), toute liberté quant aux termes, et s'est bornée à régler le fond.

Aussi bien, le commerce se soumet-il à toutes les prescriptions de la loi, à part seulement l'acceptation.

Une proposition destinée à faire consacrer l'usage qui nous occupe, avait été soumise aux Chambres, sous le gouvernement de Juillet. Elle fut rejetée. Est-ce à dire que la création du « Mandat » *non acceptable*, soit illégale ?

On ne saurait poser une règle aussi absolue, en présence du grand principe de la *liberté des conventions*. Il est certain, au contraire, qu'une *convention expresse* peut écarter la nécessité de l'acceptation. Telle est la loi française.

Mais encore faut-il établir que non seulement le preneur, mais aussi tous les porteurs connaissaient l'usage invoqué par le tireur, et que, par conséquent, il existait entre eux une convention constatée par l'emploi du mot *mandat :* il ne saurait, en effet, exister de convention sans consentement.

Un auteur, à la vérité très compétent en notre matière, et qui s'appuie, en outre, sur un arrêt de la Cour de Rouen

(1) Loi allemande du 24 novembre 1848.

(30 juillet 1825), paraît dépasser la mesure, en déclarant absolument sans valeur l'indication contenue dans l'emploi du mot *mandat* (1). Il semble plus exact de dire que « c'est une *question de fait* ou *d'intention*, et non pas une question de droit (2) ». Rappelons seulement que la preuve devra s'étendre jusqu'aux tiers-porteurs, dont les droits menacés avaient justement frappé la Cour de Rouen.

La *clause à ordre* est déclarée, de par l'art. 110 et d'ailleurs au même titre que la remise de place en place et la valeur fournie, une condition essentielle de la lettre de change.

Au surplus, l'endossement doit-il, à son tour, « être daté ; — exprimer la *valeur fournie* ; — énoncer celui à l'ordre de qui il est passé » (Art. 137). Il est tout naturel que nous retrouvions ici la reproduction des règles qui ont présidé à la création du titre, soit en ce qui touche la cause de l'obligation, soit au regard de la clause à ordre elle-même : Il n'est fait exception qu'en ce qui touche la remise de place en place, suffisamment acquise par le contrat initial entre le tireur et le donneur de valeur.

Lorsque les prescriptions ne sont pas remplies, la loi prend soin, ici encore, de déterminer les conséquences de cette irrégularité. C'est à savoir que l'endossement « n'opère pas le transport ; il n'est qu'une procuration » (Art. 138).

Ainsi, l'endossement perd la puissance de transférer la propriété et se trouve réduit au rôle de simple mandat,

_______

(1) M. Nouguier, *De la lettre de change,* t. II, p. 225.

(2) M. Bravard, *Traité de droit commercial,* t. III, p. 86.

dès lors qu'au lieu de remplir les conditions légales, il est simplement *en blanc :* c'est-à-dire au cas où le tireur s'est borné à apposer sa signature au dos du titre, sans date, sans indication de nom ni de valeur fournie.

Mais, insistons sur cette question, très délicate, des effets qui s'attachent à l'endossement *en blanc.*

Et d'abord, à le prendre dans les termes absolus du code, il n'est pas sans présenter une utilité sérieuse. C'est ainsi que ne contenant point le nom du porteur, il permet aux commerçants dont le crédit n'est pas développé, de faire présenter aisément par des tiers commissionnaires leurs valeurs à divers banquiers. Ces commissionnaires n'étant que mandataires, ne peuvent s'approprier le montant de la négociation.

Mais, c'est là une application étroite et à vrai dire exceptionnelle. Le commerce moderne exigerait bien davantage. Or, de ce que l'endossement irrégulier ne confère au porteur qu'un mandat et non un droit de propriété, il résulte :

1° Que l'endosseur venant à tomber en faillite, ses créanciers peuvent revendiquer le titre entre les mains du porteur mandataire (1) ;

2° Que les exceptions opposables à l'endosseur le sont aussi contre le porteur, de la part soit de l'accepteur, soit du tireur.

Il est, toutefois, des tempéraments à apporter à la rigueur de cette doctrine.

Et d'abord, accordons ici encore au porteur, c'est-à-dire à celui qui est détenteur du titre, bien que son nom n'y

_______

(1) *Sic.* Ord. 1673, art. 25.

figure nulle part, accordons-lui les mêmes avantages laissés au preneur d'une lettre de change incomplète, faute d'indication de la valeur fournie. Nous voyons se reproduire, en effet, la même irrégularité. Si, avons-nous dit, le tireur reconnaît qu'il y a eu valeur fournie, il devra tenir compte au preneur de la somme encaissée ; il suffit ici de remplacer le nom de tireur par celui d'endosseur, et de preneur par celui de porteur. Bien plus, dans les deux cas, le « mandataire » pourra légitimement exercer sur le tiré un droit de rétention, afin d'obtenir plus sûrement le remboursement de la valeur par lui fournie (1).

Dans la même hypothèse, nous ajoutions que l'endossement émané du preneur sera valable comme fait par un mandataire. Ici encore, pareille décision.

Il y a même plus. Il faut reconnaître que le système du code ne saurait jamais être applicable si ce n'est vis-à-vis des tiers. Dans les rapports de l'endosseur et du porteur, dès lors qu'il y a eu valeur fournie, il y a obligation du premier vis-à-vis du second puisqu'il se trouve un engagement muni d'une cause : Il est donc permis au porteur de prouver contre l'endosseur soit qu'il lui a fourni la valeur, soit qu'il a été l'objet d'une libéralité de sa part. Cette preuve faite, la présomption de l'art. 138 est détruite, et la propriété de l'effet est tenue pour transférée dans les mains du porteur (2).

Supposons maintenant que le porteur, au lieu d'endosser régulièrement le titre, comme il le peut faire en qualité de mandataire vis-à-vis des tiers, le transmette de la main

(1) Cf. M. Nouguier, t. I, p. 406.

(2) Cassation, 19 juillet 1843, etc.

à la main à un nouveau porteur ? On s'accorde à reconnaître que le transport sera valablement fait, soit que ce dernier en ait remis la valeur, ou qu'il bénéficie d'un don manuel : c'est que la première transmission par endossement en blanc, avait eu pour effet de transformer la lettre de change en un véritable *titre au porteur*. Celui qui a reçu valablement sans écrit peut évidemment, à son tour, transmettre sans écrit (1).

Il est aisé, d'ailleurs, de saisir l'importance de cette décision.

Et pourtant ce n'est pas tout encore.

L'emploi d'un effet muni de l'endossement en blanc est si avantageux pour les commerçants, dans le délai qui court avant l'échéance, que la jurisprudence a été jusqu'à admettre, en principe et même vis-à-vis des tiers, la validité de cet endossement sous deux conditions seulement : 1° que la valeur ait été fournie ; 2° que le vide ait été rempli.

On ne peut se dissimuler la gravité de cette décision. Il est, en effet, constant qu'il est permis à tout porteur de remplir les blancs jusqu'au décès ou à la faillite du souscripteur, et c'est ce qui se pratique habituellement, on le devine, chaque fois qu'il s'agit de présenter en justice un effet dans ces conditions.

Or, cette doctrine, quelque sage, quelque utile qu'elle

_________________

(1) Cassation, 21 août 1837 : « Attendu qu'il est reconnu en fait que les effets avaient été transmis à X. par des endossements en blanc ; que dans cet état X. pouvait en disposer sans qu'il fût nécessaire qu'il apposât sa propre signature ; que ces effets se trouvaient *dans les mêmes conditions que les effets au porteur* et qu'ils étaient transmissibles de la même manière, c'est-à-dire par simple tradition manuelle, etc. »

puisse être, ne porte-t-elle pas une réelle atteinte à l'économie de notre loi ? Nous avons dû, en effet, interroger le code de 1807, non pas seulement dans son texte, en quelque sorte étroit et mort, mais bien dans son application et son développement légitime. Nous nous demandons seulement si la jurisprudence n'ajoute pas à la loi, et si, dans un but assurément louable, elle ne dénature pas et l'esprit et la lettre de nos textes. Ce serait une preuve de plus que l'ancien droit a vécu, et que la législation moderne ne peut se refuser à satisfaire des besoins nouveaux.

Il nous reste quelques observations à présenter au sujet de la *provision*.

Le Code de commerce a cru utile de réglementer à son tour ce qui concerne la provision, qui, d'ailleurs, se relie étroitement à l'acceptation, comme on le conçoit sans peine.

Sans doute, le tireur qui a muni le tiré de sommes, de valeurs et de marchandises suffisantes pour acquitter la lettre de change, veille encore jusqu'à l'échéance. Mais, cette date passée, il a juste raison de croire que l'effet est acquitté, et qu'il n'a plus aucune réclamation à encourir de la part du porteur.

Or, supposons que le porteur négligent ait omis de présenter l'effet à l'échéance, et qu'après un certain délai, il se présente infructueusement chez le tiré, aura-t-il, pour ainsi dire éternellement le droit d'invoquer la responsabilité du tireur ? Nous savons, au contraire, qu'en échange des rigueurs édictées par le droit cambiste à l'encontre du débiteur et des garants, pour assurer le paiement, des rigueurs en quelque sorte réciproques s'attachent à l'exercice des recours poursuivis par le porteur. Aussi, voyons-nous le Code impartir un temps très court (Art. 160 et suiv.) durant lequel le tireur doit présenter l'effet et constater le non-paiement par l'acte de *protêt* qui est signifié au cédant, lequel, en outre, doit être appelé en justice dans la quinzaine du protêt.

Faute par le porteur de prendre ces mesures dans les délais fixés par la loi, « il est déchu de tout droit contre les endosseurs » (Art. 168), et contre le tireur lui-même, si ce dernier « justifie qu'il avait *provision* à l'échéance de la lettre de change. — Le porteur, en ce cas, ne conserve d'action que contre celui sur qui la lettre était tirée » (Art. 170).

Qu'arrivera-t-il de la provision en cas de faillite, soit du tireur, soit du tiré, intervenue avant l'échéance de la lettre de change ? Ainsi se pose, dans la pratique, une question fort importante que la doctrine formule ainsi : « A qui appartient la propriété de la provision ? » Le texte étant muet soulève un grave débat. D'une part, une opinion qui a pour elle l'autorité de la Cour de cassation belge maintient la provision en l'état, jusqu'à l'échéance : dans ce système, les droits du porteur sont ceux d'un simple créancier appelé au marc le franc. D'autre part, au contraire, la Cour suprême, en France, et avec elle la majorité des auteurs tranche la question dans l'intérêt du porteur (1). Cette décision si favorable à la circulation des effets de commerce, nous paraît, quant à nous, compléter heureusement

_______

(1) Cassation, 22 novembre 1830 ; — 20 mars 1850, etc. — Voy. M. Nouguier, t. I, p. 246, 262 et suiv.; M. Renouard, *Des Faillites,* t. I, p. 372. — *Contrà,* MM. Delamarre et Le Poïlvin, t. V, p. 430 et suiv.

la théorie de la lettre de change. Et il faut reconnaître que la législation de 1807 semble avoir consacré la même solution, aux termes de l'article 149 : « Il n'est admis, dit la loi, d'opposition au paiement qu'en cas de perte de la lettre de change, ou de la *faillite du porteur*. » Il n'en est donc pas de même de la faillite du tireur. Le texte est, en effet, nettement restrictif.

Si importante est cette solution, qu'il nous paraît indispensable d'analyser les arguments fournis dans la controverse dont il s'agit.

Notons, d'abord, que la provision peut consister en *sommes, valeurs* ou *marchandises,* envoyées, consignées, l aissées en dépôt chez le tiré, pour le couvrir du montant de la lettre de change ; elle peut aussi consister dans une *créance* du tireur sur le tiré, ou même résulter d'une simple opération passée en *compte courant,* l'un créditant ou débitant réciproquement le compte de l'autre.

La provision n'est obligatoire qu'à l'échéance. Elle doit alors couvrir entièrement le montant de la lettre de change (Art. 116). Si elle n'est que partielle, elle n'en conserve pas moins son caractère et ses effets, mais seulement jusqu'à concurrence de son montant ; dans cette mesure, l'existence juridique est si réelle qu'on admet même l'obligation pour le porteur de recevoir le paiement partiel, comme d'ailleurs il a lieu d'admettre une acceptation partielle.

Si la dette du tiré est favorisée d'un terme qui dépasse l'échéance de l'effet, on admet que la provision existe néanmoins, bien qu'on dise communément non sans exactitude, « qui a terme, ne doit rien » : au surplus, on ne peut dénier au porteur le droit de recourir, à l'échéance, contre le tireur, sans attendre l'arrivée du terme dont jouit le tiré (1).

Lorsque la provision est formée par des marchandises envoyées au tiré, ou consignées dans ses magasins pour être vendues, avec affectation du produit de la vente au paiement de l'effet, le tiré n'est pas davantage *redevable* dans les termes de la loi : on admet cependant que la provision existe, du moins vis-à-vis du porteur, à qui l'on accorde, par raison d'équité, le droit de s'emparer des marchandises et de les réaliser à son profit (2).

C'est que l'on considère, en pareil cas, le porteur comme *propriétaire* de la provision. C'est la question.

Pour la cour belge, on ne peut, dans le silence de la loi, créer un *privilège* en faveur du porteur, lequel, loin d'être propriétaire de la provision, ne saurait même pas se prévaloir des droits qui découlent d'une cession de créance. A supposer, en effet, un raisonnement consistant à dire que les créanciers du tireur failli, par exemple, étant les ayants cause du tireur cédant, ne pourraient attaquer les opérations faites de bonne foi avant la déclaration de faillite, on répond que le contrat de change n'est point une cession de créance (3).

Les auteurs qui soutiennent le même système, MM. Delamarre et Le Poitvin, notamment, ajoutent un argument fort grave : Que parle-t-on, s'écrient-ils, de translation de propriété de la provision en faveur du porteur? Il n'est pas de raisonnement qui vaille contre la nécessité des choses. Or,

(1) Cassation, 2 février 1836.

(2) Cassation, 3 août 1835.

(3) Cassation belge, 25 juin 1840.

la provision consistera dans une somme d'argent à puiser dans la caisse du tiré. Est-ce là un corps certain? Non, sans doute: il est impossible au prétendu propriétaire de mettre le doigt sur telles pièces de monnaie, et de déclarer, suivant l'antique formule: *Hanc rem meam esse aio* (1).

Examinons.

Et d'abord, supposons que le tireur tienne, chez le tiré, une certaine somme en dépôt : il s'agira justement alors de reprendre ce dépôt, sans déplacement des espèces. Telle est l'opération qu'accomplissaient les juifs retirés en Lombardie.

Que devons-nous faire, sinon rechercher l'intention des parties, qui est la loi des lois modernes. Si nous reconnaissons que, de la part, soit de celui qui a donné son argent en échange d'un effet, soit de celui qui a reçu la somme et a tiré sur son dépositaire pour le montant, le commun désir est de faire l'échange de leurs propriétés mobilières placées en lieux différents, il ne reste plus qu'à consacrer cette volonté, et à dire que le preneur reçoit, avec la propriété du papier, la propriété de la somme déposée entre les mains du tiré.

C'est cette vérité de fait et d'observation qui a fait dire aux jurisconsultes les plus illustres, tels que Pothier, que le contrat de change est purement et simplement un contrat d'échange. Mais, ce n'est voir ainsi qu'un côté des choses, c'est se rendre compte d'une partie, non de l'ensemble.

Poursuivons notre examen. Nous avons supposé une somme laissée en dépôt, on nous accordera aisément que les choses se doivent passer exactement de même si le tiré

_______________

(1) MM. Delamarre et Le Poitvin, *loc. cit.*

envoie les fonds avec affectation spéciale au paiement de l'effet. Mais, supposons que la couverture de la lettre de change consiste en des marchandises adressées au tiré avant l'échéance, ou qui se trouvent déjà consignées dans ses magasins, et que le tireur en ordonne la vente, en affectant le prix qui en proviendra au paiement de la lettre.

On voit combien est frappante l'analogie de cette situation avec celle que nous envisagions tout à l'heure.

Nous admettons, en effet, que le tiré ne reçoit point ces marchandises à titre de provision proprement dite, le rendant *redevable* d'une somme d'argent, auquel cas il deviendrait purement et simplement débiteur du tireur, et c'est une hypothèse que nous étudierons tout à l'heure dans son ensemble.

Qu'est alors le tiré, sinon un commissionnaire, un consignataire, c'est-à-dire encore et dans la réalité des choses un dépositaire ! Sûrement, en effet, la propriété n'est point passée sur sa tête : en effet, la loi autorise formellement, en pareil cas, la revendication de ces marchandises.

« Art. 575. Pourront être (également) revendiquées, aussi longtemps qu'elles existeront en nature, en tout ou en partie, les marchandises consignées au failli, ou pour être vendues pour le compte du propriétaire. »

Mais, dira-t-on, si les marchandises n'existent plus *en nature ;* si elles ont été vendues, il n'y aura plus de revendication possible ! Nul ne peut plus dire : « *Hanc rem meam esse aio.* » Si l'on raisonnait ainsi, on oublierait que nous nous trouvons en matière de droit commercial, sous le règne de l'utilité générale et de l'équité.

En effet, l'art. 575 continue ainsi :

« Pourra même être revendiqué *le prix* ou la partie du prix des dites marchandises qui n'aura été ni payé, ni réglé en valeur, ni compensé en compte courant entre le failli et l'acheteur (1). »

Qu'on ne vienne donc plus invoquer les principes rigoureux de la science, ou du droit civil !

Autre hypothèse, sur laquelle nous n'insisterons pas, tant elle est conforme à celle qui précède :

Le tireur a envoyé des valeurs au tiré, pour être recouvrées par celui-ci, avec affectation du montant au paiement de la lettre.

Nous nous trouvons de nouveau en présence d'un dépôt confié au tiré. La loi autorise encore expressément, dans la faillite du tiré, la revendication des valeurs dont la propriété n'a point été transférée. « Art. 574. Pourront être revendiquées en cas de faillite, les remises en effets de commerce ou autres titres non encore payés et qui se trouveront en nature dans le portefeuille du failli à l'époque de sa faillite lorsque les remises auront été faites par le propriétaire, avec le simple mandat d'en faire le recouvrement et d'en garder la valeur à sa disposition, ou lorsqu'elles auront été de sa part, spécialement affectées à des paiements déterminés. »

Que si la valeur a été négociée, nous n'hésitons pas à étendre à cette hypothèse les énonciations formelles de l'art. 575, faisant survivre la revendication à la vente des marchandises : Au besoin les règles du dépôt (1927, 1930) suffiraient à légitimer cette solution. Ainsi tous ces cas se réduisent à un seul : Il y a eu dépôt, par conséquent le

_______

(1) Cf. art. 95.

tiré n'est pas devenu propriétaire, si bien que la revendication demeure possible. Or, avons-nous dit, le désir, l'intention des parties a été de faire passer sur la tête du porteur ce droit de propriété. D'où résulte que si le tireur tombe en faillite, l'échéance survenant par suite de la suppression du terme que détruit la faillite, le porteur revendiquera la provision : si, au contraire, c'est le tiré qui vient à faillir, le tireur ou le porteur, son ayant droit, la revendiquera à l'encontre des créanciers du tiré, qui ne sauraient s'enrichir du bien d'autrui.

Arrivons enfin au cas le plus délicat, celui où la provision consiste dans une *créance* du tireur sur le tiré.

Ici, il faut d'abord distinguer s'il y a eu acceptation de la part du tiré.

Si le tiré a accepté, on doit le considérer comme ayant affecté au paiement une somme égale au montant du titre.

La Cour de cassation belge nie au contrat de change l'effet d'une cession de créance. Non, le contrat de change n'est ni une vente, ni un échange, ni une cession de créance : il est tout cela, mais il est plus que cela.

Eh quoi, les effets de l'endossement sont-ils comparables à ceux d'un transport par les voies civiles ? Combien ne sont-ils pas plus énergiques ! Est-ce, notamment, que les exceptions opposables au preneur sont opposables au porteur ? Nullement. Comment donc placer le porteur vis-à-vis soit des créanciers du tireur, soit de ceux mêmes du tiré, dans les conditions d'un créancier ordinaire ? La vérité est que le porteur n'est point le créancier, mais le propriétaire de la provision, fixée et déterminée dans la caisse du tiré par l'acceptation.

Reste enfin une dernière hypothèse :

La faillite se produit avant l'acceptation.

Il nous faut nécessairement distinguer entre la faillite du tireur, et la faillite du tiré.

Si c'est le tiré qui fait faillite, évidemment, on ne saurait rechercher dans l'actif de ce créancier, entièrement étranger à la création de la lettre de change, rien qui ressemble à une provision. L'effet est *res inter alios acta :* Le porteur sera purement et simplement un créancier cessionnaire du tireur, venant au marc le franc.

Mais, s'il s'agit de la faillite du tireur, en sera-t-il de même ? Ici, nous n'avons plus les mêmes motifs pour écarter les règles du change. C'est le créateur même de l'effet, qui tombe en faillite : or, il a transporté tous ses droits au preneur, avec l'énergie qu'attribuent à une pareille cession les principes qui gouvernent l'émission de la lettre de change ; avec la propriété du titre a été transférée la propriété de la provision. Les créanciers du tireur, pas plus que lui-même, ne sauraient se prévaloir contre le fait accompli. Car ils sont, à titre d'ayants cause du tireur, garants du paiement de la lettre.

En résumé, l'examen doctrinal de cette grave question confirme pleinement le système admis par la jurisprudence française, système qui, du reste, ainsi que nous l'avons montré en commençant, est non seulement d'accord avec l'esprit de notre Code, mais encore avec son texte, aux termes de l'art. 149, et peut être considéré comme un élément positif de notre législation.

Il nous reste à déterminer, avec précision, quelles sont les exceptions opposables au porteur : 1° aux termes du *droit commun ; —* 2° d'après les règles sur la *capacité ; —*

3° aux cas particuliers qui résultent soit de la *perte* de la lettre de change, soit des *faux* commis dans ses énonciations.

Les principes généraux du droit cambiste n'apportent guère d'élément nouveau dans les rapports originaires et directs de créancier à débiteur. Il n'est créé de règles spéciales qu'au point de vue des diligences prescrites au créancier, pour réclamer son paiement à l'échéance. Le tireur s'engage à faire payer au bénéficiaire une somme sur une place par le tiré. Celui-ci n'est jusqu'à présent qu'un mandataire. Or, dans les rapports des deux contractants, tireur et preneur, il n'y a aucune difficulté à déterminer les obligations réciproques.

Et d'abord, deux sortes de nullités peuvent être opposées :

D'une part, celle qui résulte de l'inaccomplissement des conditions prescrites par la loi comme essentielles pour la validité de la lettre de change, telles que remise de place en place, valeur fournie ; ces irrégularités faisant disparaître le titre lui-même ;

En second lieu, le tireur peut, notamment, invoquer à l'encontre du bénéficiaire, par exemple l'erreur, la violence ou le dol, dans les termes des art. 1109 et suivants du Code civil. *Contra litteras cambii*, disait Casaregis, *opponi potest exceptio doli mali* (1).

A ces exceptions de nullité, s'ajoutent enfin tous autres moyens de défense résultant du droit commun, par exemple, la compensation.

Arrive l'échéance : si le tiré a ses mains garnies, il les videra dans celles du bénéficiaire. S'il n'y a pas provision,

_______

(1) *Disc.* 148, n° 18. *Cf.* G. Massé, III, n° 1523.

c'est alors que le porteur se retourne contre le tireur. Il pourrait arriver seulement, que le tiré ne payât pas, encore bien qu'il eût provision : De deux choses l'une, ou le porteur a présenté l'effet au jour de l'échéance, ou il ne l'a fait que tardivement. Dans ce dernier cas, on peut admettre que le tiré eût été satisfait, s'il se fût présenté au jour déterminé par son titre ; c'est pour ce moment que le tireur avait dû prendre les précautions nécessaires à l'exécution de son mandat ; aussi, la loi condamne le porteur négligent aux conséquences de sa faute, et dégage le tireur. Reste l'hypothèse où le tiré, bien qu'il eût provision et que l'effet lui fût présenté à l'échéance, a encore refusé de payer : Cet acte de présentation suffira-t-il par lui-même, pour conserver tous les droits du porteur contre le tireur ? La loi exige davantage : Il faut que le tiré ait été *requis* de payer, et que son refus ait été constaté par l'acte *de protestation* le lendemain même de l'échéance ; que le porteur ait, premièrement, *notifié* le protêt au tireur, secondement, qu'il l'ait fait *assigner* dans le délai de *quinzaine* (Art. 161, 162, 165).

Ainsi, le créancier est tenu d'user d'une diligence parfaite, sous peine de déchéance. Il ne conserverait, à défaut d'accomplissement des formalités prescrites, son recours contre le tireur, qu'au seul cas où celui-ci n'aurait pas lui-même rempli son obligation, c'est-à-dire aurait négligé de créer, ou bien aurait repris la provision, avant l'échéance (Art. 117 et 171).

Faisons un pas de plus. L'*acceptation* transforme le tiré, simple mandataire, en un débiteur personnel. Qu'en résulte-t-il ? c'est que le créancier a, désormais, deux débiteurs *solidairement* tenus (Art. 140).

Dans les rapports de l'accepteur et du bénéficiaire, les choses se passent comme tout à l'heure entre ce dernier et le tireur. Non seulement pour ce qui résulte de l'omission des formes constitutives de la lettre ; mais pour tout ce qui touche les exceptions appartenant à l'accepteur vis-à-vis du bénéficiaire, savoir : compensation, ou moyens de nullité résultant, par exemple, du dol auquel le preneur aurait participé. L'accepteur conserve, d'ailleurs, tous ses droits et exceptions contre le tireur lui-même. De telle sorte qu'à supposer le bénéficiaire de bonne foi, s'il est vrai que le tiré n'est pas restituable vis-à-vis de lui contre son acceptation, du moins il peut obtenir, à l'encontre du tireur, la nullité de cette même acceptation qu'il n'aurait consentie qu'à la suite des manœuvres de ce dernier.

Aussi bien, ce sont là les seuls moyens de défense susceptibles d'être invoqués. En vertu des principes généraux sur la solidarité, tels qu'ils sont d'ailleurs énoncés dans l'art. 1208 du Code civil, tireur et accepteur ne peuvent, chacun de leur côté, opposer au preneur que les exceptions qui leur sont personnelles, ou bien encore celles qui résultent de l'irrégularité du titre même. L'accepteur ne saurait donc arguer, par exemple, à l'encontre du preneur, du dol commis par le tireur, alors que le preneur serait demeuré étranger aux manœuvres frauduleuses (1).

Telles sont donc les règles qui déterminent la situation

---

(1) Nous n'avons pas à nous préoccuper ici de certaines divergences provoquées entre les interprètes du Code civil, par la rédaction peu explicite de l'art. 1208, spécialement sur le point de savoir si la loi range les *vices du consentement* parmi les exceptions purement personnelles ; surtout en présence de l'art. 2036 du même Code.

(*Voy.* M. Demolombe, *Oblig.*, t. III, n° 386.)

réciproque du bénéficiaire, d'un côté, et des tireur et accepteur de l'autre. On n'y trouve rien qui ne soit conforme au droit commun, une fois admis le principe de la solidarité légale.

Il faut rappeler, seulement, que cette solidarité n'entraîne point ici le bénéfice de *division*, entre les codébiteurs. Nous rencontrons donc, à ce point de vue, une solidarité particulière (1) : Sauf application conventionnelle de la solidarité ordinaire, la dette ne se divise pas de plein droit ; et c'est bien juste, car de deux choses l'une : ou le tiré avait reçu une provision destinée à acquitter l'effet, ou il était resté les mains vides, auquel cas le tireur doit payer le tout.

C'est, avec la *clause à ordre*, c'est avec la transmission par endossement, que nous voyons intervenir des principes particuliers au droit cambiste. Les règles sur la cession de créance s'effacent entièrement, pour faire place à une idée juridique toute nouvelle, savoir : que le principe de la *solidarité* s'étend à tous les endosseurs successifs, de telle sorte que le porteur a pour codébiteurs solidaires, tous les souscripteurs de la lettre de change ; et de même, après lui, le signataire qui ayant payé est devenu porteur à son tour, sans bénéfice de division au profit des autres souscripteurs (Art. 140).

Non seulement celui qui joue le rôle de cédant, c'est-à-dire à l'origine le preneur, transporte, par le seul fait de l'endossement, tous ses droits au porteur, abstraction faite des formalités prescrites par la loi civile ; mais encore les droits ainsi acquis par le porteur sont des droits absolus, in-

_______________

(1) G. Massé, t. II, n° 1992.

dépendants. Si bien que les exceptions opposables au preneur sont entièrement étrangères au porteur, lequel exerce ses droits dans des conditions identiques à celles qui se présenteraient pour lui, s'il usait d'un droit non dérivé. C'est ainsi, par exemple, que le tireur ne saurait opposer au porteur les moyens de défense tels que la compensation, qu'il aurait pu invoquer à l'encontre du preneur. Et pourtant, le porteur n'est que le cessionnaire du preneur, et un ayant cause ne peut pas avoir plus de droits que son auteur. Telle est bien, en effet, la loi commune des contrats ordinaires ; mais telle n'est plus la règle admise pour l'exécution de ce contrat particulier que la loi française suppose à l'origine de la lettre de change, savoir le contrat de change.

Le principe spécial au droit cambiste est une condition indispensable à la circulation des effets de commerce, transmissibles par la voie si rapide de l'endossement. On a dû admettre que celui qui s'oblige en cette forme accepte d'avance pour créanciers non seulement le preneur, mais tous ceux que des endossements postérieurs de la lettre rendront propriétaires c'est-à-dire, en un mot, le public lui-même.

La transmission de l'effet de commerce a lieu sous les seules conditions résultant de la teneur du titre ; de son irrégularité seule au point de vue des énonciations légales, découlent les exceptions opposables au porteur, parce que ce sont les seules contre lesquelles le public puisse et doive se prémunir. Dès lors que la lettre de change est régulière en la forme, le cessionnaire est admis à tenir pour bon et valable le contenu de l'effet, et il ne peut être recherché contre et outre son contenu ; il n'est aucunement tenu d'examiner au moment de la négociation qui lui est faite, si la cause licite qui s'y trouve exprimée est réelle, ou si les conditions que l'existence du titre peut révéler ont été exécutées (1).

Ajoutons que la solidarité étendue aux endosseurs ne s'exerce au profit du porteur, qu'à la condition par celui-ci de signifier le protêt, et de donner assignation dans le même délai de quinzaine, collectivement à tous, ou individuellement à celui d'entre eux qu'il aura choisi. Pareille diligence est imposée à l'endosseur, pour conserver son recours contre les endosseurs antérieurs et le preneur ; pour lui, le délai commence à courir soit du jour de l'assignation reçue du porteur, soit du jour du paiement qu'il aurait bénévolement consenti (Art. 165 à 167).

Il y a seulement ceci de particulier, que les endosseurs, à la différence du tireur, sont déchargés par la seule inob-

(1) Cassation, 14 août 1850.

Il suffit, mais il faut, pour obtenir ces résultats, que le titre constitue réellement un effet de commerce, dans les termes de la loi. Que si l'une des énonciations requises fait défaut, est-ce à dire que la transmission par voie d'endossement sera nulle? Ce serait aller trop loin. Les parties majeures ont pu contracter ainsi qu'elles ont jugé convenable, et stipuler, notamment, que l'engagement serait transmissible par la voie de l'ordre ; cette stipulation n'étant prohibée par aucune loi, doit être respectée par les parties contractantes (Cassation, 11 avril 1849). Seulement, les effets de ce mode de transmission ne dépasseront pas ceux d'une *cession ordinaire*. Les principes particuliers à la circulation des effets de commerce cesseront d'être applicables. Subsisteront les exceptions personnelles entre le cédant et le cédé, au regard des autres obligés ; et le débiteur restera maître d'opposer au tiers porteur les conséquences de l'inexécution de conventions se rattachant à la négociation même du titre (Cassation, arrêt de 1850, déjà cité).

servation des formalités ci-dessus, sans avoir besoin de prouver qu'il y avait *provision* aux mains du tiré (Art. 168): Cela va de soi, du reste, attendu que les endosseurs n'avaient point à créer la provision ; ils demeurent donc étrangers au fait de son existence, sauf en ce qui touche la responsabilité du paiement lui-même.

Telle est la loi, en ce qui touche les droits du tiers porteur, d'après les principes généraux.

Abordons les exceptions qui résultent des règles spéciales sur la *capacité*.

Quant aux *mineurs* non négociants, la loi française leur refuse toute aptitude à souscrire des lettres de change. Fussent-ils assistés des personnes dont la présence suffit à les habiliter dans les termes du droit commun, ils ne pourraient se soumettre valablement aux rigueurs qui sont le propre du contrat de change ; nulle est, dans tous les cas, la lettre par eux souscrite (Art. 114). Le Code de commerce prend soin, du reste, d'ajouter que cette nullité n'existe *qu'à leur égard :* Eux seuls peuvent l'opposer ; et tous ceux qui se sont engagés avec ou après eux, demeurent obligés. C'est là encore une des exceptions *purement personnelles* que les principes de la solidarité réservent au codébiteur pour la sauvegarde duquel elles ont été créées. Nouvelle application du droit commun. Aussi bien, et à l'inverse, si le mineur peut de la sorte se dégager de tout lien, sans même avoir à établir une lésion à son préjudice, ce n'est pas à dire qu'il puisse s'enrichir aux dépens d'autrui : L'art. 114 réserve expressément « les droits respectifs des parties, conformément à l'art. 1312 du Code civil ».

Tout est donc prévu, et, à vrai dire, il n'apparaît ici de

règle nouvelle qu'en ce point, c'est que le mineur est et demeure restituable en dépit même de l'assistance de son tuteur ou curateur, et abstraction faite de toute lésion (1).

Dans l'intérêt des *femmes,* le législateur français a encore fait échec aux règles ordinaires.

La femme non marchande, quoique majeure, quoique munie, si elle est mariée, de l'autorisation légale, ne peut contracter une obligation de change. Il y a, toutefois, cette différence essentielle avec ce qui a été édicté vis-à-vis des mineurs, c'est que la lettre de change vaudra du moins comme engagement civil, comme *simple promesse* (Art. 113). La femme est donc obligée ; mais, il ne peut être question de *droits de change* et de *rechange,* ni de frais de *retraite* à raison des lettres par elle souscrites (Art. 177-183). Il y aura encore lieu, de la part du porteur, à remplir les formalités de protêt et de dénonciation de protêt ; car c'est la femme et non les tiers que la loi entend favoriser (2). Mais, les rigueurs de la solidarité légale disparaîtront, parce que cette solidarité est une conséquence particulière au lien du change, et étrangère au droit commun. Telle est, à nos yeux, la portée véritable de cette disposition du Code de 1807 (3).

---

(1) Le point de savoir si, aux termes du Code civil (art. 1305 et suiv.) le mineur qui a agi seul est tenu de prouver une lésion à son préjudice, ce point est controversé : Mais l'affirmative est généralement admise et consacrée par la jurisprudence.

(2) Cassation, 29 décembre 1868.

(3) Un savant auteur enseigne la solution contraire :

« La loi, dit M. Massé (t. II, n° 1136) n'exclut que les effets *extrinsèques* de la lettre de change, tout ce qui rend l'exécution rigoureuse, ce qu'Heineccius appelle *rigor cambialis,* mais n'exclut pas *ce qui est de l'essence même de l'obligation souscrite par la femme,* ce qui en constitue une condition

Supposons, maintenant, une lettre de change *perdue*.

Et d'abord, comment le propriétaire du titre égaré pourra-t-il en obtenir l'acquittement? Il commencera par faire opposition au paiement entre les mains du tiré (Art. 149); puis, le jour de l'échéance venu, il pourra se faire remettre le montant, à l'aide d'une « ordonnance du juge, en justifiant de sa propriété par ses livres, et en donnant caution ». Que si le propriétaire de la lettre perdue n'a pas fait opposition, le tiré paiera valablement aux mains du porteur apparent, détenteur du titre. Voici en quels termes la loi énonce cette décision : « Celui qui paie une lettre de change *à son échéance* et *sans opposition* est présumé valablement libéré. » Sans doute, il pourra arriver que, victime d'un vol, le porteur dépossédé n'ait aucune faute à se reprocher, et que le voleur ait justement usé de manœuvres destinées à lui permettre de devancer tout acte d'opposition : En pareil cas, Scaccia et, après lui, Pothier, venaient au secours du propriétaire de la lettre de

*intrinsèque* ; notamment la solidarité qui est une manière de s'obliger commune aux matières civiles et aux matières commerciales, et *à laquelle se soumet de plein droit toute personne qui appose sa signature sur une lettre de change : Elle n'est pas un effet du contrat de change*, mais de l'obligation contractée avec d'autres ou pour d'autres. »

Nous nous permettrons d'opposer à ce passage, la propre théorie de M. Massé sur la solidarité qui garantit l'acquittement de la lettre de change. Après avoir constaté qu'il existe ici une solidarité *d'une nature particulière*, l'auteur enseigne : « En matière de lettres de change et de billets à ordre, il y a deux sortes de solidarité. La première est la *solidarité ordinaire*, celle des codébiteurs qui se sont obligés ensemble, et entre lesquels la dette se divise de plein droit. L'*autre* est la solidarité des cautions ou des garants » (t. III, n° 1992). Or, c'est bien de cette dernière qu'il s'agit ; c'est la solidarité « particulière », laquelle est « un effet du contrat de change ».

change aux dépens du tiré ; la solution introduite par le législateur de 1807 (1) nous paraît plus satisfaisante. La situation du tiré qui a payé de bonne foi est encore plus digne d'intérêt que celle du porteur victime d'un fait, accident ou même crime, auquel le débiteur est étranger.

Enfin, si c'est à la faveur d'un *faux* que le détenteur du titre se présente comme propriétaire apparent, la situation n'est pas différente de ce qu'elle était tout à l'heure en cas de perte ou de vol. La disposition de l'article 145 domine l'ensemble de ces cas, qui tous aboutissent à une question unique : savoir, si le tiré est obligé de connaître le porteur véritable de l'effet qui lui est présenté ; or, c'est une exigence qui ne saurait être admise à l'égard du tiré, duquel on ne peut réclamer que la bonne foi.

Que si l'on supposait une lettre de change où la signature du tireur lui-même fût le résultat d'un faux, la situation du tiré serait encore favorable aux dépens du porteur. Le premier des porteurs n'est autre, en effet, que le *donneur de valeur,* lequel devait, plus que personne, s'assurer de l'identité du tireur : De telle sorte que le tiré pourra, d'abord se faire restituer contre son acceptation, et ensuite s'il a payé, répéter la somme indûment versée (2).

Tel est l'ensemble de la législation de 1807, envisagée dans ses règles essentielles, en matière de lettre de change. Un partisan éclairé des principes nouveaux, dont nous

(1) Certains auteurs ont essayé de faire revivre la décision de Pothier, dans l'hypothèse prévue : Mais le texte de l'art. 145 ne laisse pas place à un doute sérieux. *Voy.* M. Massé, n° 2091 ; M. Bravard, t. III, p. 270 et suiv.

(2) Voy. notamment M. Nouguier, t. I, n° 321 et suiv. et les autorités citées.

avons déjà cité le nom, M. Brocher, rend au droit français
cet hommage qu' « il s'est acquis dans le passé une position
fort honorable » ; mais en ajoutant que « l'autre est né
sous la pression des exigences de la science et de la circulation commerciale » : sans, pour cela, dissimuler que
les deux systèmes gagneraient à se perfectionner l'un par
l'autre, et qu'« il faudrait les combiner » (1).

Voyons, d'abord, dans quelle mesure le droit anglo-
allemand mérite le nom de droit nouveau. Nous examinerons ensuite si, et jusqu'à quel degré, ces innovations
peuvent apparaître comme entachées d'excès.

_________

(1) *Nouvelle Revue historique*, janvier-février 1879.

# CHAPITRE III

## DE LA LETTRE DE CHANGE D'APRÈS LES LÉGISLATIONS ÉTRANGÈRES.

Angleterre : — *Foreing-Bill* et *Inland-Bill ;* — Lettre de change au porteur; — de l'intermédiaire habituel des banquiers; — règles particulières sur la provision. — Allemagne : — Loi générale du 24 novembre 1848 ; — conditions essentielles pour la régularité des lettres de change ; — faculté d'exclure la clause à ordre ; — Lettre tirée *sur soi-même.* — Code italien. — Belgique : — Du *mandat à ordre ;* — nom du preneur laissé *en blanc ;* — propriété de la provision. — Codes hollandais et italien. — Droit du porteur; — exceptions opposables : solidarité ; droit anglais et législation allemande ; — incapacité ; — perte de la lettre ; — faux. — Projets de loi en Suisse et en Italie.

Le droit consacré en France, au commencement de ce siècle, a été celui de l'Europe presque tout entière. Les Codes des Pays-Bas, de l'Espagne, de l'Italie, ne sont autre chose que la reproduction, pour ainsi dire textuelle, de notre loi.

Seule, la Grande-Bretagne est restée dans ses voies, dont le Code de 1807 n'a point su la détourner.

Il existe, dans le système anglais, deux sortes de lettres de change *(Bills of Exchange) :*

1° L'*Inland-Bill,* dont les opérations sont limitées au Royaume-Uni ;

2° Le *Foreing-Bill,* qui s'applique au monde entier.

Le *Foreing-Bill,* comme la lettre de change française, est un acte destiné à exécuter un contrat de change, c'est-à-dire à éviter le transport des métaux précieux. C'est dire que la remise de place en place en forme l'élément essentiel.

L'*Inland-Bill*, au contraire, n'est en quelque sorte assujetti à aucune condition : Plus de remise obligatoire d'un lieu sur un autre ; — plus d'énonciation de valeur fournie ; — plus de date ; — plus de signature même, en ce sens toutefois qu'il faut, mais qu'il suffit, que le nom du tireur se trouve écrit dans le corps de l'acte, de manière à ne laisser place à aucune équivoque. La signature demeure obligatoire seulement sur les effets dont le montant est inférieur à cinq livres sterling.

En revanche, les lettres qui ne dépassent pas ce dernier chiffre jouissent de faveurs particulières dont les deux principales consistent en ce qu'elles peuvent :

1° Être endossées valablement *en blanc ;*

5° Être créées *au porteur* (1).

En Angleterre, le rôle des Banques est considérable. Un usage excellent, partout répandu, consiste, de la part des particuliers comme des commerçants, à déposer chez un banquier toute leur fortune mobilière, argent et titres. Cette pratique, si favorable à l'accroissement de la fortune publique, puisqu'elle met en circulation des masses de capitaux qui resteraient inactifs, a amené naturellement

______

(1) *Voy.* Chitty, *On bills of exchange,* passim.

avec elle, l'habitude de prendre domicile chez les banquiers. De là, certaines modifications intéressantes, apportées nécessairement aux règles communes, en ce qui touche l'*acceptation,* la *présentation* à l'échéance, enfin et notamment, la *provision* (1). Sur ce dernier point, la juris-

---

(1) Il serait peut-être d'autant plus utile de prêter attention à cet état de choses, que de grands efforts sont faits en France, pour habituer la population à ces usages féconds du peuple le plus habile du monde en ce qui touche les opérations commerciales. Comme résultat et comme preuve de ces sages tentatives, nous étudierons plus loin l'importante législations du chèque.

Voyons ici, pourtant, en ce qui touche la lettre de change, quelques-uns de ces usages particuliers.

Et d'abord, il est en Angleterre trois manières d'accepter la lettre de change :

1° Purement et simplement (*generally*);

2° Payable chez un banquier dénommé (*at a banker's named*);

3° Payable chez tel banquier exclusivement (*at a particular banker's only, and nototherwise or elsewhere.* Littéralement : « Chez tel banquier *seulement, ni autrement, ni ailleurs* »).

Ce dernier mode d'acceptation s'appelle acceptation *qualifiée,* par opposition à l'acceptation générale.

Dans le premier cas, l'effet devra être présenté à l'échéance au tiré en personne. — Dans le second cas, il est au choix du porteur de présenter la lettre de change soit au banquier désigné dans l'acceptation, soit à la personne du tiré. — Enfin, l'acceptation « qualifiée » impose au tiré l'obligation de présenter la valeur au banquier désigné. Ainsi réglé par la loi anglaise (*Statute* 1 et 2 Geo. IV, c. 78. — Grant's *Law of Banking appendix of statutes*).

Il peut même arriver que le bill soit accepté payable dans telle ville (*at a particular town*) : En ce cas, il faut et il suffit que l'effet soit présenté à chacun des banquiers de la ville indiquée. Tant l'intermédiaire des banques est usuel en Angleterre !

Lorsque l'acceptation est donnée suivant le second mode, il suffit, vis-à-vis de l'accepteur, que la présentation soit faite à sa personne. Mais, il en est autrement à l'égard du tireur et des endosseurs : La présentation n'est opposable à ceux-ci qu'autant qu'elle a été faite au lieu indiqué

prudence qui offre, en Angleterre, une importance plus grande encore que dans les autres pays, en l'absence de toute codification, fournit, de son côté, des décisions bien faites pour assurer la circulation des valeurs, et qui, du reste, correspondent à l'état de notre jurisprudence française sur la propriété de la provision.

Un client a remis, en l'affectant expressément à l'acquittement d'une lettre de change par lui acceptée, une somme entre les mains de son banquier ; il a été jugé que cette somme devait être considérée comme réservée au porteur,

soit dans l'acceptation, soit même dans le bill, accepté d'ailleurs dans la forme générale.

La présentation à un banquier aura lieu aux *heures de banque* (*banking hours*) : C'est là un point fixé par une jurisprudence constante. Or, les banques anglaises ferment leurs bureaux généralement à quatre heures du soir ; à Newcastle même, par exemple, toute relation avec le public est terminée dès trois heures. C'est là un *temps utile* pendant lequel le porteur se pourvoira sous peine de déchéance.

D'autre part et au surplus, l'usage commercial prolonge d'un jour le délai de la présentation, en faveur du porteur qui emploie pour l'opérer l'intermédiaire d'un banquier.

L'ancienne jurisprudence accordait des *délais de grâce* en matière de lettre de change à vue (*at sight*), laquelle était distinguée du Bill payable sur demande (*on demand*). Mais, une loi de 1871 a assimilé entièrement les lettres de change payables soit *à vue* soit *à présentation*, aux Bills *on demand :* Tous délais de grâce se trouvent par conséquent supprimés (*The Bills of exchange Act.* 1871. s. 2).

L'acceptation pouvait être faite par une simple *marque* apposée par le tiré sur l'effet, et même *verbalement :* Aujourd'hu[i], il est nécessaire que l'acceptation soit écrite sur le *bill* (*Statute* 1 et 2 Geo. IV. c. 78. s. 2 et 19 et 20 Vict. c. 97, s. 7. Grant, *op. cit.*).

Aux États-Unis, dont la législation est sensiblement la même qu'en Angleterre, et où, notamment, il n'est point question d'énoncer la *valeur fournie* (Kent, *Commentaries on American law*, lecture xliv, p. 2, et *passim* partie V du vol. III), l'acceptation peut toujours être faite verbalement.

et qu'elle ne pouvait point être appliquée au compte général du client. De telle sorte que l'insolvabilité du tiré accepteur survenant avant l'échéance, le client ne peut toucher à cette somme frappée d'une *affectation spéciale* (*specific appropriation of Moneys to take up a Bill*) (1).

Bien plus : Quand la provision est faite, il y a un tel intérêt à ce que la circulation de l'effet soit assurée par l'acceptation, que le tiré, débiteur vis-à-vis du tireur d'une somme égale au montant du bill, ne pourrait refuser de l'accepter sans encourir, non pas seulement une condamnation civile en dommages-intérêts, mais même des peines assez sévères. Telle est, paraît-il, sur ce point, la rigueur du droit anglais (2).

Nous trouvons, en Allemagne, une loi complète, qui forme un véritable Code de la Lettre de change.

Préparée de longue date par les publications de nombreux jurisconsultes allemands, discutée dans la Conférence de Leipzig où étaient réunis les commissaires de 37 États existant alors en Allemagne, la *Loi générale allemande*

---

(1) Il en serait de même si le banquier avait reçu l'argent, avec mandat de faire acquitter l'effet payable en une autre ville, par son correspondant, à la condition toutefois que le banquier eût avisé ce correspondant au moment où l'accepteur devient insolvable ; et peu importe que ce soit le client ou le banquier lui-même qui devienne insolvable après avoir affecté la somme reçue au paiement de l'effet par l'avis donné au correspondant. Ajoutons que la mort du tiré intervenant avant l'échéance, bien que son compte général dût être liquidé aussitôt, ne saurait davantage compromettre l'affectation de la somme remise au banquier à titre de provision. — Pour tout ce qui concerne les rapports des banques avec le régime de la lettre de change, *voyez* Grant's *Law of Banking. Third Edition* by Fisher, 1873. Chap. XVI et passim.

(2) *Voy.* M. Colfavru, *Le droit commercial comparé de la France et de l'Angleterre,* p. 330.

*sur les Lettres de change* (1), a été promulguée le 24 novembre 1848.

Après avoir subi de légères modifications en 1861 *(Novelles de Nuremberg)* (2), ce « Règlement général sur les lettres de change » est devenu la loi de l'Empire d'Allemagne (3).

Rappelons qu'une notable partie de la monarchie austro-hongroise est également soumise à la même législation.

Le principe de la loi de 1848 est celui que l'Angleterre a appliqué aux lettres de change tirées et payables dans l'intérieur du Royaume-Uni *(Inland bills of exchange)*.

Il n'est donc point question de *remise d'un lieu sur un autre*. Le but originaire de la lettre de change, destinée à procurer l'exécution du contrat de change, et par conséquent à éviter le transport des métaux précieux, ce but n'est plus que secondaire : le caractère de titre de crédit, qu'a toujours aisément revêtu l'instrument appelé lettre de change, devient principal, d'accessoire qu'il était. Dans la loi il n'est plus trace de cet élément, jadis indispensable, de la remise de place en place.

Les *conditions essentielles* désormais sont, notamment (Art. 4) : « 1° L'énonciation de *l'expression de lettre de*

---

(1) *Die Allgemeine Deutsche Wechselordnung,* littéralement : « Règlement universel sur les lettres de change en Allemagne. »

Nous avons les procès-verbaux de la conférence de Leipzig, publiés par Henri Thol, commissaire pour le Grand-Duché de Luxembourg (*Protocolle der Leipziger wechsel-conferenz, herausgegeben von* Dr. Heinrich Thol). — Un autre commissaire, le réprésentant du Grand-Duché de Bade, a écrit de son côté un remarquable commentaire de la loi nouvelle (*Allgemeine Deutsche Wechsel-Ordnung, erläütert.*)

(2) Loi du 18 avril 1861.

(3) Loi du 22 avril 1871.

*change* (terme sacramentel), ou si elle est rédigée en langue étrangère, une expression équivalente ; — 2° La somme à payer ; — 3° Le nom de la personne ou de la raison sociale *à laquelle ou à l'ordre de laquelle* le paiement doit être fait ; — 4° L'époque du paiement... ; — 5° La *signature du tireur,* avec son nom ou celui de sa raison de commerce ; — 6° La désignation du lieu, du jour, du mois et de l'année où la lettre de change a été tirée ; — 7° Le nom de la personne ou de la raison de commerce qui doit payer ; — 8° L'indication du lieu où doit s'effectuer le paiement ; ce lieu sera celui désigné à côté du nom ou de la raison de commerce du tiré, à moins qu'un lieu déterminé n'ait été indiqué pour lieu de paiement et de domicile du tiré. »

Une lettre de change à laquelle il manque une de ces conditions essentielles, ne produit aucune obligation de change (Art. 7).

Ainsi, la *valeur fournie* a disparu, en même temps que la *remise d'un lieu sur un autre.* D'autre part, la lettre de change peut être créée avec exclusion de la *clause à ordre.*

Enfin, le tireur peut non seulement jouer le rôle de bénéficiaire, mais même celui de tiré :

« Le tireur peut également se désigner comme celui sur qui l'on doit tirer, *pourvu que le paiement doive se faire à un autre lieu* que celui où la lettre de change est tirée » (Art. 6).

La lettre de change tirée *sur soi-même* n'offre pas seulement quelque chose de bizarre, en ce qu'on y voit une personne se donner un ordre à elle-même ; il faut reconnaître aussi qu'elle cesse d'assurer au preneur la garantie solidaire d'une seconde personne, distincte du tireur. Aussi la doctrine, en France, s'est-elle trouvée d'accord avec la jurisprudence pour proscrire un pareil titre (1).

L'application d'une lettre de change ainsi formulée se présente dans l'espèce suivante. Un négociant quitte le siège de sa maison, pour faire dans une autre ville un séjour nécessaire à ses opérations commerciales : comme il ne peut commodément transporter avec lui son numéraire, il en obtient sur la place où il s'est rendu, en tirant des lettres de change sur sa caisse (2).

Le Code italien, publié en 1865, bien qu'il ne soit en général que la reproduction du Code de 1807, a suivi sur ce point (Art. 197, § 3) la voie ouverte en 1848, par la loi allemande.

Ainsi que nous l'avons noté, la *remise de place en place* est exigée ici. Ce n'est point assurément en vertu d'un principe général, banni de la législation que nous examinons, mais sans doute dans le but particulier de maintenir, en ce cas, la distinction qui doit exister entre les lettres de change et le billet à ordre.

Toutefois, on ne peut se dissimuler que si la lettre de change cesse dès lors de se confondre avec le billet ordinaire, c'est pour se confondre avec le *billet à domicile* (3).

La lettre de change allemande est, en principe, transmissible par la voie de l'endossement.

---

(1) M. Nouguier. *op. cit.* T. I, p. 119. — Aj. Bravard-Veyrières, *Droit Commercial,* T. III, p. 37. — Jurisprudence constante.

(2) Voy. *Traité de la lettre de change,* par Persil, art. 101, n° 15.

(3) Le billet à ordre *avec domicile,* ainsi que nous le verrons plus loin, se formule ainsi : — « Paris le..... A telle date, je paierai à M. Pierre ou à son ordre, au domicile de M. Paul, *à Bordeaux,* la somme de, etc. »

Lorsque la clause *à ordre* est passée sous silence, et que le nom du preneur est seul écrit, on s'en réfère à la nature de la lettre de change dont l'un des avantages les plus importants est la transmissibilité par endossement. Telle a été la décision admise dans la discussion de la loi, à la conférence de Leipzig (1).

Il est seulement permis au tireur d'exclure la clause à ordre ; mais il doit le faire en termes exprès (2).

La clause *non à ordre* peut également être insérée dans un endossement. Dans ce cas, son effet se limite à la responsabilité de celui qui l'a écrite ; elle n'empêche pas les endossements postérieurs d'être valables, conformément au droit de change, vis-à-vis des endosseurs subséquents et du porteur (3).

La pensée qui a fait établir cette différence entre les effets de la clause non à ordre, suivant qu'elle est écrite dans le corps même de la lettre de change, ou seulement dans les endossements, se puise dans cette considération que le tireur peut avoir un grand intérêt à ne pas laisser circuler sa signature. C'est lui qui crée le titre : à lui il appartient de l'émettre suivant les conditions qu'il juge les plus avan-

---

(1) *Protocolle der Leipziger Wechsel Conferenz* (Heinrich Thol), p. 13 et suiv.

(2) « Art. 9. Le preneur peut transporter la lettre de change par endossement.

» Si cependant le tireur a interdit le transport par ces mots : *non à ordre* ou par une expression équivalente, l'endossement ne peut produire aucun droit de change. »

(3) « Art. 15. L'endosseur qui interdit le transport par ces mots « non à ordre », ou autre équivalent, est à l'abri de tout recours de la part des endosseurs postérieurs et du porteur. »

tageuses à ses affaires, dans les limites fixées par la loi.

L'endosseur, au contraire, reçoit le titre et l'aliène : il ne voit pas son crédit exposé aux périls que peut courir le tireur. S'il inscrit la clause *non à ordre,* c'est qu'il veut tenir sa responsabilité sauve ; c'est tout ce qu'il réclame, et c'est tout ce qui peut lui être permis (1).

L'endossement doit être écrit sur la lettre de change (Art. 11). Mais, il peut être valablement fait *en blanc* (2).

Le blanc peut, d'ailleurs, être rempli par le porteur (3).

Tout ce qui concerne la *provision* est passé sous silence dans la loi allemande.

En Belgique, la loi du 20 mai 1872 a profondément modifié le Code de Commerce de 1307, en ce qui touche la lettre de change.

(1) Voy. *Protocolle der Leipizger Wechsel-Conferenz,* p. 20 et suiv.

(2) « Art. 12. Un endossement est valable lorsque l'endosseur écrit seulement son nom ou celui de sa raison de commerce sur le dos de la lettre de change... »

(3) « Art. 13. Tout porteur d'une lettre de change est autorisé à remplir les endossements en blanc ; il peut même, sans avoir rempli ce blanc, endosser la lettre de change. »
Notons encore la disposition suivante :
« Si une lettre de change est endossée après le terme fixé par le protêt faute de paiement, le porteur profite de tous les droits résultant de l'acceptation contre le tiré, et peut exercer son recours contre les endosseurs postérieurs au jour du protêt » (Art. 16.) C'est là une sage disposition qui accorde législativement une faculté longtemps discutée, en France, mais reconnue désormais par une jurisprudence constante. (Cassation, 23 janvier 1834 et 22 mars 1853. — *A j* : parmi les auteurs dans ce sens, MM. Bravard-Veyrières et Demangeat, p. 155 et suiv.) — Les Codes portugais (art. 360), hollandais (art. 139), et italien (art. 224) édictent la solution contraire.

Le système anglais, déjà adopté par l'Allemagne, a également inspiré le législateur belge.

La *remise de place en place,* cette pierre angulaire du système de 1673 et de 1807, ne figure donc plus en Belgique parmi les conditions essentielles à la création d'une lettre de change.

Ce changement dans les choses a amené le législateur à modifier également les noms. Sans aller jusqu'à supprimer le vieux terme de lettre de change, la loi belge y ajoute une autre dénomination, où tout vestige de *cambium trajectitium* est effacé : « De la lettre de change *ou mandat à ordre.* »

La *valeur fournie* a suivi dans son naufrage, la remise de place en place. Ces deux sortes d'indications ne comptent plus parmi les conditions essentielles de la lettre de change.

Au nombre des prescriptions relatives à la rédaction du titre, telle que l'avait réglementée le code français de 1807, la loi belge a maintenu la nécessité de la *clause à ordre.* La lettre doit contenir encore le nom de celui « à l'ordre de qui » la lettre de change est tirée (Art. 27).

Toutefois, le rapporteur de la commission de rédaction a admis expressément que, conformément à la jurisprudence désormais dominante, le nom du preneur pourra être laissé *en blanc,* sous la réserve pourtant que la lettre ne deviendra « parfaite » qu'autant que le dernier porteur y aura écrit son nom. De cette façon, et sans endossement, la lettre de change peut circuler « comme titre au porteur ».

La loi belge n'a point osé, non plus que la loi allemande, emprunter aux Anglais le système franc et net de la lettre de change au porteur : elle s'est bornée à laisser subsister un usage qui, dans la pensée du législateur, en procure les avantages sans en offrir les dangers (1).

L'endossement doit être daté ; il doit contenir la clause à ordre (Art. 27). Mais il peut aussi être *en blanc*.

Cette innovation admise par les Codes hollandais (Article 113), portugais (Art. 356) et russe (Art. 314), comme par le droit anglo-américain et la loi allemande de 1848, était déjà introduite en fait, par la jurisprudence, dans le système organisé par le Code de 1807.

Enfin, plus prévoyant que le législateur allemand, le législateur belge a conservé les règles relatives à la *provision,* et les a même étendues et complétées. Placés, en effet, en présence des difficultés relatives à la *propriété* de la provision, et des conséquences de la faillite soit du tireur soit du tiré vis-à-vis d'elle, les auteurs de la loi du 20 mai 1872 n'ont pas hésité à trancher cette grave question.

Les Codes hollandais et italien s'étaient rangés du côté le plus favorable aux créanciers du tireur (2).

---

(1) Des dispositions formelles de la loi du 20 mai 1872, consacrent plusieurs décisions admises par la jurisprudence, mais qu'il est prudent de faire entrer dans la loi même.

C'est d'abord la validité de l'endossement après échéance.

C'est ensuite l'efficacité de l'endossement en ce qui touche les *garanties hypothécaires* affectées au paiement de l'effet (Art. 26).

(2) « En aucun cas, porte l'art 110 du Code hollandais, le porteur d'une lettre de change protestée n'a droit sur la provision faite par le tireur chez celui sur qui elle est tirée. Si la lettre de change n'a pas été acceptée la provision reviendra à la masse en cas de faillite du tireur ! Dans le cas d'acceptation, la provision reste au tiré, sauf l'obligation de celui-ci de satisfaire à son acceptation vis-à-vis du tireur. »

L'art. 205 du Code italien n'est que la reproduction de ce texte.

Une pareille doctrine, selon la juste remarque d'un éminent commentateur de la loi italienne, « réduit à bien peu de chose toutes les dispositions dont le législateur a cru devoir entourer la provision » (1).

Tout opposée est la décision adoptée par la loi belge. Aux termes de l'art. 6, « le porteur a un droit exclusif, vis-à-vis des créanciers du tireur, sur la provision existant entre les mains du tiré au moment de l'échéance ». Le législateur s'est inspiré de l'utilité générale et des besoins de la circulation, n'hésitant pas à sacrifier, en vue d'un si haut intérêt, la jurisprudence de la cour de cassation belge, à celle que nous avons vu adoptée par la cour de cassation française.

Il nous reste encore à préciser quels sont les *droits du porteur*, et quelles *exceptions* lui demeurent opposables, dans l'esprit des législations étrangères. Elles s'accordent, ainsi qu'on vient de le voir, à mettre à néant l'idée originaire du contrat de change. Il s'agit de déterminer dans quelle mesure on peut dire ici que « la lettre de change, c'est de l'argent ». En a-t-on fait un véritable papier-monnaie ? et le porteur a-t-il désormais tous les droits, sans plus rencontrer d'exceptions ?

Et d'abord, que le principe de cette *solidarité*, particulière aux effets négociables et à laquelle ont peut conserver le nom *de rigor cambialis*, de solidarité *cambiste,* que ces principes survivent à la ruine du contrat de change lui-même, il n'y a pas de doute sur ce point : La seule question est, au contraire, de savoir si l'obligation des co-débiteurs apparaîtra avec un caractère absolu, à ce point

------

(1) M. Vidari, *La lettera di cambio*, p. 206.

que le porteur du papier de commerce se trouve dans la situation de celui qui représente un billet de banque ou même du numéraire.

En est-il ainsi? La loi anglaise, notamment, réserve en termes exprès aux débiteurs, deux sortes de moyens de défense : 1° ceux qui résultent de la régularité de l'acte en lui-même ; — 2° ceux qui consistent dans des exceptions personnelles à chaque débiteur vis-à-vis du porteur. Après avoir dit : « Tous ceux qui ont signé, accepté, ou endossé une lettre de change, sont tenus à la *garantie solidaire* envers le porteur (§ 5) », cette loi ajoute immédiatement: « On ne peut opposer au porteur de bonne foi d'autres exceptions que celles qui lui sont *personnelles*, ou qui résulteraient d'une nullité visible de la lettre de change. » (§ 6) (1).

Il est certain que la loi allemande elle-même entend confirmer les règles de la solidarité cambiste, lorsqu'elle fait mention, en propres termes, des *obligations de change* (2). On peut regretter, d'ailleurs, que cette « loi générale » ne touche un point d'une importance aussi capitale, en quelque sorte que par occasion. D'abord, l'article 7 n'a pour but que de refuser aux titres dépourvus des formalités et conditions prescrites comme essentielles, ces effets qu'il eût été sage de rappeler et de préciser. De même, l'art. 14 se réfère purement et simplement à l'ensemble des règles du change, en traitant de la garantie de

_______

(1) Nous empruntons ces textes à M. Nouguier, *appendice.*

(2) Article 7 : « Une lettre de change à laquelle il manque une des conditions essentielles qui la constituent, ne produit aucune obligation de change (*Wechselmassige Verbindlichkeit*) ».

l'endosseur (1). Il est vrai que des dispositions écrites au § XIV, intitulé *De l'action en garantie du porteur*, sont appelées à nous apporter plus de précision. Mais, ici encore, on s'en remet aux principes généraux du *droit de change*. Le caractère *solidaire* de l'obligation des souscripteurs n'est déterminé que par les conséquences qui en résultent, spécialement par la faculté consacrée au profit du porteur, de « choisir celui des obligés qu'il veut poursuivre le premier. » (2). L'obscurité résultant de ce terme trop vague, *le droit de change,* laissait surtout place à l'incertitude au point de vue des *moyens de défense* pouvant subsister à l'encontre du porteur. Voici, en effet, comment fut d'abord conçu l'art. 82 : « Le débiteur d'une lettre de change ne peut opposer *d'autres acceptations que celles qui résultent du contrat de change.* » Or, étant donnée l'omission du terme juridique de *solidarité* dans l'ensemble des textes, il y avait lieu de se demander si les auteurs de la loi n'entendaient pas attribuer aux *obligations de change* un caractère absolu, en dehors de l'observation première des *conditions essentielles* prescrites pour la constitution du titre et la rédaction des endossements. Au surplus, le législateur lui-même a senti la

(1) Art. 14. : « L'endosseur est garant, conformément aux règles du change (*Wechselmassige*), de l'acceptation et du paiement envers tout porteur postérieur... »

(2) Art. 81 : « Sont obligés, *conformément au droit de change*, le tireur, l'accepteur, l'endosseur de la lettre de change, ceux qui ont signé la lettre, la copie, l'acceptation, ou l'endossemen t, et même les donneurs d'aval désignés à ce titre. — Leur obligation s'étend à tous les recours que le porteur peut exercer par suite du défaut de paiement. Le porteur a la faculté de choisir celui des obligés qu'il veut poursuivre le premier. »

nécessité d'écarter des rigueurs aussi excessives et aveugles ; au texte cité de l'art. 82, il faut ajouter une phrase qui complète heureusement la nomenclature des exceptions opposables, en admettant celles qui sont purement *personnelles* au débiteur vis-à-vis du porteur (1). Ainsi se trouve reconstituée la véritable théorie du droit de change, qui se résume dans la solidarité entre tous les signataires du titre.

Notons ici que la loi allemande réduit à trois années « le droit de poursuivre l'accepteur », et à *trois mois* seulement « l'action en garantie du porteur contre le tireur et les autres endosseurs » (Art. 77 et 78). En Angleterre, au contraire, le délai pour la prescription compte encore une année de plus qu'en France, c'est-à-dire six ans. La loi allemande se borne à réserver, une fois la prescription acquise, la responsabilité du tireur et de l'accepteur, envers le porteur, « de ce qui leur profiterait à ses dépens » (Art. 83). Aussi bien est-ce là tout ce qui subsiste de la théorie de la *provision*.

En ce qui touche les exceptions résultant de l'*incapacité*, les usages de la Grande-Bretagne sont en conformité avec les dispositions de notre Code. L'usage écossais n'admet au contraire pareilles solutions qu'au regard de la femme mariée : quant au *mineur*, son engagement n'est point nul ; il demeure seulement susceptible d'être restitué contre une lésion dûment prouvée, et cela encore sauf deux restrictions, savoir, le cas où il s'agirait de fourni-

______

(1) Art. 82 : « ... ou qui lui sont *directement* accordées *contre la personne* qui le poursuit actuellement (*oder ihm unmittelbar gegen den jedesmaligen Klager zustehen*) ».

tures de première nécessité, et celui où le mineur aurait fait une fausse déclaration de majorité (1).

La loi allemande fait rentrer femmes et mineurs dans les termes du droit commun. « Est capable de s'engager par lettre de change celui qui peut s'engager par contrat » (Art. 1er de la loi). « Cependant, ajoute l'article suivant, la contrainte par corps ne peut pas être prononcée :... contre les curateurs des incapables, qui ont accepté une lettre de change en leur qualité; contre les femmes, si elles ne sont pas commerçantes. « Enfin, l'article 3 prend soin de constater que « l'incapacité d'un ou de plusieurs signataires d'une lettre de change, ne décharge pas les autres signataires de leurs obligations ». Il eût été, du moins, juste de réserver à l'encontre des incapables, le principe *nemo locupletior alterius detrimento* : L'application de cette règle doit évidemment être suppléée; mais on reconnaît ici une nouvelle lacune dans cette loi qualifiée de générale, et qui ne contient, en effet, pas moins de 95 articles sur la lettre de change, c'est-à-dire 19 de plus que notre Code de 1807.

Arrivons aux lettres de change *perdues* ou altérées à l'aide d'un *faux*.

Nul doute, en ce qui concerne le propriétaire du titre, que toute législation ne l'autorise à s'assurer le montant de la lettre perdue moyennant certaines garanties. La loi allemande contient à ce sujet une disposition fort analogue à celle de notre Code (2).

(1) *Voy*. M. Nouguier.

(2) Art. 73 : « Le propriétaire d'une lettre de change perdue ou égarée peut en demander l'annulation au tribunal. Après l'introduction de l'ins-

Mais c'est au regard du débiteur et sur le point de savoir à quelles conditions le paiement est valable, que les difficultés commencent.

La législation anglaise se montre plus timide que notre Code. Le débiteur est autorisé à exiger du porteur la preuve légale de son identité. Il est vrai que si cette procédure était l'effet d'une manœuvre de la part du débiteur, la loi prend soin d'avertir ce dernier qu'il s'exposerait à des réparations civiles : « Le débiteur, accepteur ou endosseur, peut même exiger *en justice* la preuve que le porteur est identiquement la même personne que celle désignée par l'endossement, sauf la condamnation aux dépens et aux dommages-intérêts, si la suspicion se trouve mal fondée ». Sur la preuve du *faux,* le porteur doit restituer la somme reçue, nonobstant sa bonne foi.

En Allemagne, à Augsbourg, le *Règlement de change* de 1778, statuait dans un sens non moins favorable aux droits du porteur (1). La loi de 1848 s'est, au contraire, exclusivement préoccupée d'assurer la rapidité des opérations; le papier négociable se réalisera en espèces sans justifications de la part du porteur, sans investigations à la charge du débiteur.

Il suffit de reproduire les dispositions expresses de la

tance, il a le droit d'exiger de l'accepteur le paiement, s'il donne des garanties jusqu'à l'annulation de la lettre de change ; à défaut de cette garantie, il n'a le droit de demander que le dépôt de la somme acceptée au tribunal ou à tout autre établissement public institué à cet effet. »

(1) « Toute personne qui veut recevoir de l'argent doit se faire certifier par une reconnaissance, et celui qui paie sans cette reconnaissance, fait le paiement à ses risques et périls : il n'aura d'autre recours que contre la personne qui a reçu l'argent. »

loi allemande, pour juger de leur caractère rigoureux et trop absolu :

« Art. 36. La possession d'une lettre de change est justifiée par une série non interrompue d'endossements successifs descendant jusqu'au porteur. » Ainsi, le premier endossement doit être signé par le preneur et tout endossement postérieur par les porteurs successifs.

« *L'endossement en blanc transmet valablement la propriété* de la lettre de change entre les mains de l'endosseur suivant. Les endossements raturés sont réputés non écrits. *Celui qui paie une lettre de change n'est pas tenu de rechercher la sincérité des endossements.* » Il faut d'ailleurs rapprocher de ce texte l'art. 13, ainsi conçu : « Tout porteur d'une lettre de change est autorisé à remplir les endossements en blanc. Il peut même, sans avoir rempli ce blanc, endosser la lettre de change. »

Or, loin d'atténuer la portée de ces dispositions, deux articles écrits aux §§ XI et XII, sous les intitulés *Des lettres de change perdues ou égarées* et *Des lettres de change fausses,* consacrent de plus fort les conséquences des principes posés.

« Art. 74. Le porteur d'une lettre de change qui justifie de sa possession *conformément aux dispositions de l'art.* 36, ne peut être tenu de la remettre que lorsqu'il l'a acquise de *mauvaise foi,* ou par suite d'une faute lourde. »

« Art. 75. Lors même que la signature du tireur d'une lettre de change serait *fausse* ou falsifiée, les acceptations ou les endossements sont valables. »

Cette dernière disposition, spécialement, semble empreinte d'une rigueur excessive à l'encontre de l'accepteur.

Sans doute, on favorise le porteur dans une mesure extrême : Mais c'est en revenant sur de telles dispositions, qu'il y aura lieu de se demander si l'on ne compromet pas, précisément, le but qu'on voudrait atteindre, en sacrifiant à ce point les intérêts de celui qui, au demeurant, est appelé à procurer la réalisation du papier de crédit, avant de se préoccuper de la circulation des effets négociables, encore faut-il assurer leur création.

Telles sont donc les modifications introduites dans les différentes législations au sujet de la lettre de change.

Le mouvement qui tend à dépouiller cet effet de commerce des caractères que l'ancien droit, confirmé par le Code français de 1807, réputait essentiels, s'accroît pour ainsi dire chaque jour en intensité. Le système dès long-temps introduit par l'Angleterre et adopté par les États-Unis, d'après lequel la lettre de change cesse d'être nécessairement et toujours l'instrument d'un transport fictif de numéraire, pour prendre la nature d'une valeur de circulation et de crédit, ce système n'est pas seulement devenu la loi de l'empire d'Allemagne, de l'Austro-Hongrie, et de la Belgique elle-même jusque-là régie par le Code français : La théorie nouvelle poursuit le cours de ses progrès. C'est ainsi, nous le savons déjà, que des projets de loi dans le même sens, sont à l'heure présente en voie de délibération dans deux pays voisins : La Suisse d'abord (1), et aussi l'Italie qui, il y a dix ans à peine, s'appropriait la loi de 1807 (2). Nous allons avoir à carac-

(1) Projet d'un Code fédéral de Commerce, 1864.

(2) *Voy.* les *Studii sul Progetto per la riforma del Codice di Commercio*

tériser la tendance qui se dégage de ces nouvelles données.

Il est temps, en effet, d'examiner en elle-même la doctrine moderne ; de rapprocher, soit dans leur ensemble soit dans leurs éléments essentiels, les différentes législations que nous avons étudiées jusqu'à présent, et de faire ressortir leurs avantages comme leurs inconvénients.

par M. Vidari, l'un des membres de la commission. Milan, Ulrico Hœpli 1874 ; et un article de M. Supino, récemment inséré au T. XXII, 1ᵉ livraison de l'*Archivio giuridico,* sous ce titre : *Delle principali discordanze fra i due progetti di Codice di commercio,* 1879.

# CHAPITRE IV

## EXAMEN CRITIQUE DES LÉGISLATIONS COMPARÉES SUR LA LETTRE DE CHANGE

Suppression de la remise de place en place : — Du contrat de change ; — s'il est indispensable comme base de la lettre de change ; — ancien droit ; — préjugé relatif à l'intérêt de l'argent ; — besoins économiques ; — circulation ; — compensations ; — principes juridiques ; — de la lettre de change sur soi-même ; — parallèle du billet de banque et de la lettre de change. — Suppression de la clause de valeur fournie. — Abus dans les réformes nouvelles ; — de la provision ; — de la lettre de change au porteur ; — de l'endossement en blanc. — Droits du porteur ; — rigueurs excessives de la loi allemande ; — exagération et dangers des tendances révélées par le projet italien. — Résumé : Avantages et inconvénients des innovations modernes.

Le caractère et la raison d'être originaire de la lettre de change, était donc de pratiquer l'opération du change, c'est-à-dire de procurer au commerce un transport fictif du numéraire, et d'éviter le déplacement aussi périlleux qu'incommode des métaux précieux. Complétée par la faculté de la transmission par la voie de l'endossement et les règles relatives à l'acceptation et à la provision, la théorie de la lettre de change présentait, il faut le reconnaître, dans les termes de l'admirable Ordonnance de 1673, l'ensemble le plus harmonieux.

Aussi, le législateur français de 1807 se borna-t-il, on peut le dire, à relever et perfectionner encore, sans en altérer l'économie, le monument législatif légué par le XVII° siècle. Et de divers côtés, en dehors de nos frontières, la loi française étendit son empire.

Pourtant, la première moitié de XIX° siècle n'était pas écoulée, ou l'était à peine, que l'Allemagne d'abord, puis la Belgique à qui la France avait donné ses lois, supprimaient l'élément jusque-là essentiel de la lettre de change, à savoir la remise de place en place.

C'est que, nous devons le rappeler, chez une nation voisine s'était formé et lentement complété, sous le seul empire des coutumes et de l'usage commercial, un système étranger aux traditions historiques comme aux enseignements de la pure science. La Grande-Bretagne s'était, comme toujours, laissée aller au courant inévitable, en définitive, de l'intérêt des affaires et de l'utilité pratique ; de sorte que, sans jamais se guère soucier de dégager les principes de ses opérations ni d'en formuler les règles, se fiant au bon sens et à la prudence du juge appelé à dire le droit, elle en est peu à peu venue à créer un ensemble légal parfaitement net et déterminé. Or, la coutume anglaise a tendu volontiers à laisser à l'instrument de circulation appelé lettre de change, toute son élasticité, toute sa souplesse, et son extension la plus large. C'est assez dire que la nécessité d'une remise d'un lieu sur un autre, n'a pas tardé à disparaître.

Le développement tout nouveau auquel est parvenu, au XIX° siècle, le mouvement des affaires, a naturellement porté le commerce en général, à chercher plutôt la facilité dans les relations que la sécurité dans les moyens. C'est pour cela que la jeune Amérique n'aura jamais connu d'autre système légal, dans la matière qui nous occupe, que celui de sa mère-patrie. C'est pour cela encore que l'Allemagne, réunie à l'assemblée de Francfort, a adopté à son tour cette grande réforme. C'est pour cela, enfin, que la Belgique a secoué les vieux liens de 1673 et de 1807, et que l'Italie s'apprête à entrer hardiment dans la voie désormais toute tracée.

Déjà même en 1807, n'avait-on pas songé un instant, chez nous, à élever sur les assises du passé, un édifice nouveau ? Un certain nombre de chambres de commerce et de tribunaux avaient demandé l'abolition de la remise de place en place, considérée comme l'élément essentiel de la lettre de change. Ce vœu fut porté au Tribunat, et appuyé sur deux motifs principaux : d'abord et en principe, l'utilité du commerce ; ensuite et en fait, l'impossibilité d'assurer dans ce sens le respect des prescriptions légales. Mais, la proposition fut rejetée, sur cette observation de Cambacérès, que l'approuver ce serait détruire la lettre de change (1).

L'affirmation de l'archi-chancelier ne présente qu'une vérité toute relative. Oui, supprimer la nécessité du transport fictif, c'est détruire la lettre de change, mais seulement en tant que celle-ci a pour unique objet de servir à l'exécution d'un contrat de change. Or, la réalité des faits, contre lesquels il ne servirait de rien de s'élever, proteste contre cette interprétation restrictive.

Il est constant que sous l'empire du Code de 1807 lui-même, la lettre de change est loin de borner ses effets à l'exécution du contrat de change qui lui a donné nais-

_______________

(1) Locré, *Esprit du Code de Commerce*. t. XVIII, p. 123.

sance. Qu'on nous permette de recourir, sur ce point, à une citation empruntée à MM. Delamarre et Le Poitvin, excellents auteurs qui à chaque page se plaisent à appuyer leurs doctrines sur l'autorité des Scaccia et des Raphaël de Turri : «... La lettre de change, ordre de paiement, écrivent-ils, peut s'approprier à toute autre fin que la fin du contrat dont elle porte le nom. C'est une vérité dont témoignent les art. 110, 112. Mode d'exécution du contrat, elle est douée d'une plus grande vertu que le contrat lui-même. Remplir l'office de l'argent monnayé en même temps qu'elle est elle-même un article de commerce, qui augmente la masse des valeurs en circulation; être un moyen de *payer,* de *recouvrer,* de *compenser,* de virer à distance, de solder par un seul paiement une infinité de transactions successives ; tout cela, sans les frais du transport des espèces, et sans perdre de temps, tels sont en somme les avantages de la lettre de change. *Ces avantages ne sont point les effets du contrat.* Ils sont exclusivement dus au papier commercial, titre de l'exécution (1). »

La question maintenant est de savoir si cette condition originaire d'une remise de place en place, offre une importance telle que les applications ci-dessus indiquées de la lettre de change, laquelle devient ainsi un moyen de *paiement,* de *recouvrement* et de *compensation,* ne puissent être autorisées sans qu'à la base du titre se rencontre la remise, ou, pour parler juridiquement, le contrat de change : ou bien, au contraire, si les applications d'abord accessoires du titre, ont acquis une importance

_____

(1) *Traité de Droit Commercial.* t. V, p. 441-2.

susceptible de les faire considérer comme principales, et pouvant subsister par elles-mêmes.

Pour arriver à la solution de cette question, il importe avant tout de dégager l'utilité intrinsèque du contrat de change en tant que base et support de la lettre de change, et de rechercher s'il est certain, au double point de vue économique et juridique, que la lettre ne puisse exister et vivre indépendamment du contrat.

Assurément, la lettre n'a pas été créée et inventée pour servir d'instrument de compensation et de virement. Et pourtant, les négociants et banquiers n'ont pas tardé à l'employer dans ce but, spécialement à l'aide de l'acceptation dans les foires du moyen âge, ainsi que nous l'avons vu. Mais, cette utilité demeure secondaire, parce que les relations commerciales n'eurent jamais un développement comparable à celui qu'elles ont atteint de nos jours.

Il y a plus. Alors même que l'on eût ressenti le besoin d'émettre à titre d'instrument de paiement, de virement et de circulation, des lettres de change tirées et payables sur une même place, on n'eût pu atteindre ce résultat. Pourquoi ? Non pas, assurément, qu'*à priori* l'on ne puisse concevoir une lettre tirée par un créancier sur son débiteur de la même ville, mais à cause de l'obstacle résultant du préjugé relatif à l'intérêt de l'argent, assimilé à l'usure. Pour que les prohibitions légales et canoniques ne vinssent pas toucher la lettre de change, il lui fallait de toute nécessité, à sa base, un contrat de change qui permît d'attribuer dans tous les cas, avec plus ou moins d'exactitude d'ailleurs, le gain du banquier au prix du change, variable suivant les places de commerce.

Aujourd'hui, de pareilles raisons de décider ont entiè-rement disparu.

Examinons donc le rôle de la lettre de change en lui-même. Et d'abord, plaçons-nous au point de vue économique.

Eh bien, s'il est un fait certain, c'est bien celui-ci, à savoir, que les difficultés et les dangers qu'offre le transport des monnaies ont diminué dans une proportion inverse et égale à celle où croissait le besoin d'un instrument de compensation et de circulation. En effet, les progrès du commerce s'étant montrés incomparables à notre époque, il en résulte une double conséquence : c'est que les instruments de paiement et de crédit employés jusqu'alors sont devenus absolument insuffisants, et que, spécialement, le numéraire est resté tout à fait impuissant à remplir le rôle auquel il est destiné.

Il a donc fallu recourir à la *monnaie fiduciaire*. On a créé les *billets de banque* : ce n'était pas assez. La lettre de change s'offrait toute prête à remplir un rôle non pas identique assurément, mais analogue.

Et en effet, sur quoi repose la faveur accordée par le public au billet de banque? Sur la confiance qu'inspire l'établissement qui l'a émis. De même, ici, plus sera grand le crédit dont jouira le tireur, plus la lettre de change créée par lui circulera aisément, et jusqu'au remboursement, saura tenir lieu de numéraire, en même temps que de moyen de virement.

Ce rapprochement du billet de banque et de la lettre de change est évidemment exact au point de vue économique (1). Il convient seulement de ne point exa-

----

(1) Voy. M. Michel Chevalier, *La Monnaie*, sect. II et XV.

gérer, et surtout de ne pas prétendre assimiler deux titres d'une origine différente. L'un, en effet, est émis exclusivement par un ou plusieurs établissements, devant offrir des garanties certaines de notoriété, en même temps que de surveillance de la part de tout gouvernement assez sage pour ne pas tolérer les désastreux expédients du *papier-monnaie*. L'autre, au contraire, peut être créé par toute personne, et nous verrons plus loin quelles garanties spéciales doivent, à cet égard, entourer l'émission et la circulation de la lettre de change. Mais, nous ne nous sommes placé ici qu'au point de vue du rôle économique affecté soit au billet de banque, soit à la lettre de change, et nous croyons avoir suffisamment indiqué comment la lettre de change peut et doit être désormais considérée *essentiellement* comme un instrument de compensation et de paiement.

Abordons maintenant le côté juridique de cette grave question. La lettre de change n'est, dit-on, que le mode d'exécution du *contrat de change ;* et l'on ajoute que la remise de place en place est la base du contrat, par lequel une personne s'oblige à remettre une somme d'argent dans un lieu déterminé, en échange d'une valeur fournie ou à fournir dans un autre lieu.

C'était là, en effet, dans la doctrine anciennement adoptée par tous les jurisconsultes, un contrat *sui generis :* Le droit commun était réputé rester étranger à l'opération qui fut l'objet de la convention ; il importait surtout d'établir, de cette manière, que la soulte ou prix du change ne se pouvait confondre avec l'intérêt de l'argent, d'où cette conséquence, notamment, qu'il ne pouvait être question d'usure en matière de lettre de change.

Des auteurs modernes, demeurés les défenseurs de l'idée du contrat de change, essaient de donner à ce contrat un caractère précis et juridiquement défini, en le faisant entrer dans cette branche des *contrats innommés* que les Romains désignaient par une expression résumant l'opération consacrée par ces contrats, *do ut facias* (1). Cette opinion paraît reposer sur cet unique motif que la somme à payer n'est pas remise directement par le souscripteur de la lettre, le tireur, mais par le tiré son mandataire. A la source de cette doctrine on reconnaît une double erreur : Premièrement, tout contrat innommé est un contrat *re*, tandis qu'ici la valeur peut être *promise* seulement ; en second lieu, l'expression *faire,* en droit, s'entend d'une manifestation de l'activité humaine, tandis que *remettre* ou *faire remettre, payer* ou *faire payer* une somme, ne signifie rien autre chose que la translation de la propriété de cette somme.

Aussi, en est-on venu à nier entièrement l'existence du contrat lui-même, qui n'est plus dès lors qu'un vain fantôme, une pure invention des légistes, imaginée dans le but d'échapper aux règles sur l'usure.

Telle est la doctrine enseignée, notamment, en France par M. Dufour (2), en Italie par M. Vidari (3).

Aux yeux de M. Dufour, la lettre de change est une valeur *absolue.* L'obligation est prise en faveur du papier,

______

(1) M. Nouguier, *De la lettre de change.* T. I, p. 67.

(2) Professeur de droit commercial à la Faculté de Toulouse, *à son cours.*

(3) Professeur de droit commercial à l'Université de Pavie, *La lettera di cambio.*

non d'une personne ; et la lettre de change, ajoute le savant professeur, joue en quelque sorte le rôle inverse de l'obligation hypothécaire.

Cette idée saisit tout d'abord l'esprit, mais à vrai dire elle le surprend un peu (1).

M. Vidari, au contraire, propose son système dans les conditions les plus simples : Pour l'éminent professeur italien, « la lettre de change est essentiellement comme le billet de banque une obligation (*sic*) formelle, une obligation *littérale*, dont la *substance* réside dans l'écrit (*una obligazione formale, — obligazione letterale, — si sustanzi nello scritto*). Personne ne songe à demander à la banque, quand elle émet ses billets, quel contrat elle fait ; ne demandons pas davantage au banquier quel contrat il fait, en émettant des lettres de change : Dans l'un et l'autre cas une *obligation* est contractée, voilà tout *(ecce tutto)* (2).

A faire si peu de cas des principes juridiques, on risque fort de les méconnaître. Nous ne nous arrêterions pas à faire une querelle de mots, au sujet de ce langage impropre qui consiste à dire qu'un écrit est une obligation, si à la confusion dans les termes n'était jointe la confusion dans les idées. Non, dans le droit moderne, il n'existe plus de contrat *litteris* ou littéral. Le contrat est formé en dehors de toute *causa civilis*, par le consentement réciproque des parties sur un objet de droit, pourvu d'ailleurs que l'engagement ait une cause certaine et

____

(1) Nous sommes placé ici exclusivement au point de vue juridique : mais nous ne devons pas méconnaître ce que les développements de l'enseignement oral jettent de lumière sur les formules trop rigoureuses de la pure théorie.

(2) *Op. cit.*, p. 34-35.

licite. M. Vidari commet l'erreur où tomba Justinien lorsqu'il crut ressusciter les contrats *litteris* de l'époque classique : Aux termes des Institutes (1), « celui qui a déclaré par écrit devoir une somme qui ne lui a pas été comptée, » serait « obligé *scripturâ* », alors que, pour parler exactement, il faut dire que le souscripteur du billet est obligé en vertu d'un prêt légalement présumé (2).

Il n'était pas inutile d'insister sur la doctrine de M. Vidari, puisque c'est sur elle que se fonde cet auteur pour demander des réformes essentielles dans la législation franco-italienne.

Nous sommes disposé, du reste, à accepter le point de départ des savants auteurs qui voient dans le *contrat de change* une création factice de l'ancienne jurisprudence, destinée à défendre le commerce contre les préjugés du passé au sujet de l'intérêt de l'argent.

Non seulement, en effet, ce prétendu contrat ne suffit pas à provoquer, à expliquer et à soutenir tous les usages pour lesquels la lettre de change est dès longtemps si utilement employée, mais encore il est dans le droit cambiste des principes spéciaux qui ne se rattachent

---

(1) *Institut.* Liv. III, Titre XXI, *pr.*

(2) *Voy.* M. Demangeat, *Droit Romain*, T. II, p. 295. — MM. Delamarre et Le Poitvin, après s'être plaints avec vivacité de la confusion que l'on faisait, trop souvent, du contrat de change et de la lettre de change (T. V, p. 435) n'ont pas su éviter entièrement le même reproche. Ils constatent, en effet, que la lettre de change est un instrument élastique susceptible de se prêter encore à des opérations étrangères au contrat de change, « vérité qu'enseignent les art. 110, 112 du code de commerce (T. V, p. 441) : Puis ils concluent de là qu'on « s'oblige par la lettre de change ! »

Répétons-le : Il n'y a plus de *causa civilis* dans le droit moderne, et il n'existe point d'obligation valable en l'absence d'une cause licite.

aucunement à l'idée de contrat, et qui, pour mieux dire, en sont la contradiction formelle. « Lors même, dit excellement M. Demangeat, qu'un contrat de change a véritablement précédé la lettre, celle-ci présente toujours des caractères que la théorie générale des contrats est impuissante à expliquer : Ainsi, on admet habituellement, et il faut l'admettre, en effet, que le tireur est obligé envers le porteur comme s'il avait traité directement avec lui, c'est-à-dire qu'il ne peut pas lui opposer les moyens de défense qu'il aurait pu opposer au preneur ; or, cela s'écarte manifestement de la théorie générale des contrats, d'après laquelle, d'une part, le contrat n'a d'effet qu'entre les parties contractantes et leurs ayants cause, et, d'autre part, un ayant cause ne peut pas avoir plus de droits que son auteur (1). »

Au lieu d'imaginer un prétendu contrat *sui generis*, ne serait-il pas plus simple et en même temps plus juridique d'admettre qu'à la base de la lettre de change, comme partout, nous rencontrons les *engagements du droit commun,* soumis dans leur exécution seulement, à des conditions, à des rigueurs spéciales ?

C'est ici que nous nous séparons des savants jurisconsultes dont nous avons adopté les prémisses. Pour justifier notre solution, qu'on nous permette de rappeler ce qui a été dit ci-dessus, au point de vue économique : Nous y gagnerons, du reste, de choisir un point de départ unique dans une même question.

Reprenons donc le billet de banque, comme terme de comparaison.

_______________

(1) *Note* sur Bravard. T. III, p. 9.

Le billet de banque est un acte écrit et signé, constatant l'engagement par lequel un établissement financier s'oblige à payer, à vue et au porteur, une somme déterminée : Cet engagement, dont la cause est certaine et licite, est assurément régulier et valable. Pourquoi en serait-il autrement de la lettre de change, dont le rôle est en réalité identique ? Qu'est-il besoin de rechercher si la cause de l'obligation du tireur consiste dans une valeur reçue en un lieu différent, ou non, de celui où le paiement doit être fait ? Qu'importe, disons-nous, que cet échange de deux valeurs pécuniaires soit, ou non, accompagné d'un transport fictif de ces valeurs d'un lieu dans un autre ? Pourvu que l'engagement du tireur soit fondé sur une cause licite, conformément au droit commun !

Ainsi donc, à son tour, le droit, interrogé sans parti pris et au seul point de vue des principes généraux, justifie pleinement et encourage même les exigences de l'intérêt économique.

Si, descendant des sommets de la théorie, nous jetons les yeux sur les faits de la pratique quotidienne, nous y trouverons des arguments nouveaux, décisifs, et en quelque sorte la preuve matérielle de la justesse des observations qui précèdent. La doctrine et la jurisprudence, sous la pression croissante des besoins du commerce, en sont venues à donner au principe une interprétation tellement large, qu'elle le ruine en même temps qu'elle en démontre l'odieux. Les défenseurs les plus ardents du système de 1673 et de 1807, sont obligés d'admettre qu'il y a remise de place en place lorsque la lettre est payable dans une commune limitrophe de celle où elle est tirée, et il leur faut à leur tour motiver leur décision en des termes tels que ceux-ci :

« Dans l'origine, il est vrai, dit M. Nouguier, la cause première de l'invention des lettres de change fut les difficultés et risques du transport d'argent ; *mais, depuis, cette cause fut complétée par de nouveaux besoins : l'avantage du commerce, le désir de lui épargner des embarras nombreux, de faciliter la rapidité des paiements,* de restreindre les frais, firent développer ce moyen de circulation (1). »

Et d'ailleurs, le législateur français ne s'est-il pas luimême obligé de prévoir le cas où les créateurs des lettres de change, pour satisfaire au texte de la loi, indiqueront mensongèrement « les lieux d'où elles sont tirées ou dans lesquels elles sont payables » (Art. 112). C'est donc, apparemment, que la remise de place en place n'est pas aussi *essentielle* à l'existence de la lettre de change qu'on a bien voulu le prétendre. Or, puisqu'il est constant que la lettre peut exister indépendamment de cette condition rigoureuse, et que les praticiens maladroits seront seuls à en souffrir l'application, tandis que de plus habiles se joueront des prescriptions de la loi, ne serait-il pas infiniment plus sage au législateur d'y renoncer ?

Non, en dehors de traditions historiques qui n'ont que faire ici, il n'existe aucun motif susceptible de justifier l'exigence d'une remise de place en place à la base de la lettre de change : l'intérêt économique en demande au contraire la suppression. L'heure est venue d'écouter ces

_______

(1) *De la lettre de change.* T. I, p. 109.

justes réclamations et de faire droit au vœu du commerce (1).

Par les mêmes raisons, il convient de renoncer à la clause relative à la *valeur fournie*.

Cette disposition de la loi est aussi exorbitante qu'injustifiable.

Elle est exorbitante, puisque le droit commercial, ordinairement libre dans son allure, dégagé des formes protectrices sans doute mais gênantes du droit civil, se trouve au contraire, à cet égard, chargé de liens que le droit civil lui-même ne connaît pas.

Injustifiable aussi est cette prescription légale. On ne conçoit guère, en effet, pourquoi l'on prétend ainsi admettre qu'à la base de la lettre de change doive nécessairement se rencontrer le contrat *synallagmatique à titre onéreux* que suppose la clause de *valeur fournie*. Pourquoi donc, au contraire, une personne, après s'être obligée *à titre gratuit* dans les formes prescrites par l'art. 931 du Code civil, à donner une certaine somme à autrui, ne pourrait-elle exécuter cette *promesse* à l'aide d'une lettre de change? Il n'y a pas ici valeur fournie, sans doute, mais il y a une cause licite, qui n'est autre que la promesse antérieure (2).

La seule explication possible du système contraire se puise évidemment dans l'idée préconçue d'un contrat de change, ou, en d'autres termes, d'un échange de numé-

_______

(1) Nous croyons superflu de déterminer l'utilité des lettres tirées et payables dans une même ville : Un créancier, avant l'échéance, pourra se procurer une valeur négociable, en tirant une lettre de change sur son débiteur qui sera obligé de l'accepter.

(2) *Voy.* M. Demangeat sur Bravard-Veyrières, p. 16 *à la note.*

raire de place en place, à l'aide d'un transport fictif. Telle est·l'opération originaire, et telle est l'opération unique que le législateur de 1807 s'est plu à envisager, au souvenir du passé.

Nous n'avons rien à ajouter à ce qui a été exposé plus haut à ce sujet. Il faut définitivement renoncer à voir dans la lettre de change l'instrument d'exécution exclusif d'un contrat de change. Cette idée qui ne répond plus aux faits, doit disparaître avec son cortège de prescriptions restrictives : Remise de place en place et valeur fournie.

La suppression de ces deux conditions, que l'ancienne jurisprudence tenait pour essentielles et qui ne sont, aujourd'hui du moins, justifiées ni en fait ni en droit, a pour conséquence d'augmenter le nombre des lettres de change.

Ce résultat, à vrai dire, ne saurait être obtenu qu'autant que le législateur aura pris garde de ne point diminuer les garanties destinées à assurer l'exécution du titre.

Pour avoir renoncé à l'idée du contrat de change pris pour base et soutien de la *lettre,* on est trop aisément porté à la considérer elle-même comme ayant une existence et une valeur propre. Telle est bien, apparemment, la pensée des auteurs dont nous avons combattu la doctrine, à nos yeux peu juridique, ou tout au moins exagérée et périlleuse. Si la lettre de change n'est plus l'instrument d'exécution d'un prétendu contrat spécial du même nom, il demeure certain qu'une obligation originaire est constatée dans cet acte et exécutée par son aide, et qu'en un mot cette obligation constitue le principe et la raison d'être du titre lui-même.

Au contraire, le système de l'innovation à outrance, étant incorrect en lui-même, conduit à des résultats que leurs auteurs n'accepteraient sans doute pas jusqu'au bout, mais qui se présentent comme inévitables. C'est à savoir, que la lettre de change se trouve assimilée au numéraire lui-même. Certes, nous ne voulons pas dire que personne ait pu jamais confondre du papier avec des métaux précieux : Mais on admet facilement que des signatures équivalent à des écus, et c'est fort bien, si l'on se préoccupe aussitôt de la valeur de ces signatures, des engagements qu'elles attestent, et surtout des garanties d'exécution qui doivent les accompagner. Or, dès l'instant où l'on envisage exclusivement et à titre absolu, les avantages, d'ailleurs incontestables, de ces papiers de circulation, de ces signatures faisant l'équivalent du numéraire, on tombe sans y prendre garde dans une erreur économique devenue malheureusement trop peu rare : on se trouve en présence du *papier-monnaie* proprement dit. L'histoire de la *Banque de Law ;* les débuts réguliers qui justifièrent un éclatant succès ; puis, les abus d'où sortit la catastrophe finale : ces trop fameuses vicissitudes ne furent qu'un premier enseignement, appelé à éclairer par les faits la route où s'engageait la science économique (1).

(1) Au début, en 1716, les billets étaient ainsi libellés :

« La Banque promet de payer au porteur à vue *n.* livres en monnaie *de même poids et au mêmee titre que la monnaie de ce jour...* » — C'est en 1719 que ces billets se transformèrent en *papier-monnaie* : A ce moment, le Gouvernement prit la direction de l'établissement, et modifia la formule des billets comme suit : « La Banque royale promet de payer au porteur à vue *n.* livres *en espèces d'argent...,* » ce qui permit d'appliquer aux monnaies de remboursement toutes les variations jugées

Et de fait, la seule différence qui subsisterait entre la lettre de change comprise dans le sens des tendances nouvelles et le papier-monnaie, serait que la première ne se heurterait évidemment jamais au *cours forcé* : c'est-à-dire qu'à l'inverse elle serait bientôt rejetée et périrait.

Voilà donc où l'on arriverait, après avoir, quoique indirectement mais par une progression aussi inconsciente qu'inévitable, assimilé du papier à des écus : erreur énorme sans doute, mais fréquente dans le passé et même encore aujourd'hui.

Pour échapper à de tels écueils, il faut avant tout envisager le papier de commerce tel qu'il est, savoir : le moyen d'exécution d'un engagement, d'ailleurs issu du droit commun. C'est en se plaçant à ce point de vue, qu'ensuite on se préoccupera d'une manière profitable, d'entourer le titre de toutes les garanties d'exécution. Dès lors, en effet, on ne sera plus tenté de rechercher la réalisation en espèces d'une prétendue valeur en papier, mais bien l'acquittement d'une obligation ; et toutes rigueurs corrélatives à la rapidité des transactions, se trouveront justifiées.

Telle était, aussi bien, la sage conception de l'ancien droit : Sa seule erreur, à vrai dire imposée par les préjugés du temps, fut de placer exclusivement à la base de la lettre de change, le seul et inévitable contrat de change. Or, cette préoccupation, une fois mise de côté

---

utiles. Law s'était vainement opposé à cette modification fondamentale, qui compromit et finalement fit périr son système de crédit.

*Voy.* J. B. Say, ch. XXVI.

et avec elle la condition d'une remise de place en place et la clause de valeur fournie, qui toutes deux émanent de l'idée absolue du contrat synallagmatique à titre onéreux destiné à parer aux reproches d'usure, il convient de se rattacher plus étroitement que jamais à la théorie traditionnelle du droit cambiste.

C'est ainsi que, tout d'abord, nous blâmerons le législateur allemand d'avoir dédaigné les règles sur la *provision* : Méconnaître le bienfait de ces règles, c'est se préoccuper aveuglément du titre, qui n'est rien par lui-même, et laisser de côté l'engagement dont l'exécution est tout. Mieux inspiré fut le législateur belge, lorsqu'il ne craignit pas de sanctionner les décisions interprétatives du code de 1807 émanées de notre cour suprême, alors qu'en Belgique même la cour de cassation s'était prononcé dans un sens opposé. C'est en présence de la facilité avec laquelle les lettres de change sont acceptées et circulent chez nous, grâce au principe constamment admis sur la propriété de la provision ; c'est en la comparant aux difficultés qui s'opposaient à l'acceptation sous l'influence d'une jurisprudence opposée, que le rapporteur de la loi belge proposa d'adopter le système français. La jurisprudence anglaise, de son côté, tend à fortifier et à étendre le même principe.

Sur ce premier point, en conséquence, l'expérience est d'accord avec une saine doctrine pour rejeter des innovations dangereuses, qui procèdent d'une tendance immodérée à simplifier toutes choses, au risque de tout détruire.

Ce n'est pas avec moins d'énergie que nous demanderons le maintien dans l'acte, du *nom du tiré* : Périlleuse est la lettre de change *au porteur*, qui n'est d'ailleurs admise que par le seul droit anglo-américain.

Mais, avant d'examiner cette grande question, faisons justice de l'innovation singulière introduite dans la loi allemande et dans le Code italien de 1865, qui consiste à permettre au tireur de se désigner lui-même comme tiré.

Le législateur allemand de 1848, craignant de justes reproches pour avoir confondu ainsi deux choses qui doivent être distinctes, la lettre de change et le billet à ordre, a cru se mettre à l'abri en ressuscitant pour les besoins de la cause, le *change de place en place* à titre d'élément essentiel. Mais il n'a évité le billet à ordre commun que pour tomber dans le *Billet à domicile*, ainsi que nous l'avons montré ci-dessus.

Laissons donc cette malheureuse réforme de côté. L'acte en forme de lettre de change, où le tireur jouera en même temps le rôle de tiré, n'offrant point au bénéficiaire la double garantie solidaire à laquelle il a droit, sera tenu pour ce qu'il est en réalité, un billet à domicile. Nous n'aurons donc pas à regretter cette double confusion des principes, où l'on voit une prétendue lettre de change soumise d'une part, à l'ancienne règle du change de place en place, et, de l'autre, dispensée de la garantie de l'acceptation, qui par le fait devient impossible.

Envisageons maintenant la question de la lettre de change au porteur. L'éminent professeur de droit commercial à l'Université de Pavie, M. Vidari, n'hésite pas à préconiser le système anglais (1). En dehors de l'argu-

_______________

(1) *La Lettera di Cambio.* p. 28, 93, 187,

ment de fait tiré de l'exemple même de la Grande-Bretagne, M. Vidari s'en réfère encore à ce qui se passe au sujet des billets de banque, dont l'application économique se rencontre sur tant de points avec les effets de la lettre de change. N'est-ce pas le rôle économique du titre qui doit préoccuper avant tout le législateur ? Et s'il en est ainsi, n'est-il pas naturel que plus la transmission en sera rapide et facile, mieux le titre remplira son rôle et plus il procurera d'avantages. Or, il n'est pas douteux qu'à ce double point de vue, la lettre de change gagnerait à être transmissible de la main à la main, c'est-à-dire à devenir un titre au porteur.

Telle est l'argumentation du savant professeur. Nous avons déjà indiqué la différence capitale qui existe, au point de vue de l'émission et des garanties qui en sont la suite, entre le billet de banque et la lettre de change.

Dans tout pays sagement organisé, ne doit être accordé le droit d'émettre des billets qu'à des établissements offrant des garanties certaines, de telle sorte que le remboursement des billets ne puisse faire de doute pour personne : Telle est, du moins, la doctrine que nous avons présentée au début de cette étude (1). La lettre de change, au contraire, peut être créée par toute personne. Si l'on n'assure dans la mesure possible, l'acquittement d'un tel titre, spécialement par l'obligation solidaire d'un tiré accepteur, on aboutira fatalement à l'un de ces résultats : ou bien le commerce passera outre et s'exposera aux sur-

---

(1) Rappelons au sujet de cette importante question économique, les nombreuses et si instructives dépositions recueillies dans l'enquête déjà citée, sur *la circulation monétaire et fiduciaire*, 1865.

prises et aux cataclysmes ; ou bien, au contraire, il n'usera qu'avec réserve de cette faculté, et alors pourquoi la lui accorder, si ce n'est pour encourager les négociations véreuses et les manœuvres de la fraude.

Aussi bien, sans compromettre les intérêts qu'il importe à un si haut degré de sauvegarder, une transaction sage, commode et pratique, a été trouvée par l'usage commercial lui-même et sanctionnée par la jurisprudence : Nous voulons parler de l'*endossement en blanc.*

M. Vidari voit dans l'admission de ce moyen terme, une concession de nature à détruire le principe, et il en tire même un argument décisif à ses yeux, en faveur de la lettre de change au porteur.

Il est au contraire aisé d'établir que loin de sacrifier le principe, on le maintient dans ce qu'il a d'essentiel. De quoi s'agit-il, pour nous? d'assurer la circulation de la lettre de change, grâce au crédit dont jouira, concurremment avec le tireur, le tiré, et même s'il est nécessaire, un endosseur d'une responsabilité certaine : Une fois ce résultat atteint, la lettre circule avec facilité et sécurité pour tous. Voilà notre principe. La faculté d'endosser en blanc n'est donc pas une concession inquiétante ; elle renferme, au contraire, le juste tempérament qu'il était désirable d'apporter à la rigueur d'une règle, d'ailleurs sage, utile, nécessaire même à la sécurité des affaires.

Venons-en aux *droits du porteur* et aux *exceptions* qui peuvent lui être opposées.

Que tous les signataires soient engagés solidairement à l'acquittement de l'effet, c'est un point qui demeure constant, même dans les termes de la loi allemande. On peut et on doit reprocher à cette loi de n'avoir pas expressément consacré le principe de l'obligation solidaire : Mais nous avons démontré que le doute ne résiste pas à l'examen de ce texte. C'est au point de vue de l'étendue de cette obligation, que le droit nouveau donne ouverture à des critiques de fond.

Le législateur allemand déclare la valeur bien et valablement transmise par les endossements successifs, fussent-ils demeurés *en blanc*, sans restrictions ni réserves ; et tout engagement souscrit, tout paiement effectué demeure définitif, sans même que le tiré puisse opposer la fausseté de la signature du tireur, pour revenir sur son acceptation.

Tel est le caractère absolu, draconien, de la législation allemande, à l'encontre du défendeur dont les intérêts les plus légitimes se trouvent sacrifiés sans merci.

Que si nous voulons déterminer avec précision le véritable esprit du droit nouveau, et mesurer exactement la portée des principes qui se sont fixés déjà dans certaines lois positives, et tendent à transformer à leur image les Codes en vigueur dans d'autres pays, nous ne saurions mieux faire que d'examiner le projet de loi actuellement soumis aux délibérations des chambres italiennes : Nous nous rendrons compte, de cette manière, avec la certitude qui s'emprunte aux faits, du mouvement en avant qui s'est produit depuis 1848 sous l'impulsion des idées nouvelles et des périls vers lesquels les législateurs se hâtent en quelque sorte aveuglément.

Et d'abord l'article 318 du projet ne se borne plus à édicter que : « Le défendeur poursuivi ne peut opposer que les exceptions tirées de la forme du titre ou du défaut des conditions nécessaires à l'exercice de l'action, et les *exceptions personnelles* à celui qui agit. » Le texte ajoute : « Cependant ces exceptions personnelles ne peuvent retarder l'exécution ou la condamnation, si elles ne sont pas *liquides* ou de *prompte solution,* et, en tout cas, justifiées par une *preuve écrite;* si les exceptions réclament un plus long examen, la discussion en est renvoyée à la suite du procès (*in prosecuzione del giudizio*), et, en attendant, a lieu l'exécution ou la condamnation au paiement, *avec ou sans caution,* suivant ce que la prudence du juge trouve convenable. » Quelle disposition excessive, qui, par la seule ambition d'aller vite, nous ramène aux *preuves écrites* du droit civil !

Et maintenant, quelle loi d'airain, en ce qui touche l'obligation de personnes qui ont apposé leur signature sur des valeurs émanant d'*incapables* ou entachées de *faux!* — « Art. 321. La lettre de change revêtue de signatures émanant de personnes *incapables* est valable à l'égard des personnes capables qui l'ont souscrite. — Art. 322. Ceux qui ont endossé, cautionné ou *accepté* une lettre de change fausse, sont obligés envers le porteur, comme s'ils avaient cautionné ou accepté une lettre de change vraie. »

La rigueur de ces textes, expression du droit nouveau, est telle, leur caractère est si absolu, que l'on se demande en vérité, au premier abord, si les incapables et les faussaires ne devront pas eux-mêmes bénéficier de l'enrichissement indû ! C'est ce que remarque M. Charles Brocher (1). Évidemment, le législateur ne prétend pas rompre avec les règles fondamentales du

---

(1) *Nouvelle Revue historique,* article cité.

droit et de la justice : Il ne se peut pas que de telles dispositions prennent place dans le nouveau Code de commerce, à côté de ce Code civil où se retrouve, sous le numéro 1307, un texte analogue à notre article 1312 (1). Mais, quand les garanties accordées au défendeur sont déjà si médiocres, ce serait bien le moins que de sauvegarder ce qu'il en reste, avec netteté et précision.

Voilà donc à quelles exagérations peut conduire la préoccupation exclusive de favoriser à tout prix la circulation des papiers de commerce. Chose remarquable ! Le droit nouveau commence par reprocher, non sans motifs, à l'ancienne jurisprudence d'avoir imaginé un prétendu contrat de change sans réalité, et de s'être engagagée dans une voie de restrictions et de difficultés pour faire rentrer toute la théorie de la lettre de change dans ce moule étroit : Ce qu'on voulait, c'était avant tout, échapper aux prohibitions relatives à l'intérêt de l'argent ; et voilà pourquoi le droit cambiste demeurait contraint et empêché dans ses langes. Mais que fait à son tour l'école moderne ? Sans doute, elle se sent poussée en avant par les exigences du commerce, non moins que par les principes de la pure science ; les préjugés étant abattus, elle ne tend qu'à établir sa théorie sur la vérité des faits et la vérité des principes : Et pourtant, comme il s'agit après tout, d'assurer la circulation commerciale, on en vient à méconnaître et le droit, d'abord, et la nécessité même

_____

(1) « Art. 1307. Personne ne peut réclamer le remboursement de ce qu'il a payé à un mineur, à un interdit ou incapable, ni à une femme mariée, en vertu d'une obligation qui demeure annulée, s'il ne prouve que ce qu'il a payé a tourné à leur profit. »

des choses, ensuite, pour poursuivre par tous les moyens un but déterminé, absolu, théorique en un mot ; au lieu de régler la circulation, on prétend la créer.

« Il faut le dire ouvertement, écrit l'auteur par nous déjà plusieurs fois cité (1), partisan déclaré, mais sage, du droit moderne : Il y a ici deux mondes en présence, l'un exptionnel ceet *technique, inventé et créé artificiellement*, en vue d'obtenir un certain résultat jugé nécessaire ; l'autre s'appuyant sur la vérité vraie, sur les faits effectifs et sur le droit naturel. Si d'impérieuses nécessités économiques exigent que le premier de ces mondes empiète quelquefois sur le second, ce ne doit être qu'en des limites nettement circonscrites, et en restituant au second tout son empire dès le moment où cela est possible. »

C'est bien là notre conclusion.

Tout ce qui est artificiel et de création purement théorique doit être résolument écarté : Soit le principe du contrat de change, avec la remise de place en place et la valeur fournie ; soit le principe du *papier-monnaie*, avec ses aveugles rigueurs dépassant les limites de la solidarité légale. A l'appui d'un contrat de change supposé, nous n'avons plus à défendre l'intérêt de l'argent ; en faveur d'un *papier-monnaie*, la science, soit économique soit juridique, ne nous permet pas de compter sur des valeurs en papier, abstraction faite des garanties qui en assurent la réalisation. Que si nous devons résumer par une formule pratique, notre appréciation sur les réformes que l'école moderne peut légitimement introduire dans le droit cambiste, nous dirons : Au fond, le Code de 1807

(1) M. Ch. Brocher.

doit être consacré, dans sa lettre et dans son esprit, tels que les a déterminés la jurisprudence ; mais en même temps, doivent être rejetés : et le principe du contrat de change et ses deux corollaires, savoir, remise de place en place et valeur fournie. C'est à peu près, du reste, ce qu'a fait en 1872, le législateur belge ; et telle est aussi l'œuvre nécessaire qui s'impose au législateur français.

# TITRE II

## DU BILLET A ORDRE

## CHAPITRE I

### DU BILLET A ORDRE. — DROIT FRANÇAIS

Différences entre le billet à ordre et la lettre de change. — Ancien droit ; — Code de 1807. — Compétence. — Si l'article 1326 du Code Civil demeure applicable ; — du défaut de l'une des énonciations légales. — Du billet à domicile ; — compétence. — Du billet au porteur ; — ancien droit ; — jurisprudence.

Le billet à ordre est la forme la plus naturelle et la plus simple de l'acte par lequel une personne s'engage envers une autre.

Il se formule ainsi :

« Paris, le        , à telle date, *je 'paierai* à M. Pierre, ou à son ordre, la somme de        , valeur reçue en espèces.

» PAUL. »

Nous ne nous trouvons plus, on, le voit, placé dans le domaine purement commercial. Il n'est plus question de l'opération du change. Le billet à ordre est, au contraire, un acte susceptible de s'appliquer à toute promesse de payer une somme due. Ici, en effet, nous ne nous occupons que de valeurs payables en espèces : Nous verrons plus loin, si la même forme n'est pas également appliquée à des valeurs payables en marchandises.

L'origine, en quelque sorte domestique et privée, du titre que nous étudions, interdisait au législateur de le confondre avec la lettre de change, et de lui imposer toute la rigueur du droit applicable à celle-ci.

L'ancienne jurisprudence respectait d'une manière absolue, dans le billet à ordre, sa nature d'acte civil. Toute lettre de change était réputée acte de commerce, et la juridiction consulaire en devait seule connaître : A l'opposé, toutes contestations en matière de billets à ordre étaient, par mesure générale, du ressort des tribunaux civils.

De là découlaient encore d'autres différences entre la législation relative à ces deux titres, séparés par une ligne de démarcation aussi profonde. Au lieu du protêt, ce sont de simples *diligences,* qui à l'échéance sont imposées au porteur du billet à ordre, par exemple une sommation extra-judiciaire. Au lieu d'être dus à partir du protêt ou de l'acte qui y équivaut, les intérêts ne courent que du jour de la demande. Au lieu d'être soumis à la prescription de cinq ans, les billets à ordre n'ont à compter qu'avec la prescription trentenaire.

Le Code de 1807 n'a retenu que la première et la dernière de ces différences : Il a, ainsi, en quelque sorte transformé la nature et le rôle du billet à ordre, en en faisant un véritable auxiliaire de la lettre de change. Mais on doit le reconnaître, il ne faisait que consacrer la vérité des choses. Aussi bien, le législateur moderne n'a point confondu l'un avec l'autre, les deux titres.

S'attachant à cette qualité d'*effet négociable*, que la clause à ordre imprime à l'acte en question et d'où résultent des facilités de transmission tout étrangères au droit civil, notre Code de commerce a jugé qu'il convenait d'étendre également au billet à ordre les règles créées pour compléter les premières, c'est-à-dire celles qui touchent le protêt, les intérêts, et enfin la solidarité elle-même. Mais, en même temps, il réservait au billet à ordre son rôle, en quelque sorte civil, dans les transactions de l'ordre privé, en ce qui touche du moins la juridiction. Tout en maintenant à la lettre de change le caractère essentiellement commercial, qui place exclusivedans le ressort de la justice consulaire « entre toutes personnes, les lettres de change ou remises d'argent faites de place en place » (art. 632), le législateur de 1807 établit une distinction nécessaire en ce qui concerne le billet à ordre.

Le billet à ordre porte-t-il exclusivement des signatures de non commerçants, « le tribunal de commerce sera tenu de renvoyer au tribunal civil, s'il en est requis par le défendeur » (art. 636): sauf la preuve démontrant qu'il « a pour occasion des opérations de commerce » (1).

Le billet à ordre « porte-t-il en même temps des signatures d'individus négociants et d'individus non négociants, le tribunal de commerce en connaîtra. » Et encore le commerçant lui-même, souscripteur d'un billet, ne sera-t-il point soumis à la juridiction commerciale, si une cause non commerciale s'y trouve énoncée.

Ainsi, lorsque le billet est revêtu de signatures émanées

_______________

(1) Il en est de même, du reste, des lettres de change réputées « simples promesses ».

exclusivement de non négociants, il y a présomption que la *cause* n'est pas commerciale, mais en ce sens seulement que le tribunal de commerce devra se dessaisir *s'il en est requis*. De sorte qu'on pourrait même soutenir que, dans l'esprit du législateur, la présomption est que le billet à ordre est un acte commercial, à moins que le souscripteur qui en réalité n'a pas fait acte de commerce, demande son renvoi devant ses juges naturels (1).

Quoi qu'il en soit, notre titre conserve un caractère mixte, et il retient même son rôle d'acte privé, pourvu qu'il n'y soit pas intervenu, non seulement de *cause* mais même de signature commerciale.

Dans l'un et l'autre cas, la loi n'attribue à notre titre les diverses conséquences qui sont le propre de l'effet négociable, qu'autant qu'il renferme, ici encore, certaines énonciations: savoir, spécialement, la *valeur fournie* et *la clause à ordre* (2).

C'est une question que de savoir si l'art. 1326 du Code civil doit être appliquée au billet à ordre. Cet article qui vise, en effet, en termes généraux, « le billet ou l'acte sous seing privé », exige un *bon* ou *approuvé* « portant en toutes lettres la somme ou la quantité de la chose », de la part du souscripteur qui n'aurait pas écrit le texte en entier de sa main ; « excepté dans le cas où l'acte émane de *marchands*, artisans, laboureurs, vignerons, gens de

---

(1) M. Bravard-Veyrières, p. 857.

(2) « Art. 188. — Le Billet à ordre est *daté*. — Il énonce : — la *somme* à payer, — le nom de celui *à l'ordre de qui* il est souscrit, — l'époque à laquelle le paiement s'effectue, — *la valeur qui a été fournie* en espèces, en marchandises, en compte, ou de toute autre manière. »

journée et de service. » Nous devons reconnaître que cette exigence est généralement étendue au billet à ordre signé par des personnes non commerçantes. Toutefois, nous pensons avec un éminent auteur (1), que le Code civil n'avait pas prévu le cas des *effets à ordre*, réservés à la réglementation postérieure de la loi commerciale. Le *bon* ou *approuvé*, selon nous, ne sera donc nécessaire ici, comme en matière de lettres de change, que lorsque l'engagement deviendra « *simple promesse* », c'est-à-dire cessera de revêtir le caractère d'effet de commerce, pour n'être plus qu'une obligation ordinaire, commerciale ou civile. Des cas où le billet à ordre perdra ainsi son caractère d'effet de commerce, nous n'avons qu'un mot à dire. Il s'agit de l'hypothèse où l'une des énonciations rigoureusement prescrites par l'art. 188, la *valeur fournie*, par exemple, ferait défaut. Les conditions imposées par la loi, n'étant pas remplies, le bénéfice qu'elle attache à leur observation doit disparaître en même temps. Il nous suffit de rappeler brièvement ce qui a été exposé dans le titre précédent, au sujet de la lettre de change. Nous savons que l'effet de commerce jouit de deux privilèges principaux : le premier, d'être transmissible vis-à-vis des tiers en vertu de la clause à ordre, par la voie de l'endossement, sans signification au débiteur cédé ni acceptation de sa part ; le second, de garantir le cessionnaire contre toute exception personnelle au débiteur vis-à-vis du cédant.

Quant à la clause à ordre, qui est licite n'étant prohibée par aucune loi, elle produira son effet, et écartera l'applica-

_______

(1) M. Demangeat, sur Bravard-Veyrières, T. III. p. 540.

tion des articles 1689, 1690 (1). Mais le débiteur demeurera muni des exceptions qui lui appartiendraient envers le cédant lui-même, car il se trouve, en réalité, en présence d'une « cession ordinaire », bien qu'opérée par des voies spéciales admises d'un consentement mutuel (2).

A plus forte raison, cesseront de s'appliquer les règles exceptionnelles relatives à la garantie de solvabilité, au protêt, aux intérêts, à la prescription quinquennale.

Toutes ces règles, écrites pour la lettre de change, sont, en effet, purement et simplement étendues par la loi au billet à ordre (3).

Toutefois, il faut excepter les règles sur l'*acceptation* et la *provision :* Dans le billet à ordre le souscripteur joue le le rôle de *tiré*, en même temps que celui de tireur.

Aussi bien, ce qui précède ne reste vrai qu'à la condition que le titre soit muni de la *clause à ordre*. On peut remarquer que dans l'*endossement*, le bénéficiaire écrit au souscripteur : « *Payez* à l'ordre d'un tel ». Dès lors le souscripteur joue exactement le rôle du *tiré* accepteur, et le titre revêt la forme d'une lettre de change.

Quelle est donc l'utilité de la lettre de change ? On le conçoit, un créancier ne peut contraindre son débiteur à lui signer un billet *avant l'échéance*, tandis que le débi-

----

(1) Cass. 11 avril 1849.

(2) Cass. 14 août 1850.

(3) « Art. 187. Toutes les dispositions relatives aux lettres de change et concernant : l'échéance, — l'endossement, — la solidarité, — l'aval, — le paiement, — le paiement par intervention, — le protêt, — les devoirs et droits du porteur, — le rechange ou les intérêts, — sont applicables au billet à ordre, sans préjudice des dispositions relatives aux cas prévus par les articles 636, 637 et 638. »

teur est obligé d'*accepter* la lettre de change tirée sur lui, sous peine de dommages-intérêts. Et cette observation a d'autant plus d'importance au point de vue de notre droit positif qu'elle s'applique au cas où créancier et débiteur habitent la même place, aussi bien qu'à l'hypothèse qu'a seule prévue notre législation en matière de lettre de change.

Ainsi donc, sans clause à ordre, on a purement et simplement affaire à l'acte prévu par l'art. 1326 du Code civil, avec la cession-transport réglée par les articles 1680 et suivants du même code.

Il existe, à la vérité, un billet, qui, sans remplir la condition tenue jusqu'ici pour essentielle, garde le caractère d'effet de commerce, c'est le *billet au porteur*. Nous y reviendrons tout à l'heure. Mais il nous faut auparavant signaler une forme spéciale du billet à ordre, le *billet à domicile*.

Aux termes de l'art. 111, « *une lettre de change* peut être tirée sur un individu et *payable au domicile d'un tiers* ». Il en est de même du billet à ordre.

En pareil cas, le titre se formule ainsi :

« Paris le —. A telle date, je paierai à M. Paul, ou à son ordre, *au domicile de M. Jean*, à Bordeaux, la somme de —, valeur reçue en espèces.

» P**AUL** »

On le comprend, la *remise de place en place* s'opère par le billet à domicile, comme par la lettre de change elle-même. Aussi, le législateur de 1807 avait-il songé à faire du billet à domicile un effet de commerce particulier

placé à côté tant de la lettre de change que du billet à
ordre commun. L'art. 188, tel qu'il fut présenté au Corps
législatif contenait cette disposition : « Le billet à ordre
peut être payable au domicile d'un tiers résidant dans un
autre lieu. Dans ce dernier cas, il est billet à domicile. »

Mais, ce système ne triompha pas.

Pourquoi, en effet, changer le caractère du billet à ordre
par suite de l'indication d'un domicile, alors que la lettre de
change n'est en rien modifiée par une addition pareille ?

Pourquoi, spécialement, ne pas laisser au billet à ordre
toute la souplesse que le besoin des transactions a atta-
chée à cette forme simple et naturelle, de l'effet de
commerce ?

Mais ici se place une difficulté, la seule à vrai dire qu'engendre la législation relative au billet à domicile. Quelle
sera la juridiction compétente pour statuer sur les contestations dont un pareil titre sera l'objet ? Ce qui revient
à demander quelle est sa véritable nature.

Et d'abord, il y a un fait qui paraît s'imposer; c'est que
nous rencontrons ici le change de place en place : Or, il
est d'une logique en quelque sorte invincible, que sous
l'empire d'une loi qui soumet tout ce qui concerne les
lettres de change à la juridiction consulaire, par ce motif
qu'elle répute opération de commerce l'opération du
change, on doive assimiler à ce point de vue les deux titres.

L'Ordonnance de 1673 était muette sur ce point :
Aussi les jurisconsultes n'ont-ils pas hésité à proclamer
l'assimilation dont il s'agit. Telle était notamment la doctrine enseignée par Pothier (1).

_______

(1) Partie II. Art. I. § 4. n° 215.

Le Code de commerce, au contraire, ne semble-t-il pas avoir tranché la question, lorsqu'il dit en termes absolus : « La loi répute acte de commerce... entre toutes personnes, les lettres de change, *ou remises d'argent faites de place en place.* » (Art. 632.)

La conclusion affirmative est professée par d'excellents auteurs (1) ; et de nombreux arrêts l'ont aussi adoptée (2).

Nous croyons pourtant que sous l'empire du Code de 1807, le billet à domicile doit, au point de vue de la compétence, comme à tous autres, être et demeurer attaché au sort du billet à ordre dont il est une forme et non point une véritable modification.

On prétend que le Code a réglé ce que l'Ordonnance avait laissé indécis (3). Or, il faut savoir que si, à la vérité, les anciens docteurs tenaient pour constant que l'Ordonnance était muette, c'est parce qu'ils n'avaient pas songé à appliquer au billet à domicile une disposition empruntée littéralement au législateur de 1673 par le législateur de 1807. L'Ordonnance de 1673, titre XII, art. II, disait déjà : « Les juges et consuls connaîtront... entre toutes personnes pour lettres de change *ou remise d'argent faites de place en place.* » Et Jousse, commentant cette disposition, concluait purement et simplement, et

(1) Pardessus, T. II, n° 479 ; — Bravard-Veyrières, p. 276 ; — Nouguier, T. II, p. 215 et suiv.

(2) Cassation, 4 janvier 1843. — Bordeaux, 20 août 1844, etc...

(3) M. Nouguier, p. 217 : « Au lieu d'imiter le silence de l'Édit de 1673, le Code contient un article (632 *in fine*) remarquable et qui éclaire la question. »

sans prévoir aucune difficulté, en ce sens que la disjonc-
tive *ou* n'avait qu'une valeur explicative : « Ainsi, écrivait
le célèbre juriste, il faut que la lettre de change soit tirée
d'une place sur une autre place. » C'était, en effet, seulement au titre de la compétence que l'Ordonnance énonçait
la condition d'une remise de place en place : Le Code,
qui n'avait pas commis cette faute de méthode, a eu le
tort de reproduire aveuglément des termes devenus inutiles et même, comme on voit, dangereux.

Ce texte écarté, rappelons-nous les travaux préparatoi-
res, et cette pensée, conçue sans succès, de ranger à part
le billet à domicile : c'est à dessein, nous le savons, qu'on
n'a rien dit du billet à domicile, afin qu'il restât confondu
avec le billet à ordre pur et simple.

Bien plus : La question de compétence a été expressément soulevée au conseil d'Etat, lors de la discussion du
livre IV, titre II.

« On a oublié, fait observer M. Jaubert, d'appliquer aux
billets à domicile la disposition relative aux billets à ordre... Les *billets à domicile sont de véritables billets à
ordre* qui ne diffèrent des autres qu'en ce qu'ils sont
payables dans un lieu différent de celui où ils ont été
faits ; *on doit donc,* pour rentrer dans la décision du
conseil, *retrancher tout ce qui tendait à assimiler les
billets à domicile à la lettre de change.* » La même idée
est reproduite par Cambacérès. On conclut enfin qu'il n'y
a pas lieu de faire mention des billets à domicile, « puisque rien ne les distingue des billets à ordre (Bérenger) » (1)

_______

(1) Locré, *Législation commerciale*, T. XVIII. — Les art. 636 et 637 rela-
tifs à la compétence en matière de billets à *ordre*, ne font pas plus

L'opinion à laquelle nous nous sommes rangés, est donc véritablement celle des rédacteurs du Code de commerce. Aussi a-t-elle dû triompher daus la jurisprudence (1).

Grâce à cette doctrine, le billet à ordre demeure, sous toutes ses formes, un effet de commerce d'un caractère mixte, tel que nous l'avons présenté au début. Il reste, sans exclusion des avantages offerts au commerce, l'instrument par excellence des transactions d'ordre privé.

Arrivons enfin au *billet au porteur*.

« Paris le — . Bon pour — francs, *payables au porteur, le — prochain.*

» PAUL. »

Ici donc plus de clause à ordre. Le titre est transmissible de la main à la main. Mais c'est toujours d'un effet de commerce qu'il s'agit. Plus que jamais le titre vaudra selon sa teneur, sans que nul puisse chercher contre et outre ses brèves énonciations.

Le danger offert par des valeurs dont la transmission est aussi aisée et laisse aussi peu de traces, ne peut être méconnu. Le commerçant près de sa faillite peut, avec une singulière facilité, grâce aux billets au porteur, disposer de son actif soit en faveur de créanciers qu'il désire favoriser, soit même dans son intérêt personnel à l'aide d'intermédiaires complaisants. Le porteur du billet

---

mention des billets à domicile que l'art. 188 : c'est également à dessein que les rédacteurs s'en tinrent à la mention des premiers qui, dans leur pensée, comprenaient encore les seconds.

(1) Cassation, 9 juillet 1851 ; 30 janvier 1852 ; 21 août 1854, etc.

souscrit par Paul voit-il celui-ci à même de lui opposer une compensation ? Quoi de plus commode que de transmettre l'effet à un tiers !

Ces abus étaient d'autant plus redoutables sous l'ancienne jurisprudence, que les Parlements admettaient le porteur à taire le nom de son cédant. Aussi ont-ils été l'objet de prohibitions multipliées. Ce furent d'abord, les *billets en blanc,* destinés à dissimuler la fortune des religionnaires, que proscrivirent les Arrêts de règlement du Parlement de Paris, en date des 7 juin 1611 et 26 mars 1621. Puis, ces valeurs en blanc ayant fait place aux *billets au porteur,* un nouvel arrêt vint les frapper, 16 mai 1650 : Toutefois, l'Ordonnance de 1673, titre VII, art. I<sup>er</sup>, confirmée par une Déclaration du 26 février 1692, les rétablit. Mais la banque de Law avait à souffrir de ce moyen de concurrence et un Édit de mai 1716 rappela, pour les rétablir, les anciennes prohibitions. Pourtant, comme il faut aussi reconnaître à tout effet au porteur des avantages exceptionnels au point de vue de la commodité de circulation, le gouvernement qui avait tant souffert des expériences financières de Law, ne devait pas tarder à regretter un aussi puissant auxiliaire de la monnaie. Aussi une Déclaration royale du 21 janvier 1721, vint-elle rapporter la mesure prise à peine cinq années auparavant. Après avoir rappelé que le feu roi avait autorisé les billets au porteur dans plusieurs dispositions de son « Ordonnance sur le commerce, de l'année 1673, et dans sa Déclaration du 26 février 1692 », l'acte royal expose ainsi les motifs qui entraînent l'abrogation de l'édit de 1716 : « Les négociants nous ont fait représenter, aussi bien que ceux qui sont intéressés dans nos affaires, que, rien n'étant plus important *pour le bien du commerce et pour le soutien de nos finances,* que de ranimer la circulation de l'argent, il n'y avait point de moyen plus prompt pour y parvenir que de rétablir l'usage des billets payables au porteur... »

La législation intermédiaire, à son tour, frappa les billets au porteur au profit des assignats : la loi du 8 novembre 1792 édictait de ce chef la peine des faux-monnayeurs ! Mais un décret du 25 thermidor an III vint déclarer que le législateur n'avait entendu viser que les billets ayant pour objet de remplacer la monnaie.

Enfin, la loi du 15 germinal an VI (sur la contrainte par corps) rendit la liberté à cette sorte de titres. Leur validité a été reconnue depuis par un arrêté du ministre des finances du 10 mai 1808 et elle a été consacrée par la jurisprudence de la cour de cassation (1).

On s'est demandé, à un point de vue théorique qui n'est point sans conséquences effectives, s'il fallait voir dans une telle émission un *fait naturel,* ou purement et simplement une création artificielle *utilitatis causâ* de l'usage commercial.

Merlin se prononce pour la régularité juridique de l'obligation ainsi consentie « in rem » *(Questions de droit).*

Au contraire, M. Dufour, l'honorable professeur de droit commercial de la Faculté de Toulouse, fait observer qu'une sorte d'engagement qui se résout en une véritable abstraction, est contraire aux principes essentiels du droit civil, à « l'idée que nous nous faisons tous de l'obligation *lien de droit entre deux* » :

_______

(1) Arrêts des 17 août 1812 et 10 novembre 1829.

« Avouons-le, ajoute le savant jurisconsulte, le génie commercial seul crée nos titres absolus. En attribuant l'invention au commerce, un pas est déjà fait. Il paraît juste de laisser à chacun tout ce qui lui est propre et de placer le billet au porteur sous le seing du commerce (1). »

Donc force entière aux billets signés par des *négociants*. En ce qui touche, au contraire, les particuliers, les tribunaux resteraient « souverains appréciateurs » ; ils rechercheraient les bases de l'engagement, qu'il y eût une cause énoncée ou non.

Nous ne croyons pas cette rigueur justifiée. Nous admettons, à la vérité, que l'usage commercial, l'utilité a donné naissance à ces engagements *in rem ;* nous reconnaissons qu'ils sont peu conformes aux principes ordinaires qui régissent les obligations. Mais, qu'est-ce à dire ? Il n'y a que l'idée souveraine de justice et le principe du droit, qui soient immuables. Toutes nos déductions, toutes nos théories d'application sont contingentes et susceptibles de s'étendre et de s'assouplir, suivant les besoins nouveaux que créent les modifications successives intervenant dans les rapports sociaux. Il est mieux d'accueillir avec empressement les bienfaits du *génie commercial* que de les supecter et de les contenir à l'excès.

Le billet au porteur doit être, suivant nous, considéré comme valable entre toutes personnes, et établir la présomption légale de l'existence d'une cause licite, sauf la preuve contraire.

Certes, nous ne nous dissimulons pas les dangers des billets au porteur. Il sont graves, soit pour les particuliers

_______________

(1) Recueil de l'*Académie de Législation de Toulouse,* T. V, 1856.

et spécialement pour les fils de famille dissipateurs ; soit
pour les négociants eux-mêmes au point de vue de la dis-
simulation de l'actif par les faillis : nous ocnstatons ces
périls avec M. Dufour, et même plus que lui ou contre
lui. Mais, il faut bien se soumettre à ce fait certain, c'est
que plus on ira, et plus le vieil adage étendra son application : *Jura vigilantibus non dormientibus subveniunt*, les
droits sont pour qui veille et non pour qui sommeille.

# CHAPITRE II.

LÉGISLATIONS ÉTRANGÈRES. — EXAMEN CRITIQUE DES
LÉGISLATIONS COMPARÉES.

Angleterre : *Promissory-note* ; — intermédiaire des banquiers ; billet à
domicile. — Allemagne : Loi de 1848 ; — la lettre de change *propre*
ou *sèche*. — Assimilation du billet à ordre avec la lettre de change ; —
confusion qui en résulte ; — M. Vidari et le Projet italien ; — supériorité de la législation française.

En Angleterre, aussi bien que dans les divers pays où la
législation française a été adoptée, on rencontre, placé à
côté de la lettre de change, le billet à ordre que les Anglais appellent « *Promissory-note* ».

Mais, si la *Promissory-note* ne se confond pas avec la
lettre de change, il faut reconnaître qu'elle emprunte à
celle-ci son caractère essentiellement commercial : prescription spéciale, juridiction spéciale dans tous les cas, à
l'égard tant de la *Promissory-note* que du *Bill of Exchange*.

Ici encore, on constate les particularités qu'imprime au
fonctionnement des effets de commerce, en Angleterre,

l'intermédiaire habituel des *banquiers*. Mais il devient nécessaire d'examiner de près l'une de ces conséquences : Lorsque le titre a été déclaré payable *chez un banquier* déterminé, quelle devra être la portée légale de cette énonciation ? La question, du reste, se pose pour la lettre de change comme pour le billet à ordre.

Est-ce donc à dire qu'il faille voir dans cette clause l'indication d'*un domicile*, auquel l'effet doive être nécessairement présenté ? ou bien, faut-il admettre que le porteur aura la faculté de présenter l'effet soit au débiteur, soit au banquier, à son choix ? La difficulté avait été tranchée par une décision de la Chambre des lords, en ce sens que l'indication d'une maison de banque comportait l'obligation rigoureuse pour le porteur de présenter l'effet au banquier. Un statut de Georges IV (1 et 2. c. 78) a exigé en ce qui concerne la *lettre de change* que *l'accepteur* la déclarât payable « chez tel banquier exclusivement, et ni autrement ni ailleurs » (*at a banker's house, only and not otherwise or elsewhere*). A défaut de ces termes exprès l'acceptation n'est plus dite « qualifiée », et le porteur conserve le droit de réclamer le paiement au domicile du tiré, aussi bien qu'à la maison de banque elle-même. Or, ce, acte législatif n'a trait qu'aux lettres de change. Il est dont inapplicable au billet à ordre : Si, par conséquent, ce dernier titre est déclaré payable *chez un banquier*, c'est là exclusivement que le paiement en doit être requis ; et c'est à un véritable billet à domicile qu'on se trouve avoir affaire (1).

_______________

(1) Il n'en est ainsi d'ailleurs que dans le cas où cette énonciation se trouve exprimée *dans le corps* même du titre : Il ne suffirait pas que

La loi allemande de 1848 ne s'est pas bornée à assimiler, à son tour, le billet à ordre à la lettre de change : Elle a étendu au premier de ces titres jusqu'au nom même du second. La troisième section de la loi du 24 novembre 1848 est intitulée, en effet, « de la lettre de change *propre* (*eigene Wechsel*). »

Le législateur allemand ne distingue le titre que nous connaissons exclusivement sous le nom de lettre de change et qu'il appelle « lettre de change *tirée* (*gezogene Wechsel*) », que par la dénomination de « lettre de change propre ou *sèche* (*trockene*) » qu'il applique à notre billet à ordre.

Aussi bien, cette innovation dans les mots n'a-t-elle pu être poussée jusqu'au fond des choses. Sans doute, la loi allemande étend à la lettre de change *sèche* ou *propre,* la prescription de trois ans, qu'elle avait admise à l'égard de la lettre de change dite *tirée*. Mais, une loi n'a pu faire que dans un acte portant ces mots « *je paierai* », il intervînt plus de deux personnes ; elle n'a pu faire qu'il y eût lieu à l'application des règles relatives à l'acceptation ou découlant, en général, de l'adjonction d'une tierce personne pour le paiement.

Disons-le, cette prétendue réforme ne saurait avoir, à nos yeux, qu'un résultat, celui d'amener la confusion dans les idées comme dans les mots. Et en effet : La loi de 1848 elle-même après avoir si ingénieusement classé à part les lettres de change « tirées », n'emploie-t-elle pas, au sujet des énonciations essentielles à la « lettre de change pro-

l'adresse d'un banquier fût écrite au pied de la *Promissory note* (Grant's *law of Bankers*, p. 135).

pre », les termes plus que jamais irréguliers ici, de « *ti-reur* », et de « lettres de change *tirées*» (Art. 96, §§ 3, 5 et 6 ; Art. 97 et 98.) C'est que, d'une part, le législateur doit conserver le langage imposé par la lettre de change proprement dite, tandis que, d'un autre côté, pour rester d'accord avec ses définitions, il lui faudrait en même temps éviter les mots *tirer, tireur* et *tiré* : La conciliation est impossible entre deux exigences contraires.

Cette confusion dans la langue juridique, dont l'exactitude est pourtant si nécessaire, suffirait à démontrer le danger d'une innovation que rien ne nous paraît justifier.

L'éminent professeur italien, M. Vidari, n'a pas hésité à adopter la terminologie allemande, dans un ouvrage où se trouve commentée une législation rédigée d'après le Code de 1807 (1). Ce qui ne l'empêche pas de blâmer le *Projet* italien, pour avoir, sous l'unique dénomination « *Della Cambiale* » (2), traité, à la fois et de la lettre de change et du billet à ordre. M. Vidari fait remarquer d'abord qu'une pareille confusion entre les deux titres est sans exemple dans aucune législation. Puis il ajoute « cette considération, qu'on cherche en vain à confondre au point de vue économique le rôle de la lettre de change et celui du billet à ordre, pour aboutir à appliquer aux deux titres les mêmes règles législatives. » L'absence d'une « tierce personne (*terza persona*) » écarte nécessairement

_________

(1) *La lettera di cambio,* p. 657 et suiv.

(2) « Expression intraduisible en français », suivant la juste remarque de M. Massé (*Étude sur le projet préliminaire pour les réformes du Code italien, —* au *Bulletin de la société de législation comparée,* janvier 1878).

tout ce qui concerne l'acceptation et la provision. Or n'est-
il pas « étrange » qu'on se mette dans la nécessité de venir dire qu'un pareil titre n'est pas soumis à l'acceptation :
« Comme si ce résultat n'était pas imposé par la nature des
choses ; comme s'il pouvait être ou ne pas être, et se
modifier au caprice du législateur (1) ! »

C'est M. Vidari qui a écrit ces paroles remplies de sagesse:
« Innover peut être une chose sage et prudente, lorsqu'on
se trouve en présence d'une nécessité inéluctable ou même
simplement d'une réforme utile. Toute innovation qui
n'est ni nécessaire ni utile, qui est même désavantageuse,
dénote pour le moins un oubli irréfléchi du passé, pierre
d'attente naturelle de l'avenir. »

Ce grave enseignement, nous aurions voulu que M. Vidari crût devoir l'appliquer lui-même à l'« innovation »
qu'il concourt à introduire à l'exemple du législateur
allemand. Est-ce donc que la « nécessité » ou l' « utilité »
d'appliquer au billet à ordre le nom de la lettre de change
résulte de la doctrine admise par l'auteur italien, et que
nous allons examiner tout à l'heure, doctrine d'après laquelle les deux titres doivent être l'un et l'autre considérés
comme revêtant essentiellement dans tous les cas un caractère commercial ? Nous avouons que la logique d'une
pareille conséquence nous échappe : L'exemple de l'Angleterre n'est-il pas là pour montrer que les noms ne
portent aucun obstacle aux choses ?

Quoi qu'il en soit, nous allons examiner le fond de la
doctrine elle-même.

_______

(1) *Studii sul progetto per la riforma del Codice di commercio*, p. 229,
230.

Voici comment et dans quelle mesure M. Vidari, d'accord en tous points avec la loi allemande, et, quant au fond du moins, avec la législation anglaise, admet une distinction entre la lettre de change et le billet à ordre. « L'identité de leur nature juridique, écrit notre auteur, au regard du débiteur et du créancier, n'empêche point que la lettre de change « tirée » (*tratta*) et « la lettre de change propre » *(propria)* ne diffèrent en quelque point : Cette diversité ne touche assurément pas ce qui constitue *l'essence de ces deux titres au point de vue du droit de change (non essenziale per certo alla « virtù cambiaria »)* ; elle se rapporte seulement aux *conditions de leur existence extrinsèque*, et résulte, par la nature même des choses, de leur forme différente et des personnes différentes aussi à qui est donné l'ordre de payer (1). » Non, il n'est plus de distinction « essentielle » dès l'instant qu'on a renoncé à faire de la *remise de place en place* la base de la lettre de change. L'origine historique des deux titres les avait distingués uniquement parce que l'intérêt de l'argent était admis dans la lettre de change sous le voile du *prix du change,* tandis qu'il était repoussé dès lors qu'il s'agissait ouvertement de constater un *prêt*, et qu'il était même flétri sous les noms de *change sec* ou *adultérin.* Aujourd'hui que les vrais principes en matière d'intérêt ont triomphé, il faut rapprocher deux titres entre lesquels n'existent plus les différences d'autrefois.

La distinction, ajoute M. Vidari, est passée de l'ordonnance de 1673, dans le Code de 1807 et de là dans plusieurs autres Codes. Mais il est temps de réagir. Le billet

_______________

(1) *La lettera di cambio,* p. 657.

à ordre aussi bien que la lettre de change, doivent être
tenus pour des titres « ayant toujours pour cause un
acte de] commerce, et étant, par suite, toujours susceptibles de produire les effets particuliers au droit de change
(*capaci di effetti cambiari*) (1).

A la vérité, ces « effets » édictés pour la lettre de
change, se trouvent étendus au billet à ordre par l'article 274 du Code italien, en ce qui concerne « l'é-
chéance, l'endossement, la solidarité, l'aval, le paiement par
intervention, le protêt, les droits et devoirs du porteur,
le rechange, les intérêts » : Il n'y a pas jusqu'à la juridiction compétente qui ne soit, d'après l'art. 723 § 2, la
même, dans tous les cas, pour les deux titres, savoir, le
tribunal de commerce.

Mais ce n'est pas encore assez. Il reste la contrainte
par corps et la prescription quinquennale, auxquelles ne
sont pas soumis les billets à ordre. M. Vidari prend pied
sur ces deux points, pour revendiquer énergiquement en
faveur de « la lettre de change propre », *tous les effets du
droit de change (effetti cambiari)*.

Non seulement la loi française a conservé à l'égard du
billet, à la création et à la circulation duquel le commerce
est resté étranger, la prescription du droit civil : elle a
soin encore de maintenir, en pareil cas, la compétence du
juge ordinaire (2).

Or, nous croyons devoir nous en réjouir.

La lettre de change est venue en usage, appelée qu'elle

______

(1) *La lettera di cambio, loc. cit.*

(2) La loi du 22 juillet 1867 a aboli la contrainte par corps en matière
civile et commerciale.

était par les progrès du commerce et les besoins des transactions entre négociants éloignés les uns des autres.

Le billet à ordre, au contraire, que nous regretterions de voir privé de sa dénomination originaire et exacte, répond à des nécessités de chaque jour, de tous les temps et de tous les pays. Il importe donc de réserver aux personnes placées en dehors du négoce, l'usage d'un instrument de crédit aussi avantageux, sans les exposer aux déchéances d'une prescription rapide, que la célérité des transactions commerciales peut seule réclamer et justifier, sans les conduire surtout devant des juges qui ne sont pas leurs juges naturels.

Il ne s'agit aucunement, il faut le remarquer, d'imposer au commerce une entrave quelconque : il s'agit seulement de ne pas sacrifier, en pure perte et pour l'honneur de soi-disant principes, des opérations auxquelles il reste étranger.

Les idées qui ont guidé le législateur français nous paraissent, au point de vue économique, puisées aux sources d'une véritable justice et d'une saine raison.

# TITRE III

## DU CHÈQUE

## CHAPITRE I

DU CHÈQUE. — SA NATURE — SON ORIGINE — SON UTILITÉ.

Le chèque instrument de paiement; — disponibilité des fonds;— en quoi
il se rapproche et en quoi il diffère de la lettre de change. — Origine
du chèque : — Angleterre : Banques de dépôt. — France : Récépissés ;
bons de caisse ; jurisprudence ; — loi du 23 mai 1865. — Utilité
du chèque ; — Intérêt particulier, mobilisation des capitaux ; intérêt
général, circulation du numéraire.

Ce ne sont plus seulement des modifications apportées
au régime appliqué antérieurement, mais un titre de création entièrement moderne, que nous avons à étudier.

Ici, tout est nouveau. Le chèque est un mandat de
paiement, délivré par une personne, au profit d'une
seconde, sur une troisième nantie de fonds disponibles.

C'est un effet de commerce. Il ne constitue point une
valeur de crédit, mais un instrument de paiement. De ce
que le chèque est un moyen de paiement, il résulte que,
par sa nature, il est : 1° à vue ; 2° à personne dénommée,

ou bien à l'ordre soit du tireur lui-même soit d'un tiers, ou même au porteur. C'est dans la disponibilité des fonds que réside son essence.

Le chèque se formule ainsi :

« Veuillez payer à M. Pierre (ou à son ordre ou au porteur) la somme de —.

» Paris le —.

» PAUL.

» A M. Jean. »

On voit par quelles étroites analogies se rapprochent le chèque et la lettre de change. Dans l'un et l'autre, notamment, on rencontre trois personnes, auxquelles il convient d'attribuer les noms de tireur, de bénéficiaire et de tiré.

Mais, ces deux titres diffèrent en des points essentiels.

D'une manière absolue, d'abord, en ce qui concerne la disponibilité des fonds. Le principe même du chèque exige que le tiré ait en mains, au moment de l'émission, la somme destinée à l'acquittement. Pareille condition ne se rattache point à la création de la lettre de change : Cet instrument de crédit a généralement pour but définitif le recouvrement d'une créance non encore exigible ; telle est la situation qui donne naissance aux délicates théories de l'*acceptation* et de la *provision*. Au contraire, le chèque, par sa nature, exclut l'acceptation : Celle-ci ne peut plus offrir qu'une superfétation, ou tout au plus une formalité destinée à constater, à titre de renseignement pour ainsi dire, la régularité de l'émission. Quant à la provision, elle doit nécessairement précéder la création du chèque, et c'est ainsi qu'elle se distingue de celle qu'assure le paiement d'une simple lettre de change.

Le droit positif de certains pays crée d'autres différences importantes entre la lettre de change et le chèque.

Et d'abord, nous le savons, en France notamment, la lettre de change doit avoir pour objet une remise d'un lieu sur un autre. Au contraire, le contrat de change reste étranger au fonctionnement du chèque ; titre de paiement, et non de crédit, il peut servir en certains cas au change de place en place, mais seulement d'une manière accessoire : son but direct est le retrait d'une somme d'argent disponible. La loi française, en second lieu, décide que « l'émission du chèque, même lorsqu'il est tiré d'un lieu sur un autre, ne constitue pas, *par sa nature,* un acte de commerce » (Loi du 23 mai 1865, art. 4.). Enfin, une autre différence assez inattendue entre ces deux valeurs, est admise par le droit anglais.

La *mort du tireur* annule le chèque, et le dépositaire des fonds n'est plus autorisé à l'acquitter. « La mort du tireur intervenue avant la présentation du chèque opère comme une révocation absolue du pouvoir donné à la *banque* pour le paiement : A l'instant du décès, c'est le représentant légal du défunt qui devient titulaire du compte ; lui seul en est désormais propriétaire, lui seul en peut ordonner. » (1) Telle est la doctrine émise, d'après la jurisprudence, par les meilleurs auteurs (2). Il nous paraît, quant à nous, plus que singulier de voir l'ordre

(1) Morse, *Treatise on banks and banking,* p. 260.

(2) Grant, *op. cit.,* p. 104, etc.

contenu dans un effet de commerce reprendre le caractère révocable du mandat civil.

Quelle est l'origine du chèque ?

M. Vidari, d'après un mode d'appréciation déjà appliqué par lui à l'histoire de la lettre de change, estime que ce moyen de paiement est trop naturel pour que les banquiers d'Athènes et de Rome aient laissé de l'employer (1).

Ce raisonnement ne saurait tenir la place des faits. Le point à rechercher, c'est de savoir à partir de quelle époque l'effet de commerce en forme de mandat de paiement, a été usité. Or, c'est en Angleterre, à la fin du siècle dernier seulement, que ce titre destiné au retrait de sommes disponibles, se rencontre pour la première fois. C'est là qu'il devait rapidement conquérir une faveur exceptionnelle, et devenir en même temps un merveilleux instrument de compensation.

La création du chèque se rattache étroitement à celle de ces Banques, si communes en Angleterre, et où vient affluer tout le numéraire de ce pays. L'organisation des Banques de dépôt ou *Joint-Stock-Banks,* parvenue à un haut degré de perfection (2), a puissamment favorisé le

______

(1) *Studii sul Progetto per la riforma del Codice di commercio,* p. 378.

(2) *Voy.* Shelford's *Law of Joint-Stock companies,* avec les *acts* de 1862 et 1867. — *Dictionn. d'économie politique,* v° *Banques.*

M. Wolowski a évalué à *sept ou huit milliards de francs,* les sommes déposées en Angleterre (*Discours* à l'Assemblée nationale, 13 février 1874). « Aujourd'hui, écrivait déjà en 1864 l'éminent et regretté économiste, en matière de crédit, la banque d'Angleterre ne joue plus le plus grand rôle, et celui-ci appartient aux institutions qui déversent sur le commerce et l'industrie les capitaux au moyen des dépôts. » (*La question des banques,* p. 320.)

mouvement économique de l'Angleterre, grâce surtout à l'intervention du chèque.

La loi française qui pour la première fois a réglementé le chèque, ne remonte pas au delà de l'année 1865.

Ce n'est pas à dire pourtant que le commerce de notre pays ait ignoré jusqu'alors la création de ce titre chez nos voisins, ou qu'il en ait méconnu les avantages. La loi est venue fixer la forme du chèque en un *mandat* de paiement, et en faciliter la propagation en France. Avant la rédaction de cet acte législatif, c'est sous la forme d'un *récépissé*, que le chèque était employé par nos banquiers et négociants. Le dépositaire des fonds, au lieu de tirer un chèque pour une certaine somme, sur son banquier, au profit d'une autre personne, remettait à celle-ci le *récépissé* de pareille somme, que le banquier lui avait délivré.

Assurément, les hommes d'affaires ne se dissimulaient pas ce que cette pratique avait d'incommode et de peu régulier. C'était une préoccupation d'un caractère purement fiscal, qui avait plié l'usage commercial dans ce sens. La loi du 5 juin 1850, en effet, a établi un droit de timbre proportionnel de 0 f. 50 par 1,000 fr., pour *tous effets de commerce*. Il est admis, au contraire, par une pratique constante, que les reçus et quittances n'acquittent le droit fixe de 0 f. 50 au-dessus de 10 f., déterminé par la loi du 13 brumaire an VII, que lorsqu'ils doivent être produits en justice. C'était pour échapper à l'application de la loi rigoureuse de 1850, que la forme du *recépissé* avait été adoptée.

En 1858, du reste, la cour de cassation avait été appelée à statuer sur les effets juridiques d'un *bon de caisse*. La Cour suprême, par arrêt du 27 juillet 1858, avait décidé que ce papier ne constituait pas une « valeur », mais un simple « mandat révocable » comme l'est tout mandat ordinaire (1).

Ce fut donc, plus que jamais, à la forme du reçu que dut recourir le commerce. En 1864, un reçu de cette nature, constituant au fond un véritable chèque et en portant déjà le nom, fut soumis à la Cour de Paris : La Cour admit que « les reçus ou récépissés appelés chèques » étaient des « *effets de commerce, au porteur* ». De ce que le récépissé était tenu pour un effet de commerce, il résultait logiquement que la transmission rapide en devait être également admise. De plus, le souscripteur se trouvait obligé envers le tiers-porteur, sans pouvoir exciper des conditions particulières stipulées avec le bénéficiaire (2). Ce n'est pas sans difficulté que cette sage décision avait été rendue ; elle ne demeura pas à l'abri des critiques. L'arrêt de la Cour de Paris fut, toutefois, rigoureusement défendu par un éminent jurisconsulte, M. Labbé (3). Des autorités considérables soutenaient que le prétendu récépissé appelé chèque, devait s'analyser en un *mandat,* ce qui était vrai, et ajoutaient, comme conséquence logique et nécessaire, qu'un tel mandat, en l'absence de toute disposition contraire de la loi, était *révocable :* En réalité, on retrouvait le « bon de caisse » de 1858, et la décision émise alors par la Cour suprême devait être reprise. A ce raisonnement, M. Labbé répondit en invoquant, avec à-propos, un souvenir du droit romain. Un tel mandat « voile une cession », et c'est pour ce motif qu'il ne peut être révocable : Telle était la doc-

---

(1) Cassation. Req. : 27 juillet 1858 (*J. du Palais*, 1859, p. 646).

(2) Paris, 3 mars 1864 (*J. du Palais*, 1864, p. 337).

(3) Note au *J. du Palais.*

trine émise à Rome en matière de *procuratio in rem suam ;* la vérité des choses subsiste à travers les pays et à travers les âges.

C'est dans cette situation, que la commission du budget au Corps législatif, en 1864, proposa de soumettre le chèque-récépissé à un droit de timbre de *un centime* seulement, mais en maintenant rigoureusement la *non-négociabilité par voie d'endossement :* « Admettre le chèque à l'endossement, disait-on. ce serait supprimer indirectement l'impôt du timbre sur les lettres de change et les billets à ordre. »

La question, après débat, fut renvoyée au gouvernement. L'année suivante, était présentée la loi nouvelle qui attribue au chèque la forme du *mandat* et lui accorde la *négociation par voie d'endossement,* en le dispensant du droit de timbre pendant dix ans, mais en exigeant, ainsi que nous le verrons, deux conditions qui suffisent à distinguer le chèque de la lettre de change : la provision préalable, et le paiement.

Le chèque est venu répondre à un double besoin et procurer un double bénéfice.

C'est assurément, en effet, un avantage pour le particulier, de pouvoir aisément mobiliser soit les espèces qu'il aurait en dépôt, soit même les sommes qui seraient tenues à sa disposition par un débiteur ou acheteur. On l'a dit en termes saisissants et vrais : « le chèque c'est de l'argent. » (1) C'est en effet une valeur, de sa nature, payable

---

(1) M. Pouyer-Quertier. *Discours* au Corps législatif, séance du 5 mai 1865. — Le même orateur a ajouté depuis : « Le chèque sans provision au moment même de la création du titre, c'est de la fausse-monnaie. » (*Discours au Sénat,* 19 décembre 1878.)

à présentation, et essentiellement basée sur une provision préalable : le chèque au porteur, qui est en Angleterre et doit être partout le plus commun, est « *assimilable au billet de banque* », et « devient la propriété du porteur aussitôt qu'il l'a reçu » (1). Il ne sera plus désormais nécessaire de recourir à l'emploi relativement lent et pénible de la lettre de change, instrument si puissant lui-même, mais qui n'est plus en rapport avec les exigences d'un capital réalisé en espèces, et d'une provision d'ores et déjà disponible. Pour grand qu'ait été le progrès révélé par la création de la lettre de change, celui qui se manifeste dans l'invention du chèque ne lui cède en rien. Ces créations sont parallèles d'ailleurs, et ne se substituent point l'une à l'autre, puisque leurs objets sont distincts : Dans le premier cas, il s'agit d'une créance non exigible et non disponible ; dans le second, c'est du retrait d'un capital libre, qu'il est question.

Le particulier, disons-nous, ne peut laisser de conce-

---

(1) *Trib. Seine*, 20 nov. 1875. (*Le Droit* du 28 janvier 1876).

La pratique anglaise a même essayé de faire admettre qu'un banquier, recevant un chèque pour l'acquittement d'une lettre de change, ne pourrait être constitué en faute pour cause de non-paiement du chèque. Mais cet usage paraît à beaucoup peu « raisonnable » (V. Grant's *Law of Bankers*, p. 99.) C'est seulement en « certains cas » (*in some cases*) d'après la jurisprudence anglaise elle-même, que ce titre peut être tenu pour de l'argent (*considered as money*) et constitue un paiement parfait : ainsi, une vente au comptant (*for ready money*) peut être rescindée, si le chèque donné en paiement n'est pas acquitté, quelle que fût d'ailleurs la bonne foi de l'acheteur (Grant. *op. cit.* p. 104).

Bien que le chèque soit un titre à vue et qu'il suppose des fonds disponible, encore faut-il que le montant en soit réalisé, ou tout au moins en cas de *perte* du titre, par exemple, que le tireur ne jouisse pas d'un enrichissement indû (*Cf*. Grant, *op cit.*, p. 99).

voir les immenses avantages qu'il doit retirer de l'emploi du chèque. Pour en bénéficier entièrement, il se gardera désormais de retenir dans ses tiroirs ou dans sa caisse des sommes improductives. Quelque peu considérables que soient ses capitaux, sachant qu'il en pourrait disposer pour ses paiements avec autant de facilité que si les espèces restaient dans ses mains, il s'empressera de les confier au banquier, industriel, dépositaire quelconque, lequel, pour prix de leur remise, servira un intérêt. Cet intérêt sera faible, à la vérité, et s'élèvera d'autant moins que le temps durant lequel le dépôt devra subsister, sera plus court. Mais, il y aura toujours là un bénéfice conquis sur des capitaux improductifs, et, en quelque sorte, la vie rendue à des agents inertes.

C'est encore cet aspect de la situation qui révèle le second bienfait apporté par le chèque au monde économique. Il s'agit ici de l'intérêt général, qui ne fut jamais mieux uni et en plus parfaite corrélation avec l'intérêt particulier. Ce n'est pas sans profit pour le corps social qu'on verra chacun de ses membres apporter en quelque sorte à la vie commune l'intégralité de ses forces. Jusque-là, que de ressources accumulées, mais en même temps immobilisées ! que d'économies stériles ; que d'efforts devenus inutiles aussitôt que produits (1). Nous ne sommes donc plus seu-

______

(1) Dans la discussion, en 1864, au Corps législatif, au sujet de la première proposition relative au chèque, le ministre d'État évaluait à 600 millions le numéraire immobilisé en France.

Le 19 décembre 1878, au Sénat, M. Pouyer-Quertier porte au chiffre de 7 à 800 millions le montant des capitaux confiés à nos différentes banques de dépôt. En Angleterre, d'après M. Wolowski, c'est 7 à 8 milliards qui se trouvent dans la caisse des banquiers. Mais, du reste, en

lement en présence d'un instrument ingénieux, de nature
à faciliter les transactions du commerce : C'est, en réalité,
la mobilisation du numéraire, par la fécondation de l'é-
pargne, qui vient d'être découverte. Le billet de banque
fut et restera encore, bien que dans une mesure de plus en
plus restreinte, un utile et parfois nécessaire agent de mobilisation. Le chèque est, en quelque sorte, la dernière
expression de cette grande découverte économique ; par
lui, le mouvement de la richesse nationale réunit les deux
termes, jusqu'ici trop étrangers l'un à l'autre : la circulation et la production. En même temps que le commerce et
l'industrie sont dotés d'un instrument éminemment commode, la production entre naturellement dans le cercle
économique, et y jette ses capitaux accumulés.

Telle est l'importance considérable qui doit être légitimement attribuée au chèque ; telle est l'étendue des bienfaits qu'il apporte avec lui.

Nous allons étudier ce merveilleux instrument de paiement et de circulation, tout d'abord dans le pays où doit
être reportée son origine, et où, il faut le reconnaître,
son rôle a été jusqu'à présent le plus actif et le plus
étendu.

France comme chez nos voisins, les conséquences sont identiques. « La
banque d'Angleterre ne joue plus le plus grand rôle », de l'autre côté du
détroit ; de même, comme la banque de France ne reçoit pas les dépôts,
les banques créées pour remplir cet office, ne donnant que 2 0/0, 1 1/2 et
quelquefois même 1/2 seulement, prêtent l'argent déposé, par voie d'escompte, à un taux très inférieur à celui de la banque de France : Résultat peu favorable à ce grand établissement financier, mais singulièrement
profitable au commerce.

# CHAPITRE II.





La première observation qu'appelle l'étude du chèque
en Angleterre, a pour objet le fait même qui domine l'organisation du crédit chez nos voisins. Nous le savons
déjà, le commerce anglais admet, en quelque sorte comme
une nécessité, l'intermédiaire des banquiers. Tout particulier, négociant ou non, choisit un banquier, chez lequel
il dépose toutes ses espèces ou valeurs, chez lequel aussi
il prend domicile pour la présentation des effets de commerce et leur acquittement.

Cet usage général, ou pour mieux dire universel dans

ce pays, n'a pas peu contribué à la création et surtout à la propagation du chèque.

Quoiqu'il en soit, tout chèque est tiré exclusivement sur un banquier ; il a pour objet des sommes déposées, spécialement dans les banques dites *Joint Stock :* si bien qu'on lui donne quelquefois le nom de « traite de banque » (*banker's draft*). Le même principe est admis par les Codes portugais (art. 430) et du Bas-Canada (1867 : art. 2349). Les États-Unis, dont la législation est d'ordinaire si semblable à celle de la Grande-Bretagne, admettent, au contraire, le chèque tiré sur une personne autre qu'un banquier (1).

Examinons, sous le bénéfice de cette observation capitale que nous devions formuler tout d'abord, la législation appliquée au chèque en Angleterre, soit d'après les textes de loi, soit d'après les usages qui en tiennent lieu.

Aux termes de la définition donnée par les meilleurs jurisconsultes, le « chèque sur un banquier » est « un ordre écrit pour le paiement en espèces d'une somme déterminée, à personne dénommée ou au porteur ou à ordre. » (2)

Pour être valable, il lui faut satisfaire à six conditions.

Il doit : 1° Être adressé au banquier par une désignation suffisamment précise ; — 2° être signé par le tireur ou son procureur fondé ; — 3° être daté ; — 4° indiquer la somme à payer ; — 5° être émis au profit d'une personne dénommée,

---

(1) *Voy.* notamment *Code civil de l'État de New-York,* ch. IV, *Chèques,* s. 18, 25.

(2) Grant's *Treatise on the Law relating to Bankers and banking companies,* p. 14.

au porteur ou à ordre ; —6° être déclaré payable *on demand*.
Nous allons reprendre successivement ces six points. Nous
croyons devoir user d'une précision plus rigoureuse qu'en
matière de lettre de change, sans sortir du cadre qui nous
est tracé, parce que, au sujet du chèque, tout est innovation, tout est de création moderne.

Disons auparavant que, par *act* de l'année 1870 (33 et
34 Vict, c. 97) le chèque a été soumis au timbre *d'un penny*.
Jusqu'alors ce titre était resté à l'abri du timbre. La taxe
d'un penny, établie quelques années auparavant (16 et
17 Vict. c. 59) « sur les traites ou ordres pour le paiement
d'une somme d'argent au porteur ou à ordre « on demand » (*upon drafts or orders for the payment of any
sum of money to the bearer, or to order on demand*), mal-
gré ses termes généraux, n'avait pas compris le chèque
dans sa disposition. L'*act* de 1870, au contraire, est venu
déclarer formellement que la taxe d'un penny serait applicable à « tout *bill of exchange* payable *on demand* » en
ajoutant, dans la section 4, que ce terme de lettre de
change (*bill of exchange*) comprend « les traites, ordres,
chèques et lettres de crédit ainsi que tout document ou écrit
(à l'exception du billet de banque), procurant ou pouvant
procurer à une personne, dénommée ou non, le paiement
par une autre personne, d'une somme d'argent déterminée. » (1) Il résulte de cette loi, que le droit anglais tient
le chèque pour une variété de la lettre de change (2).

_________

(1) « A draft, order, cheque and letter of credit, and any document or
writing (except a banknote) entitling or purporting to entitle any person,
wether named therein or not, to payment by any other person of money
therein mentioned. »

(2) Il est un cas dans lequel le chèque demeure exempté du timbre, —

La formule du chèque la plus usitée en Angleterre est celle-ci :

« Londres, le —.

» Messrs. Holdfast et Co. — Payez à M. Abraham Newland ou $\frac{\text{au porteur}}{\text{à ordre}}$ vingt livres.

» L. 20 : o *s.* o *d.*         John Stiles (1). »

Il n'est pas nécessaire de désigner le tiré par son nom propre : le titre (*style*) ou la signature (*firm*) de la maison suffisent.

D'autre part, une signature proprement dite n'est pas non plus indispensable de la part du tireur. Il suffit que le nom de celui-ci se trouve sur le chèque, mais du moins

ainsi que tout autre ordre ou traite : c'est celui où le mandat est adressé par un banquier à un autre banquier du Royaume-Uni, sous la condition qu'il ne soit pas payable au porteur ni à ordre, mais qu'il ait uniquement pour but un réglement de comptes entre banquiers.

La législation antérieure avait exempté les traites et ordres au porteur ou à ordre « on demand », à condition que le tireur et le tiré résideraient à une certaine distance l'un de l'autre. Ce système avait l'inconvénient d'attacher à l'indication du lieu d'émission une importance qui a aujourd'hui disparu : de telle sorte qu'il n'est pas nécessaire, spécialement en ce qui concerne le chèque, d'indiquer le lieu où il est tiré.

(1) V. Grant's *Law of Bankers.*
Trois carnets sont employés pour le fonctionnement régulier des opérations de dépôt et de paiement à l'aide du chèque : 1° Le *slip-book*, constatant les sommes déposées ; — 2° Le *cheque-book*, constatant les paiements faits à l'aide du chèque ; — 3° Enfin, le *pass-book*, où la balance du compte est établie par le banquier lui-même. Ce carnet sert en quelque sorte à rattacher ensemble les deux autres, dont l'un est remis au déposant, et le second reste aux mains du banquier : à chaque opération, le *pass-book* est représenté à celui-ci, qui l'y relate par crédit et débit du compte.

*écrit de sa main* (*handwriting*). Par exemple, le titre serait régulièrement formulé ainsi :

« M. Stiles invite Messrs. Holdfast à payer etc. »

La jurisprudence a admis que les personnes illettrées peuvent tirer un chèque en plaçant leur croix (*mark*), à l'endroit habituellement affecté à la signature.

Le chèque doit être *daté*.

Il peut être daté de la veille ou du jour même de son émission. Le jour de l'émission est celui où le chèque parvient entre les mains de la personne qui est en droit d'en réclamer le paiement.

Un *act* de Georges III avait prohibé « la confection et l'émission de tout bill, traite ou ordre pour le paiement d'espèces au porteur *on demand* sur un banquier, *avec la date d'un jour postérieur à celui de l'émission* ». L'amende infligée en cas de *postdate,* pouvait s'élever jusqu'à cent livres (2,500 fr.). Mais, cette disposition a été abrogée. Aujourd'hui, le chèque postdaté est parfaitement valable, pourvu d'ailleurs qu'il soit revêtu du timbre applicable aux lettres de change non payables *on demand* ni à vue : la fausse date n'apporte aucune difficulté, depuis que le timbre des lettres de change a cessé de se régler sur l'échéance, mais a été déterminé *ad valorem*.

Aux États-Unis, on n'applique même pas cette assimilation à la lettre de change, du chèque postdaté : Le titre demeure un chèque ordinaire, payable à la date indiquée ou après, c'est-à-dire en définitive immédiatement, comme tout autre chèque. Le tiré devra seulement prendre garde de ne point payer la valeur avant le jour donné pour date, sous peine de voir le tireur, dans l'intervalle, contremander son ordre (1).

Le chèque doit indiquer *la somme à payer*. Le chiffre n'en put être pendant longtemps moindre de cinq livres. Plus tard, le minimum fut abaissé à 20 shillings. Aujourd'hui, ces prohibitions ont été levées (17 et 18 Vict. c. 83, s. 9), et un chèque peut être tiré pour toute somme disponible, quelque faible qu'elle soit.

Le titre qui nous occupe étant un instrument de paiement, devait naturellement pouvoir être créé au profit d'une *personne dénommée*. Tel il fut à son origine, tel il serait exclusivement demeuré, si l'office d'espèces monnayées qu'il est appelé à jouer, ne l'avait nécessairement doté par surcroît des formes adaptées à une rapide circulation : Le chèque peut, en effet, être à *personne dénommée, à ordre,* ou même *au porteur.*

La forme originelle du titre a laissé, d'ailleurs, après elle un curieux vestige. Lors même que le chèque n'est pas à personne dénommée, il faut encore qu'un nom soit inscrit sur le titre, sauf à ajouter la clause *ou à ordre ou au porteur.* Aussi bien a-t-on admis que le nom peut ne pas désigner un individu : Il est permis de rédiger le chèque dans les termes suivants :

« Payez à *Fortune* ou au porteur. »

On conviendra qu'il serait plus raisonnable de renoncer purement et simplement, en pareil cas, à l'obligation d'énoncer le prétendu nom de la partie prenante.

Le chèque à ordre, lorsqu'il est endossé *en blanc,* revêt par le fait le caractère de titre au porteur. En matière de

(1) Morse, *op. cit.,* p. 314.

chèques, la simple signature du preneur, au dos de l'effet, ne constitue pas un endossement en blanc : Il est d'usage que le preneur, en recevant le paiement, donne quittance par l'apposition de sa signature au dos du chèque ; c'est donc en ce sens que doit être interprétée cette formalité, où il ne faut plus voir l'endossement en blanc. Ajoutons enfin que le titre au porteur, de son côté, peut être transmis par voie d'endossement.

La dernière condition exigée pour la création régulière d'un chèque, d'après la législation anglaise, consiste en ce que le titre doit être payable *on demand*. Il n'est pas indispensable que cette condition soit expressément stipulée : la nature du titre supplée au silence de son texte. Des valeurs présentant la forme générale du chèque, mais à échéance fixe, pourraient n'être pas dénuées d'effets légaux ; mais, ce seraient des titres *métis* (*mongrel*), selon le langage des Américains (1), jamais des chèques.

Nous rattacherons à ce point important, tout ce qui touche le paiement, c'est-à-dire les obligations du tiré quant à l'acquittement du chèque, celles du porteur quant à la présentation, enfin celles du tireur et des endosseurs quant à leur responsabilité en cas de non-paiement.

*Des obligations du tiré.* — Le chèque est payable *on demand*.

Jusqu'en 1871, la jurisprudence anglaise distinguait les titres *à vue* (*at sight*) ou *à présentation* (*on presentation*) de ceux payables *on demand* : Elle accordait, notamment, dans les deux premiers cas, des *délais de grâce*, qu'elle refusait dans le second. L'*act* de 1871 (the *Bills*

(1) Morse, *op. cit.*, p. 314.

*of Exchange* Act, 1871, s. **2**, — 34 et 35 Vict. c. 74) est venu déclarer que les lettres de change, lequel terme, nous le savons, comprend également le chèque dans les documents législatifs, payables à vue ou à présentation, doivent être *à tous égards* (*for all purposes*) considérées comme payables « *on demand* ». De là, spécialement, la suppression définitive de tout délai de grâce.

Nous emploierons plus communément l'expression française *à vue,* après l'explication qui vient d'être donnée. C'est donc, en d'autres termes, immédiatement que doit être payé le chèque.

On doit mettre à part le chèque soumis à une *condition*. La condition est, en effet, admise par le droit anglais ici comme pour la lettre de change (1).

La condition essentielle pour que le banquier soit tenu de payer sous peine de dommages-intérêts, c'est évidemment qu'il ait en mains la provision. Il ne suffirait même pas que les fonds lui fussent remis le jour même où le titre est présenté : L'usage permet au banquier d'exiger que la provision soit faite un certain temps avant le jour de la présentation, c'est à savoir, ordinairement le jour qui précède celle-ci. Il n'y a d'ailleurs, à cet égard, rien d'absolu : Le banquier a droit d'exiger un « délai raisonnable » (*a reasonable time*), que le jury détermine pour chaque cause, d'après les circonstances.

---

(1) Dans tous les cas, il faut que le porteur se présente aux heures de banque (*banking hours*). Les chèques tirés par le Trésor sur la banque d'Angleterre cessent d'être payables après trois heures du soir : Ils portent une note en ce sens, destinée à tenir les porteurs avertis.

Les banquiers de la Cité sont dans l'usage de retenir le chèque jusqu'à cinq heures du soir pour prendre le temps de l'examiner.

La législation anglaise est très sévère contre le tireur d'un chèque sans provision. Ce fait, s'il est d'ailleurs commis de mauvaise foi, peut être considéré comme une escroquerie, et puni de peines qui peuvent s'élever jusqu'à la déportation. Ces peines ne sont pas déterminées par la loi, mais abandonnées à l'appréciation destribunaux, d'après les circonstances de la cause.

Il peut arriver que le banquier, pour éviter à son client le désagrément de voir le chèque par lui tiré, protesté, ou pour parler le langage anglais « déshonoré » (*dishonoured*), paie sans provision. Voici à quel danger particulier s'expose, en pareil cas, le tiré.

Les banquiers étant obligés de payer les chèques immédiatement, puisque tout chèque suppose une provision préalable, le législateur (16 et 17 Vict. c. 59. s. 19.) a cru devoir les protéger contre les suites de la précipitation qui leur est en quelque sorte imposée. Il a été décidé qu'en matière de chèques le tiré ne serait pas responsable de l'endossement constituant *un faux*, pourvu d'ailleurs que le faux consistât dans la contrefaçon de la signature du prétendu endosseur, et que le banquier eût ainsi lieu de croire avoir sous les yeux l'écriture même du preneur, Mais il est indispensable pour que cette règle se justifie : que le banquier ait été pressé de payer par l'existence entre ses mains de la provision ; dans le cas contraire, il se trouverait dans la même situation qu'en matière de lettre de change. Or, il a été jugé qu'en pareille hypothèse, pour conserver son recours contre le tireur, le banquier devait employer tous les moyens en son pouvoir pour vérifier l'exactitude de l'acceptation et de l'endossement. C'est donc seulement au cas où le banquier est obligé de payer, c'est-à-dire est nanti de la provision, que la loi le dispense de vérifier la sincérité de l'endossement.

Le tiré qui paie un chèque à découvert, est donc responsable du faux que le titre aura pu subir. Ce sont là d'intéressantes et de très raisonnables conséquences des règles relatives à la provision préalable et au paiement immédiat.

*Des obligations du porteur.* — Le porteur est tenu : 1° De présenter le chèque au tiré, dans le délai légal (*in due time*) ; 2° Et, au cas de non-paiement, d'en donner connaissance au tireur (*notice of dishonour*).

Le délai accordé au porteur pour la présentation, n'est point rigoureusement déterminé. C'est, en général, le lendemain du jour où il a reçu le chèque, qu'il doit en réclamer le paiement ; mais, le principe est que le porteur jouit d'un « délai raisonnable » (*a reasonable time*), lequel varie suivant les circonstances (1).

La présentation peut être régulièrement faite à l'aide de la poste. Lorsque le chèque doit être ainsi adressé à un banquier de la province habitant une autre ville, le porteur n'est pas obligé de l'expédier par le courrier du jour où il a reçu l'effet, mais seulement par celui du lendemain.

En pratique, la présentation est usitée dans tous les cas. Cependant on ne peut l'exiger d'un porteur qui aurait connaissance de la banqueroute ou de la suspension

_______________

(1) Une nouvelle différence, d'après le droit anglais, entre la lettre de change et le chèque, c'est que le délai est augmenté d'un jour lorsque le premier de ces titres est présenté par l'intermédiaire d'un banquier, tandis qu'il est indifférent à ce point de vue que le chèque soit présenté par un banquier ou le porteur en personne.

de paiements du tiré : Telle est la doctrine enseignée par les auteurs (1).

Il est un cas dans lequel la présentation de l'effet peut être postérieure de plusieurs jours à l'émission du chèque : c'est celui où il a été « entendu que la présentation serait remise *de quelques jours* » (2). Il a été jugé qu'en pareille hypothèse, un chèque tiré le 25 février était régulièrement présenté le 10 mars.

Il faut reconnaître qu'une telle doctrine porte atteinte au principe du chèque payable *à vue :* Il semble qu'en réalité, on soumette ce point capital aux conventions contraires.

Lorsque le paiement a été refusé, le chèque est dit *déshonoré*. Il incombe au porteur d'en donner connaissance à celui qui a créé l'effet.

Cette signification du non-paiement (*notice of dishonnour*) cesse d'être nécessaire lorsque le tireur n'a pas fait provision, et n'avait point de motifs pour croire qu'elle dût être faite à son profit entre les mains du tiré. Par exemple, il se sera passé huitaine sans que les fonds soient remis au banquier. Il en serait autrement dans le cas où le chèque aurait été tiré par un *land-lord,* notamment, dont les *tenants* auraient accoutumé de payer leurs rentes au banquier à pareille époque : La *notice of dishonour* serait d'autant plus utile, qu'elle suffirait peut-être à éviter au land-lord d'encourir la perte de son droit pour le recouvrement de ses rentes.

(1) *Voy.* Grant, *op. cit.,* p. 74.

(2) *Upon an understanding that it should not be presented for a few days* (Grant, *op. cit.,* p. 74).

Dans l'hypothèse où le chèque a été expédié par la poste, si l'argent n'est pas parvenu par le retour du courrier, il y a lieu de signifier le non-paiement.

*Des obligations du tireur et des endosseurs.* — Tireurs et endosseurs sont également responsables en cas de non-paiement du chèque, lorsque le porteur s'est acquitté de ses obligations.

Le tireur seul demeure tenu, jusqu'à l'accomplissement de la prescription, qui est de six ans, lorsque le chèque n'a pas été présenté dans le « délai raisonnable » : son obligation elle-même s'éteint, en ce dernier cas, si le défaut de présentation lui cause un dommage, c'est-à-dire si le tiré vient à tomber en faillite.

Telles sont les principales règles auxquelles est soumis le fonctionnement du chèque, d'après la législation anglaise.

Il nous reste, toutefois, à étudier un important usage, d'après lequel les règles ordinaires se trouvent modifiées quant à la présentation du chèque, en ce sens que ce n'est plus au domicile du tiré qu'elle s'opère, mais en un lieu spécial, convenu d'accord commun entre les banquiers. Ce lieu de présentation n'est autre que le *Clearing-House* ou « Maison de liquidation ». Le nom seul indique lui-même que le but véritable de cette création, n'est point seulement de faciliter la présentation des titres, mais encore et surtout d'éviter d'inutiles déplacements de numéraire, à l'aide de compensations opérées entre les divers banquiers réunis en commun. L'examen du mécanisme de cette institution aussi simple qu'heureux, suffira pour en mettre en lumière les merveilleux avantages.

En 1780, les banquiers de *Lombard-street* se concertèrent

pour établir une « chambre de liquidation » où ils pussent compenser entre eux, tous effets de commerce provenant de leurs clients, et spécialement les chèques. Par un facile et rapide échange, ils devaient à la fois éviter des courses inutiles à leurs employés, et, surtout, supprimer presque entièrement le mouvement du numéraire. L'annulation réciproque de deux chèques dont l'un est entre les mains de A et tiré sur B, l'autre entre les mains de B et tiré sur A, dispense ces deux maisons d'envoyer les effets l'une chez l'autre, et de débourser la même somme chacune de leur côté. Si B est porteur de deux chèques sur A, il se retourne vers C, lequel est tenu envers A, à raison d'un autre chèque, de sorte qu'entre B et C s'opérera une compensation qui libérera en même temps A, et ainsi de suite.

Rien n'est plus simple que l'idée, pourtant si féconde, des banquiers de Lombard-street. Aussi a-t-on vu peu à peu le *Clearing-House* se développer et s'étendre. Le 8 juin 1854, il ouvrait sa porte aux *Joint-Stock-Banks*. Enfin, la Banque d'Angleterre n'a pas dédaigné d'y entrer à son tour, le 19 avril 1864.

Examinons de plus près le fonctionnement de cette admirable institution.

Le *Clearing-House* n'est autre chose qu'une vaste chambre où se trouvent disposés autant de tiroirs (*drawers*) que l'institution comprend de banquiers admis à y apporter leurs effets. Deux fois par jour, le matin à 9 heures et le soir à trois heures et demie, un commis de chacune des banques se présente, apportant les effets payables sur les autres maisons et qui ont été remis depuis le dernier *clearing* ; il les dépose respectivement dans les tiroirs affectés aux banquiers sur qui les effets sont tirés ; puis, il porte au crédit de chaque compte le montant des effets qu'à son tour il a trouvés placés dans son propre tiroir. C'est alors que les commis font entre eux la balance des divers comptes jusqu'à ce que, à l'aide de compensations réciproques et de mutuels virements, chacun n'ait plus que quelques sommes minimes à acquitter envers deux ou trois maisons seulement, pour solde. Même arrivés là, les banquiers admis au *clearing* ne sont pas obligés de débourser du numéraire, pour parfaire leurs opérations : La direction de l'établissement se charge de tirer pour le montant des soldes, des *billets de transferts*, qui eux-mêmes sont de véritables chèques, sur la banque d'Angleterre, où chaque maison a un compte courant (1).

De telle sorte que le réglement des effets de commerce se trouve accompli, sans qu'un seul shilling ait été employé dans ce but. Et c'est ainsi, en grande partie, que l'Angleterre, avec un capital cinq fois moindre que la France, peut entreprendre et mener à bonne fin des affaires pour un chiffre deux fois plus élevé. « En 1873, les opérations du *Clearing-House* de Londres ont atteint le chiffre de 150 milliards de francs. A une époque des plus malheureuses, le 20 novembre 1878, dans cette seule journée, on a fait pour 30 millions de livres sterling de compensations, c'est-à-dire pour 750 millions de francs. Voilà pour Londres. A Manchester, se trouve un autre *Clearing-House*, où toutess les semaines se font 35, 40, 50 millions d'opérations d'échanges ; de même, à Liverpool (2). » Et tout

_______________

(1) *Voy*. Grant. *Law of Bankers*, p. 63. — *Aj*. Le Mercier, *Des chèques*, Douai, 1874. p. 23 et suivantes.

(2) *Discours* de M. Pouyer-Quertier au Sénat, 19 décembre 1878.

cela, sans déplacer une seule pièce d'argent monnayé ni un seul billet de banque. C'est, par conséquent, une économie non pas seulement de numéraire, mais encore de monnaie fiduciaire, qui est ainsi réalisée dans des proportions vraiment colossales. Quelle facilité pour les affaires ! Quelles avenues ouvertes aux transactions commerciales !

On voit comment le chèque devient ainsi une monnaie, pour ainsi dire parfaite, auprès de laquelle le billet de banque lui-même n'est plus rien ou presque rien.

Ce ne sont pas seulement, du reste, les banquiers des grandes villes qui jouissent du bénéfice de la présentation par l'intermédiaire d'un *Clearing-House*. Il existe une « maison de liquidation » pour la « province ». Entre les deux *clearings* de Londres, se tient le *Country-Clearing*, intermédiaire, plus avantageux que jamais, pour la présentation.

Voici comment les choses se passent en pareil cas :

Un banquier de Falmouth reçoit de son client un chèque tiré sur un banquier de Lutterworth. Il adresse, par la poste, ce chèque à son agent à Londres. Celui-ci porte l'effet au *Country-Clearing*, et le remet à l'agent du banquier de Lutterworth, dont le nom se trouve imprimé sur le chèque. Ce dernier agent n'en crédite point le premier immédiatement, comme il ferait d'un chèque payable à Londres ; mais il envoie à Lutterworth l'effet, qui revient avec l'ordre d'en débiter le tiré. C'est alors que l'agent du banquier de Lutterworth paie l'agent de celui de Falmouth, en lui remettant une traite. Au chèque tiré sur la province, est de la sorte substitué un effet sur Londres. Non seulement le *Country-Clearing* a facilité la présentation de l'effet ; il en a encore, en le transformant, procuré l'acquittement par compensation.

Pour expédier par la poste, avec sécurité, un chèque au *Country-Clearing* le porteur a le soin de le *croiser*. Un chèque est dit *croisé (crossed)*, lorsqu'il porte écrit *au travers (across)* le nom d'un banquier, ou tout au moins la formule *et $C^{ie}$ (and. Co)*. Grâce à cette ingénieuse précaution, l'effet ne peut plus être payé à une personne autre que le banquier désigné, s'il en est un d'expressément dénommé, ou, tout au moins, qu'un banquier quelconque offrant encore la garantie d'une maison constituée. Si, en conséquence, le chèque confié à la poste venait à être perdu ou volé, le porteur illégitime se verrait en présence de grandes difficultés et même d'une impossibilité absolue lorsqu'il essaierait d'en obtenir le paiement.

L'avantage de ce système est d'abord d'éviter un endossement, qui pourrait prêter à l'équivoque sur le point de savoir si le banquier porteur est propriétaire du titre ou au contraire simple mandataire pour obtenir le paiement. On peut, en outre, grâce au chèque croisé, désigner un banquier quelconque, garantie suffisante et dont l'étendue offre des avantages qu'un endossement ne saurait procurer.

La première origine de cette sage pratique doit être reportée au *Clearing-House*.

Dans les banques admises au *clearing,* on avait bientôt pris l'habitude de désigner, par une note écrite au travers des chèques, le nom des commis chargés d'en régler la liquidation. Tel était le moyen très simple auquel on avait recours pour confier un simple mandat à l'employé auquel le chèque était remis, sans qu'on pût ni ne voulût cependant lui en abandonner la propriété. C'est à l'exemple de cet usage que les banquiers de province, exposés à des risques plus grands encore, puisqu'ils sont obligés de confier leurs chèques à la poste, ont pris l'habitude de les *croiser*.

Avant qu'une réglementation législative n'intervînt, la pratique était livrée à d'assez grandes divergences à ce sujet. On admettait que le *nom* du banquier pouvait être *effacé* et remplacé par un autre, à chaque négociation. Et en effet, disait-on, comment une énonciation étrangère au chèque proprement dit, destinée simplement à en déterminer le mode de paiement, pourrait-elle porter atteinte à la liberté des négociations dont l'effet peut être l'objet ? La seule conséquence de l'insertion du nom d'un banquier ou de la formule *et C$^{ie}$*, sera dé constituer le tiré en faute s'il paie légèrement à un porteur illégitime. Que si, en pareil cas, un tiers *de bonne foi* a reçu le chèque et en a compté la valeur, il aura droit à son remboursement : La négociation a été en effet régulière et légale.

C'est en présence de cette situation, qu'un *act* (19 et 20 Vict. c. 25), a décidé législativement que le chèque croisé ne serait payable qu'à tel banquier, s'il en était désigné un nommément, ou tout au moins à un banquier, dans le cas où la formule *et C$^{ie}$* aurait seule été inscrite.

Dès lors, les tiers sont solennellement avertis qu'en pareil cas, l'intermédiaire d'un banquier est nécessaire pour la remise de la valeur du chèque : Le particulier qui aurait accepté la négociation du titre, bien qu'il en eût payé le prix, cesse de bénéficier de sa bonne foi.

Cependant, la loi se trouvait en réalité dépourvue de sanction. La jurisprudence admit, en effet, que le tiré payait régulièrement lorsqu'il se trouvait en face d'un chèque non croisé, alors même que le porteur aurait par fraude effacé le nom du banquier désigné. Impossible de tenir pour un *faux,* une altération portant sur une partie additionnelle et non substantielle de l'effet. Le législateur ne pouvait laisser sa pensée incomplète, et souffrir qu'elle fût à ce point dénaturée dans la pratique. Une disposition additionnelle (21 et 22 Vict. c. 79, s. 1) a déclaré expressément que les énonciations du chèque croisé devaient être tenues pour une partie intégrante du chèque lui-même ; que par conséquent elles ne pourraient sous peine de faux, subir aucune oblitération, addition ou altération. Toutefois; lorsque l'expression *et $C^{\text{ie}}$* se trouverait seule écrite, il resterait loisible à tout porteur de remplir le blanc et d'indiquer le nom d'un banquier : Il serait, en un mot, aussi bien permis de compléter l'énonciation que de la créer originairement.

Cet usage du chèque croisé, ainsi fixé par la législation, s'ajoute heureusement à l'ensemble du droit anglais concernant le merveilleux instrument de paiement et de liquidation qui a prêté, chez nos voisins, un si puissant secours non seulement aux transactions commerciales, mais encore aux affaires du peuple entier.

En terminant cette étude, particulièrement consacrée au droit du pays qui a vu naître le chèque, il est juste de constater les divergences qui peuvent exister entre les principes qui viennent d'être passés en revue et ceux qui ont pu être adoptés par les autres législations étrangères.

Il est surtout un point qui mérite notre attention.

La règle d'après laquelle tout chèque doit être créé *à vue,* a été adoptée sans conteste par les grandes nations commerçantes de l'Europe, y compris la Hollande (1), par les États-Unis (2), et le Canada (3). Pourtant, la règle contraire a prévalu en Espagne (4), en Portugal (5), et dans l'Amérique-Méridionale (6).

Nous examinerons plus loin la valeur de ce système législatif, qui ne diffère pas seulement du droit anglo-américain, mais se trouve aussi, comme on va le voir, en désaccord avec la loi française.

(1) Code hollandais, art. 222 ; *ajoutez* Malte, **art. 245.**

(2) A l'exception seulement de l'État de New-York (*Statuts*. Partie II. chap. 416, sect. 2).

(3) Code du Bas-Canada, art. 2350.

(4) Code espagnol, art. 559.

(5) Code portugais, art. 111.

(6) Bolivie, art. 4651 ; — Chili, art. 773 ; — Colombie, art. 413 ; — Pérou, art. 818 ; etc.

# CHAPITRE III

## DU CHÈQUE EN FRANCE

Lois des 23 mai 1865 et 19 février 1874 ; — le chèque peut être tiré sur toute personne ; discussion engagée à ce sujet, en 1874. — Définition légale du chèque. — Conditions essentielles ; — formalités destinées à constater le paiement ; — sanctions civiles et pénales. — Garantie solidaire ; protêt. — Provision ; — créance exigible ; — fonds disponibles ; — propriété de la provision.

Encore bien éloigné de la faveur qui l'entoure en Angleterre, le chèque parvient cependant peu à peu à s'acclimater dans notre pays. La France a même son *Clearing-House* à Paris : Bien que les compensations ne s'y opèrent encore qu'entre neuf ou dix banquiers, on a pu constater pour l'année 1877, un chiffre de cinq milliards et demi d'échanges. Et voici qu'il en est de même dans d'autres grandes villes (1).

Deux lois, en date des 23 mai 1865 et 19 février 1874, ont réglementé le chèque.

Pour favoriser l'emploi du nouvel instrument qu'elle

(1) *Discours* de M. Pouyer-Quertier au Sénat, 19 décembre 1878.

était venue soumettre à la forme définitive du mandat, la loi de 1865 avait exempté le chèque de tout droit de timbre pendant dix ans (Art. 7).

Contrairement à cet engagement pris vis-à-vis du public, le législateur se vit obligé, en 1871, de recourir à une taxe de 0 fr. 10, égale à celle qui venait de frapper le chèque anglais (L. du 25 août 1871, art. 18).

Enfin, la loi de 1874 établit d'une manière définitive, le droit de timbre auquel devait être soumis le chèque. Une distinction fut observée entre les chèques sur un même lieu, et ceux tirés sur une autre place. Les premiers demeurèrent assujettis à la taxe de 0 fr. 10, tandis que, pour les seconds, le chiffre en fut élevé à 0 fr. 20. — Divers projets et notamment celui du gouvernement, avaient proposé des droits beaucoup plus lourds, et jusqu'au timbre proportionnel. D'autre part, la loi de 1874 avait eu pour but de protéger les droits du trésor, à l'aide de précautions spéciales, destinées à éviter que le chèque ne se substituât à la lettre de change frappée de droits de timbre élevés. En 1878, une disposition du projet de loi budgétaire ayant de nouveau proposé d'assimiler, au point de vue du droit de timbre, le chèque de *place en place* à la lettre de change, le ministre des finances a annoncé la présentation prochaine d'un « projet de loi spécial permettant de prendre une résolution sur la définition du chèque, sur la nature des chèques qui doivent être assimilés aux lettres de change, sur les caractères de ceux qui doivent être par exception soustraits à cette assimilation (1). »

_______________

(1) Chambre des députés, 21 septembre 1878.

La discussion avait été, en 1874, très approfondie. On avait étudié à nouveau le caractère et le rôle du chèque. L'attention de l'assemblée fut appelée notamment sur un point capital, celui de savoir si, à l'exemple de l'Angleterre, il ne serait pas sage de décider que le chèque devrait être tiré exclusivement sur des banquiers.

Un amendement dans ce sens fut présenté par deux banquiers, MM. de Soubeyran et Achille Adam.

Les motifs émis à l'appui de leur proposition (1) étaient ceux-ci : La concentration des fonds de caisse restés improductifs, a été et devait être l'objectif principal du législateur ; or, en fait, le chèque sous l'empire de la loi de 1865, a surtout servi au recouvrement du prix des marchandises vendues au comptant ; il s'est ainsi substitué à la lettre de change et n'a offert d'autre résultat qu'une atteinte aux droits du trésor. Voilà le mal auquel l'intermédiaire obligatoire du banquier saurait seul porter remède.

On répondit à cet argument par diverses considérations. Et d'abord, dit-on, ce ne saurait être que la lettre de change *à vue* dont le nombre fléchirait par la concurrence du chèque. Or, dans cette limite même, le préjudice ne peut atteindre les proportions qu'on paraît redouter. Le Commissaire du Gouvernement déclarait en 1865 que, d'après les calculs auxquels on s'était livré, la diminution du nombre des lettres de change à vue entraînerait pour le trésor une perte de 200 mille francs seulement. Et en effet, ajoutait-on, « on ne se sert de la lettre à vue que pour les soldes minimes, sans quoi le

---

(1) *Discours* de M. Adam. Séance du 11 février.

timbre proportionnel serait trop cher! *Ce serait insensé!* Car (on ne doit pas songer) à payer un timbre qui constitue un intérêt énorme pour une valeur qui doit être payée à vue : En pareil cas, on envoie les fonds ou des valeurs (1) » ; autant vaut, en conséquence, que l'on recoure au chèque. Au surplus, convient-il de se plaindre que l'on élude les mesures fiscales imposées à la lettre de change à vue et d'invoquer à cet égard l'exemple de l'Angleterre, alors que dans ce dernier pays le timbre dont est revêtue la lettre à vue est le même que celui applicable au chèque !

Enfin, une considération d'une portée plus haute était invoquée. « Jusqu'ici, remarquait M. Pouyer-Quertier, les commerçants et les industriels de notre pays n'ont pas l'habitude de déposer leur argent chez les banquiers : En France, il existe à la campagne 27 à 28 millions d'habitants, tandis qu'en Angleterre, il n'y en a que de 3 à 4 millions, le reste étant concentré dans les grandes villes des provinces. En Angleterre, on n'a pas de caissier, et quand on veut payer, on fait un chèque sur son banquier. En France, on met son argent *chez les notaires, chez les avoués,* etc., et quand on a besoin de fonds, on tire sur eux... (2) »

Tels sont les motifs à raison desquels le système anglais n'a pas été adopté. Nous examinerons plus loin (3) quel est le meilleur système en législation, et si, dans tous les cas, la loi française n'a pas été inspirée par un esprit de sagesse et de prudence, eu égard à l'état présent des

(1) *Discours* de M. Pouyer-Quertier. Séance du 11 février.

(2) Séance du 13 février.

(3) Chapitre IV.

mœurs commerciales. Nous apprécierons, en même temps, le rôle attribué par M. Pouyer-Quertier aux officiers publics désignés dans son exposition.

Il nous suffira, quant à présent, d'avoir fait connaître dans quelles circonstances et par quels motifs le législateur français a maintenu la règle d'après laquelle le chèque peut être tiré sur toute personne. Cette question d'une si haute importance au point de vue des dépôts et de la circulation, n'est pas non plus sans influence sur les règles intrinsèques, pour ainsi dire, qu'appelle le fonctionnement du chèque. Dans la rapide analyse qui va suivre, des lois du 23 mai 1865 et du 19 février 1874, combinées ensemble et complétées l'une par l'autre, on reconnaîtra l'importance pratique de la question soulevée en dernier lieu par MM. Adam et de Soubeyran, notamment en ce qui concerne la disponibilité des fonds.

Il est intéressant de rapporter textuellement la définition du chèque, qui se trouve inscrite dans l'article premier de la loi de 1865 :

« Le chèque est l'écrit qui, sous la forme d'un *mandat de paiement*, sert au tireur à effectuer le retrait, à son profit ou au profit d'un tiers, de tout ou partie des *fonds portés au crédit* de son compte et *disponibles...* »

On a critiqué cette définition comme inutile ou dangereuse (1). Il était pourtant nécessaire de déterminer la forme que devrait revêtir le chèque, pour participer aux avatanges que la loi créait en sa faveur. Il s'agissait avant tout d'écarter le titre sous forme de récépissé. Ce dernier est et sera sans doute l'instrument et la preuve d'une

_____
(1) V. M. Alauzet, *Des chèques.* no 14.

convention valable, mais, outre qu'il ne peut circuler que comme titre au porteur, on ne lui accordera pas les privilèges du chèque proprement dit. Nous reviendrons sur ce point, notamment en examinant la question relative à la propriété de la provision.

En France, le chèque se formule habituellement comme il suit :

« Paris, le —.          B. P. F.

» A vue, veuillez payer à notre ordre (ou bien : à M. un tel ou à son ordre, ou bien : au porteur), la somme de —, dont vous débiterez notre compte.

» Paris le (*date en toutes lettres*).

» A M. —, demeurant à —.

» *Signature du tireur et adresse.* (1) »

Dans sa seconde partie, l'article premier prescrit les énonciations nécessaires pour la régularité du chèque.

« Il (le chèque) est *signé* par le tireur et porte la *date* du jour où il est tiré. — Il ne peut être tiré qu'*à vue.* — Il peut être souscrit *au porteur,* ou *au profit d'une personne dénommée.* — Il peut être souscrit à *ordre* et transmis même par voie d'endossement en blanc (2). »

---

(1) Lorsque les chèques sont tirés sur une banque de dépôt, il est fait remise au déposant de deux carnets : 1º Un *carnet de chèques* ou *chéquier*, contenant un certain nombre de formules imprimées à souche. Le tireur détache un de ces feuillets, le remplit et le donne en paiement : c'est le chèque ; 2º Un *carnet de compte*, où chaque opération est constatée et qui offre toujours la situation exacte du compte courant.

(2) « Le chèque, ajoute l'art. 3, peut être tiré d'un lieu sur un autre ou sur la même place. »

La loi du 19 juillet 1874 a complété ces dispositions, en énonçant, no-

Nous n'avons rien à dire de la *signature* qui ne peut s'entendre, en France, que dans la seule acception ordinaire et commune. En ce qui concerne la *date*, les prescriptions de la loi se rattachent étroitement à la règle qui veut que le chèque soit *à vue*.

S'il était possible de postdater le chèque, on arriverait ainsi à dénaturer cette valeur, telle que l'a comprise le législateur français, et, en même temps, à frustrer le trésor des droits à percevoir sur les lettres de change. Ce ne serait plus seulement la lettre à vue, mais en réalité la lettre à échéance fixe, à laquelle le chèque viendrait se substituer.

Aussi, la loi dans son article 6 avait-elle prévu et puni d'une forte amende l'omission de la date ou l'insertion d'une date fausse (1).

Mais, l'expérience démontra que ce n'était pas assez. La fraude, toujours ingénieuse, découvrit plusieurs moyens de transformer le chèque en une valeur à terme, et de frustrer ainsi le fisc. Les uns joignaient au titre des *fiches* destinées à prévenir les porteurs qu'il était *convenu* que le paiement ne devrait être exigé qu'à telle date, postérieure à celle portée sur le chèque. Les autres altéraient les chiffres, par exemple en *ajoutant* un 2 devant le chiffre 9, afin de reculer de vingt jours l'échéance (2).

tamment, que le chèque doit « indiquer *le lieu* d'où il est émis » : Cette énonciation a pour but de permettre la perception du timbre double (0, 20) dans le cas d'un chèque de place en place.

(1) « Le tireur qui émet un chèque sans date, ou qui le revêt d'une fausse date, est passible d'une amende égale à *six pour cent* de la somme pour laquelle le chèque est tiré. »

(2) *Discours* de M. Mathieu-Bodet, séance du 18 février.

On dut exiger la *date en toutes lettres*, puis élever l'amende, et en étendre la responsabilité au delà du tireur, c'est-à-dire jusqu'au porteur et au tiré (1).

L'article 6 de la loi de 1874 frappe aussi de la même amende, « celui qui revêt un chèque d'une *fausse énonciation* du lieu où il est tiré. »

Ce n'est pas tout. Des formalités destinées à constater le paiement du chèque, sont déterminées par la même loi : « Art. 5. Le chèque même au porteur, est acquitté par celui qui le touche ; l'acquit est daté. — » « Art. 7. Celui qui

(1) « Art. 5. — La date du jour où il (le chèque) est émis est inscrite *en toutes lettres, de la main* de celui qui a écrit le chèque. — Toutes stipulations entre le tireur, le bénéficiaire ou le tiré, ayant pour objet de rendre le chèque payable autrement qu'à vue et à première réquisition, sont nulles de plein droit. »

C'est au quantième du mois et non point à l'année que s'applique cette prescription rigoureuse. Ce point a été établi dans la discussion. Le dernier paragraphe de cet article a pour but de prohiber des conventions particulières usitées entre la plupart des banques de dépôt, et aux termes desquelles le paiement du chèque était subordonné à un *visa* ou tout au moins à un *avis* préalable, antérieur d'un, de deux jours ou même davantage.

L'article 6 frappe d' « une amende de six pour cent de la somme pour laquelle le chèque est tiré *sans que cette somme puisse être inférieure à cent francs,* le tireur qui émet un chèque sans date, ou non daté en toutes lettres, s'il s'agit d'un chèque de place à place ; celui qui revêt un chèque d'une fausse date ». L'article ajoute que :

« La même amende est due personnellement et sans recours par le *premier endosseur* ou *le porteur* d'un chèque sans date ou non daté en toutes lettres s'il est tiré de place à place, ou portant une date postérieure à l'époque à laquelle il est endossé ou présenté » ; ainsi que par celui qui paie, ou reçoit en compensation un chèque sans date ou irrégulièrement daté, ou présenté à l'échéance avant la date de l'émission.

Il demeure entendu, qu'outre ces amendes, applicables même contre les personnes de bonne foi, il pourrait y avoir lieu, en certains cas, à des poursuites en escroquerie.

paie un chèque sans exiger qu'il soit acquitté, est passible personnellement et sans recours d'une amende de cinquante francs. »

Sans doute, la remise du titre vaut quittance. Toutefois, il est prudent de la part du tiré, d'exiger un acquit exprès : Aussi avons-nous vu en Angleterre que le porteur était dans l'usage d'apposer sa signature au dos du titre, au moment où il en recevait le paiement. Mais ce n'était pas encore assez : Le législateur français a voulu que cet acquit fût *daté,* afin de procurer un moyen de contrôle en faveur de l'exacte application du délai accordé pour la présentation du chèque.

Ce délai est fixé par la loi du 14 juin 1865, dans son article 5, ainsi conçu :

« Le porteur d'un chèque doit en réclamer le paiement dans les cinq jours, y compris le jour de la date, si le chèque est tiré de la place sur laquelle il est payable, et dans le délai de huit jours, y compris le jour de la date, s'il est tiré d'un autre lieu. » Et le texte ajoute, à titre de sanction :

« Le porteur d'un chèque qui n'en réclame pas le paiement dans les délais ci-dessus, perd son recours contre les endosseurs ; il perd aussi son recours « contre le tireur, si la provision a péri par le fait du tiré après les dits délais ».

Nous n'insisterons pas sur ces règles qui s'expliquent d'elles-mêmes. Les motifs qui ont guidé les rédacteurs de la loi sont suffisamment connus : On considère comme étant de la nature du chèque, sinon de son essence, non seulement que la valeur soit payable à vue, mais encore que le délai de présentation soit renfermé dans d'étroites limites ; cela, parce que le chèque est un instrument de paiement et non de crédit. On ne peut se dissimuler, au surplus, que l'intérêt du trésor, menacé par le chèque, au cas où ce titre pourrait se substituer à la lettre de change, n'ait exercé une influence capitale, sinon décisive, sur l'esprit du législateur.

La loi de 1865 a pris soin de décider (art. 4) que « les dispositions du Code de commerce relatives à la *garantie solidaire* du tireur et des endosseurs, au protêt et à l'exercice de l'action en garantie en matière de lettre de change, sont applicables aux chèques. »

Cette disposition, analogue à celle qui se trouve contenue dans l'art. 187 du Code de commerce touchant le billet à ordre, est inspirée par le même esprit de sage précaution. On eût dû sans doute, dans le silence de la loi, appliquer à l'effet de commerce qui nous occupe, les règles édictées au sujet de la lettre de change, auxquelles le législateur n'a pas dérogé : Toutefois, et nous en verrons nous-mêmes une preuve dans le cours de ce travail en étudiant la matière trop peu réglementée des *valeurs en marchandises,* les lois complètes, claires et précises, constituent pour les affaires (nous devrions dire pour les sociétés mêmes) un inestimable bienfait.

Il nous reste à étudier l'élément extrinsèque et pourtant essentiel du chèque, la provision.

L'art. 2 de la loi du 17 juin 1865 dispose expressément : « Le chèque ne peut être tiré que sur un tiers ayant provision préalable ».

La loi du 19 février 1874, sanctionnant cette prescription, décide (art. 6) que l'amende édictée au sujet du chèque sans date, sera applicable à « celui qui émet un chèque sans *provision préalable et disponible,* sans préjudice des peines correctionnelles s'il y a lieu ».

La provision doit, en effet, être préalable et disponible. Dans quels cas y a-t-il provision ? Cette question capitale avait été élucidée au cours de la discussion de la loi de 1865. Il est nécessaire de dégager ces importantes solutions, pour se rendre un compte exact du rôle attribué au chèque par le législateur français : C'est à ce prix que nous connaîtrons avec précision les limites dans lesquelles il se meut, et les besoins auxquels il est appelé à satisfaire.

La provision consiste soit dans une somme déposée, soit en une créance exigible. Il n'y a pas de difficulté en ce qui concerne les sommes mises en dépôt, et au sujet desquelles les établissements financiers qui les ont reçues ouvrent un *compte courant* au déposant.

C'est dans le cas d'une créance exigible, que diverses questions se posent, et demandent une solution précise.

A ne consulter que le texte légal (art. 1er de la loi du 14 juin 1865), aux termes duquel le chèque « sert au tireur à effectuer le retrait de tout ou partie des fonds *portés au crédit de son compte et disponibles* », il semble qu'il faille « un compte ouvert et une écriture passée, ce qui suppose une opération faite entre commerçants ». Telle fut aussi bien l'observation présentée par un député (M. Morin de la Drôme). Le commissaire du gouvernement et le rapporteur écartèrent à l'envi cette interprétation, que le texte a peut-être eu le tort d'autoriser.

Un point plus délicat est de savoir ce qu'il faut entendre par l'expression *fonds disponibles*.

Un député (M. Gressier) fit sentir le péril qui pouvait résulter de ces termes si généraux. « Qu'est-ce, dans la langue du droit, qu'une somme disponible ? C'est une

somme qui, due en vertu d'une dette reconnue, est actuellement exigible. Il ne faut pas permettre, ajoutait-il,
que chacun de nous tombe en cette situation de pouvoir
être sous le coup d'un chèque, et par suite, d'un protêt. »
Il en serait ainsi pourtant, si chaque « fournisseur » pouvait créer des chèques à volonté, sous prétexte que ses
créances sont exigibles. En présence de ces menaces, on
demanda que la loi exigeât formellement une *convention
préalable*. Cette proposition ne fut pas accueillie, mais
la discussion, et notamment les déclarations du commissaire du gouvernement et du rapporteur, établirent que
cette « convention préalable » était « de droit », et était
nécessairement supposée par le législateur. « Quand est-
ce que les fonds sont disponibles ? Quand j'ai été avisé que
les fonds sont à ma disposition. Qu'est-ce que cet avis ?
C'est évidemment une convention qui s'établit entre le
tiré et le tireur. » (M. Darimon, rapporteur.)

Et, en effet, il faut ici se référer au cas le plus habituel,
du moins dans l'esprit de la loi, celui où la provision se
compose de fonds *déposés*. Dans cette hypothèse, un
*compte* est ouvert au déposant avec faculté d'opérer le
retrait des sommes à l'aide de chèques. Il en doit être de
même dans tous les cas. Pour qu'un chèque puisse être
régulièrement tiré, il faut que le débiteur ait mis ses
fonds « à la disposition » du créancier : c'est au point de
vue des chèques à créer, et à titre de provision, que la
loi exige des fonds *disponibles*. Cette expression emprunte
aux règles générales applicables au chèque, une portée
qui dépasse les limites du droit commun. Il s'agit de la
disponibilité effective, matérielle, réelle enfin, d'une
somme et non de la simple exigibilité de la dette.

Nous ne saurions passer sous silence la question si importante de *la propriété de la provision*.

Pas plus pour le chèque que pour la lettre de change, la loi n'a réglé ce point délicat.

En 1865, on avait demandé qu'un texte exprès intervînt (1). Mais cette proposition n'eut pas de suite. La loi ne saurait, que difficilement, statuer sur une question nécessairement complexe.

Au sujet des chèques, aussi bien d'ailleurs qu'en matière de lettre de change, il y a lieu d'admettre que la provision est la propriété du porteur, lorsqu'il y a eu *affectation spéciale* des fonds à l'acquittement du titre.

La provision consiste-t-elle en des fonds déposés? — Pas de doute : La propriété de ces fonds a été transférée en même temps que le papier lui-même. La provision résulte-t-elle d'une dette antérieure? Ici, au contraire, la propriété des fonds n'aura pu passer sur la tête du porteur, qu'autant que le tiré les aura frappés d'une « affectation » spéciale : c'est-à-dire s'il a *mis de côté* des fonds destinés au paiement du chèque (2).

La jurisprudence dont nous connaissons les solutions affirmatives en ce qui touche la propriété de la provision en matière de lettre de change, paraît consacrer la même doctrine en ce qui touche le chèque.

Une décision judiciaire intervenue dès 1867 (3), statuant sur un *récépissé*, déclarait qu'après la loi qui venait d'être promulguée, une pareille valeur « n'était plus un

_______________

(1) Proposition de M. E. Ollivier.

(2) *Cf* M. Nouguier. *Des chèques,* n° 67, 77 et 78 ; Bédarride, etc.

(3) Nantes, 6 juillet 1867. *J. du Palais,* 1867, p. 1244.

chèque » : Or, la conclusion tirée de cette affirmation préalable, a été que « la remise du récépissé ne transférait point immédiatement la propriété de la somme ». — En 1876, le tribunal de la Seine avait à examiner, de son côté, la nature véritable des *mandats blancs* de la Banque de France, et à rechercher si ces titres ne constituaient pas en réalité des *chèques*. Le tribunal a décidé que : « Les mandats de paiement dits *blancs,* délivrés par le titulaire du compte, *ne peuvent être assimilés à des chèques*, comme constituant un titre transmissible par voie d'endossement et transférant au porteur un droit de propriété de tout ou partie de la provision (1). »

Cette doctrine a cependant rencontré des contradicteurs parmi ceux-là mêmes qui décident en faveur du porteur, en matière de lettre de change.

Au cas d'une lettre de change, dit-on, la situation n'est pas la même. « Le preneur a droit à autre chose qu'au simple engagement du tireur », spécialement à *l'acceptation*. Or, le chèque est un titre non acceptable (2).

Mais, répondrons-nous, pourquoi le chèque n'est-il pas susceptible d'acceptation ? Pour deux motifs : D'abord et en fait, parce que c'est une valeur payable à présentation ; ensuite et en droit, parce qu'il suppose une *provision préalable*. L'argument *à contrario* qu'on essayait de nous opposer, doit se transformer en un argument *à fortiori*. Plus que tout autre porteur, le porteur d'un chèque « a droit à autre chose qu'au simple engagement du tireur » :

_____

(1) Audiences des 26 janvier et 2 février 1876. (1re chambre). (Extrait du journal le *Droit*).

(2) Alauzet, *Comment. de la loi de* 1865, n° 42.

Il a eu, dès le début, dès le jour où le chèque a été créé, le droit absolu de compter sur une provision, non pas seulement future, mais actuelle, mais préalable. Le droit sur la provision est donc acquis au porteur, sous la seule réserve qu'elle sera suffisamment spécifiée, que son affectation sera assez déterminée, pour qu'elle puisse être considérée comme un corps certain.

C'est surtout grâce à la doctrine qui fait passer la propriété de la provision sur la tête du porteur, que l'on peut dire avec vérité cette parole qui caractérise si bien notre titre : Le chèque c'est de l'argent.

# CHAPITRE IV

EXAMEN CRITIQUE DES LÉGISLATIONS COMPARÉES SUR LE CHÈQUE

Si le chèque doit être exclusivement créé à vue : M. Vidari ; — *projet italien ; — projet suisse ;* — conclusion dans le sens de l'affirmative. — Imperfections de la législation anglaise : délais « raisonnables » pour présenter le chèque, — pour faire la provision ; — pénalité arbitraire, pour défaut de provision. — Législation française : critiques dirigées contre elle ; — sa supériorité. — Si le chèque doit être exclusivement tiré sur un banquier : — Solution affirmative, au point de vue des principes ; — négative, dans l'état présent de nos mœurs commerciales. — Progrès du chèque en France.

Nous avons à revenir sur l'ensemble des législations française et étrangères, et spécialement à examiner de près la question de savoir s'il est profitable ou désavantageux, au point de vue des principes économiques, d'attribuer exclusivement aux banquiers le rôle de tiré.

Mais, avant de toucher ce point, il convient de revenir sur une discordance qui existe entre le droit, tel que nous l'avons rencontré en France, en Angleterre, aux États-Unis, et celui qu'offrent différents autres pays, Espagne, Portugal, Amérique méridionale, en ce qui touche ce point : le chèque doit-il être *à vue ?*

La négative est, d'ailleurs, soutenue en principe, par un excellent auteur, M. Vidari (1) : Elle mérite donc doublement de retenir notre examen.

Le *Projet* de réforme du Code italien est, pourtant, resté fidèle au système anglo-français. La commission s'est appuyée surtout sur un intérêt fiscal, en ce que le chèque à échéance fixe se substituerait nécessairement à la lettre de change, et cesserait de mériter les exemptions ou diminutions d'impôts appelées à le favoriser. On ne peut se dissimuler que cette préoccupation ne soit restée aussi constamment présente à l'esprit du législateur français. M. Vidari s'élève avec énergie, au nom de la science, contre cette « subordination du droit aux finances ! » On ne peut, cependant, sous prétexte d'accroître la richesse d'un pays, porter atteinte à l'équilibre de ses finances. Le législateur pose ce dilemme : Ou nous nous verrons dans l'impossibilité de favoriser le chèque par une exemption d'impôt, ou nous recourrons aux mesures nécessaires pour éviter qu'il ne prenne la place de valeurs très productives pour le trésor. — Aime-t-on mieux qu'on applique au chèque les mêmes taxes ? Ce serait l'étouffer à sa naissance.

En effet, la question n'est point réduite à devenir un jeu entre les mains des hommes d'État en quête de ressources financières. Pourquoi le chèque ne peut-il supporter les taxes que subit la lettre de change ? C'est qu'apparemment son rôle essentiel est tout différent. Est-il donc si injuste et si arbitraire de maintenir dans son rôle propre, ce puissant instrument de liquidation ?

Le projet italien va déjà bien loin en accordant pour la

_______

(1) *Studii sul Progetto per la riforma del codice di commercio,* p. 387.

présentation, un délai de *dix* et *vingt* jours. On sait qu'en
Angleterre, « le temps raisonnable » ne dépasse guère
24 heures. Pourtant, M. Vidari est loin de se montrer satisfait
de la concession à laquelle les rédacteurs italiens sont descendus. Il demande à quoi sert, en présence de délais trop
courts, la faculté de transmettre le chèque par voie d'endossement : Cette faculté n'est qu'un leurre en présence d'une
mise en pratique impossible. On oublie trop que le chèque
n'est pas seulement un moyen de paiement et de liquidation,
mais aussi un instrument de circulation. On cherche des
différences entre le chèque et la lettre de change, là où il
n'y en a point. La vraie, la seule différence entre ces deux
titres, réside dans la provision préalable que le chèque
est seul à exiger.

Ce raisonnement lui-même laisse apercevoir quel est le
véritable caractère du chèque. Pourquoi une provision
préalable ? Parce que le chèque est essentiellement un
moyen de paiement, et, par suite, de liquidation. C'est là
le fond des choses que les raisonnements seraient impuis-
sants à changer.

Un autre *Projet* de Code commercial, celui de la Suisse,
ose suivre la voie ouverte par l'Espagne, le Portugal, l'A-
mérique méridionale. Les rédacteurs de ce projet ne con-
sidèrent pas comme étant de l'essence du chèque, que ce
titre soit créé à vue. Chose remarquable pourtant, le projet
suisse rattache encore cette règle à la *nature* du chèque :
Au cas où le tireur a omis de fixer une échéance, le chèque
est *présumé* tiré *à vue*. C'est là, en quelque sorte un aveu,
précieux à recueillir.

Concluons donc en faveur du système anglo-français. Le
chèque doit être à vue, parce qu'il est un moyen de paiement.

Sur ce point et tant d'autres, où les législations anglaise et française sont à peu de choses près d'accord, il reste néanmoins d'intéressantes observations critiques à présenter.

L'Angleterre n'a pas laissé longtemps le chèque fonctionner chez elle, sans le réglementer. Nous avons analysé ou cité un grand nombre d'actes législatifs édictés à ce sujet, sans néanmoins les relever tous.

Et pourtant, quelle législation défectueuse !

Le délai accordé au porteur pour la présentation du chèque, quel est-il ? « Un temps raisonnable » (*a reasonable time*), apprécié par le juge selon les circonstances ! Il s'agit de sauvegarder la responsabilité du tireur, des endosseurs successifs ; il s'agit d'établir des déchéances : Un jour, une heure de retard suffit à compromettre les intérêts de l'une des parties. N'importe : lorsqu'on veut savoir si le porteur a fait preuve de négligence, on examine les circonstances, en dehors même de la force majeure ; on lui impartit un laps de temps « raisonnable » !

A quelles conditions le porteur sera-t-il, faute de provision à l'échéance, considéré comme dispensé de la signification du non-paiement (*notice of dishonour*) ? Lorsqu'un laps de temps « raisonnable » (*reasonable time*) se sera écoulé sans que la provision soit opérée : Et encore faut-il apprécier les circonstances et mettre à part le cas du propriétaire (*landlord*) qui a pu compter sur la remise de la rente entre les mains du banquier par ses fermiers.

Dans quel cas le banquier tiré peut-il refuser le paiement, quoique nanti des fonds au moment même où le titre est présenté ? Lorsque la remise des fonds n'aura pas précédé la présentation pendant un délai « raisonnable » (*a reasonable time*). Toujours des déchéances et des recours soumis à l'appréciation du juge et aux hasards des circonstances.

Ce n'est rien encore.

A quoi s'expose le tireur qui crée un chèque sans provision préalable ? A une peine, sans doute, mais laquelle ? On admet que la déportation même peut être prononcée : La loi ne fixe, en effet, aucune peine, et le juge est appréciateur souverain de la fortune, de l'honneur, de la liberté des personnes !

Voilà à quels résultats, au moins bien étranges, aboutissent ces systèmes de législation où les actes se succèdent sans lien les uns avec les autres, sans coordination, au jour le jour et suivant les besoins de l'heure présente.

En France, lorsque fut présentée la loi qui devait être promulguée à la date du 14 juin 1865, il s'est rencontré aussi des esprits, pourtant supérieurs, des hommes rompus aux affaires, qui vinrent à la tribune soutenir le système si cher à nos voisins.

A quoi bon une loi, s'écriait un orateur illustre, si ce n'est pour favoriser inconsciemment l'agiotage ! L'usage qui est le maître des lois, n'a-t-il pas créé le chèque, sous la forme du récépissé : ce doit être apparemment la forme la plus commode, la plus avantageuse, puisque la pratique du commerce abandonné à lui-même, n'en a point cherché d'autre, mais a été unanime à s'attacher à celle-ci (1).

A quoi bon une loi, reprenait un avocat éminent, si ce n'est pour remplacer des mots par d'autres mots, et ap-

_____
(1) M. Berryer, *Séance du 23 mai.*

peler *chèques* ce que nous connaissons déjà sous le nom
de *mandats à vue !* Est-il donc si utile de jeter la confusion
dans les esprits, pour le vain plaisir d'importer des termes
d'origine étrangère ! Pourquoi contrarier les usages du
commerce, et limiter, par exemple, le délai pour la présentation ? Sachons nous en tenir au droit commun (1) !

A toutes ces considérations, d'une valeur purement
théorique, l'examen approfondi des choses répondait victorieusement. On faisait remarquer que le chèque est avant
tout un instrument de compensation, de liquidation ; que
là est sa raison d'être ; que le chèque sous forme de récépissé, ou le chèque-mandat, même avec une échéance reportée à six mois selon le droit commun, ne saurait remplir son rôle essentiel (2).

Ce n'était pas encore tout dire, puisqu'on vient de voir
à quel point la pratique est insuffisante à fixer convenable-
ment le droit. Sans loi, tout reste livré à l'appréciation des
hommes et à l'influence des circonstances. La législation
française, dans toutes ses branches, détermine nettement
ce qui touche à l'honneur et à la fortune des citoyens. Là
est son incontestable supériorité. Si quelque restriction est
apportée par la loi, par exemple à la liberté d'action du
commerce, c'est après une discussion d'où sort un texte
précis. Reste au jurisconsulte la mission d'apprécier à son
tour, à la lumière des principes et avec le secours de l'expérience, les dispositions de la loi, et de proposer les réformes qu'il peut juger préférables.

C'est ce que nous allons faire, en terminant cette étude

_______________

(1) M. Nogens-St-Laurens, *même séance.*

(2) M. Émile Ollivier, *même séance.*

par l'examen critique de l'importante question de savoir s'il eût été sage d'attribuer, à l'exemple de l'Angleterre, exclusivement aux banquiers, la faculté de remplir le rôle de tirés en matière de chèques.

Au regard des seuls principes économiques, il ne paraît pas douteux que l'idéal serait de voir en France comme en Angleterre, les chèques tirés exclusivement sur des banquiers.

Faire sortir le capital des *cachettes* où il s'immobilise encore beaucoup trop souvent, tel est le but véritable du chèque. Cet instrument de paiement et de compensation, permet, en effet, à toute personne de confier avantageusement ses fonds aux *Banques de dépôt*, parce qu'il permet de les retirer aisément.

Mais, pour atteindre ce but, encore faut-il deux conditions : qu'il existe des banques de dépôt nombreuses et solides, et que la population s'habitue à les employer comme intermédiaires pour toutes ses opérations.

Les mœurs de la France commerciale en sont-elles arrivées là ? non, assurément.

Qu'on se rappelle les paroles si vraies, si sensées de M. Pouyer-Quertier : « En France, om met son argent chez les *notaires,* chez les *avoués,* etc. » Et l'éminent industriel ajoutait : « Quand on a besoin de fonds *on tire sur eux.* »

Nous ne savons si ce dernier renseignement est exact. Ce qui est sûr, c'est que ce serait, de la part des officiers publics, une déplorable manière de comprendre leurs devoirs. Dans une circulaire écrite en 1876, M. Dufaure, garde des sceaux, rappelait aux notaires la prescription de l'ordonnance de 1843, qui leur interdit toute opération personnelle sur les valeurs mobilières comme sur les immeubles : La circulaire ministérielle attribuait, non sans motifs, de trop nombreux sinistres intervenus dans le sein du notariat pendant ces dernières années, aux funestes pratiques d'un certain nombre de notaires. Non seulement donc l'usage de confier les capitaux aux officiers publics ne peut pas favoriser le développement du chèque, mais il devrait, de ce côté, lui barrer entièrement la route.

Mais il est, en dehors des banques, certains établissements qui peuvent recevoir des capitaux et les tenir à la disposition de ceux qui les leur ont confiés. Les industriels qui accepteraient des fonds susceptibles d'être retirés au moyen du chèque, serviraient de transition heureuse, et peut-être nécessaire pour habituer la population française à recourir aux banquiers.

Les chèques sur les établissements de crédit, ne sont points restés sans prendre une extension toujours croissante. Au 31 décembre 1863, il n'existait dans nos diverses banques de dépôt, qu'une somme de 120 millions ; le Comptoir d'escompte, le Crédit foncier, le Crédit mobilier délivraient alors des carnets de reçus : Aujourd'hui, à elle seule, la « Société générale » ouvre des comptes de chèques dépassant de beaucoup pareil chiffre (1).

Cette situation, sans offrir tout ce qu'on pourrait attendre du chèque, est déjà, dans une assez large mesure satisfaisante. Il est permis de penser qu'à vouloir imposer à ceux qui désirent recourir au chèque, l'intermédiaire du

_______

(1) Voici la progression rapide, révélée par le bilan de cet établissement, qui a obtenu le succès le plus marqué dans cet ordre d'opérations. Le solde des *comptes de chèques* de la *Société générale pour le développement*

banquier, on n'eût fait qu'exciter leurs défiances et les détourner davantage de la voie où le législateur désirerait les voir entrer.

Il ne faut pas l'oublier ; le chèque, même aujourd'hui, rencontre bien des indifférents et presque des adversaires.

Ce sont, a-t-on dit, nos grandes industries, nos grandes compagnies financières, nos banquiers qui ont profité jusqu'ici de l'absence d'impôt sur le chèque pendant que la moyenne et la petite industrie continuait à se servir pres-

*du commerce et de l'industrie en France,* s'est élevé successivement dans les proportions suivantes :

|  |  |  |  |
|---|---|---|---|
| 31 décembre 1872, | 80 | millions ; |  |
| — 1873, | 91 | — | ; |
| 28 février 1874, | 106 | — | ; |
| 30 novembre 1875, | 128 | — | ; |
| 31 août 1876, | 163 | — | . |

Il est vrai qu'à partir de cette dernière date, la crise commerciale, dont nous souffrons, a commencé de se faire cruellement sentir. Les comptes de chèques de la Société générale sont descendus :

Dès la fin de 1876, à 154 millions ; puis, d'année en année, à 151 millions, 134 millions, 128 millions, et 120 millions à la fin de 1879 ;

Mais, ces diminutions momentanées ont déjà en partie cessé. Les comptes de chèques se relevaient, dès le 31 mars 1880, à 152 millions ; pour osciller entre 158 millions (31 août 1880), et 138 (31 décembre 1880) : Au 31 mars 1881, le chiffre était de 149, et au 30 novembre 1881, de 152 millions.

Même en prenant la période moyenne, en s'arrêtant à la date du 31 décembre 1875, on trouve :

128 millions de dépôts à la Société générale ; avec

34,703 comptes ; et, pendant l'année 1875, un *mouvement général* de ces comptes s'élevant à

3 milliards 400 millions.

Les mêmes progressions pourraient être relevées dans les bilans des autres grands établissements financiers : *Crédit foncier ; — Crédit agricole ; — Crédit Industriel et commercial ; — Société des dépôts et comptes-courants,* etc.

que exclusivement des effets ordinaires du commerce. Et pourquoi ? C'est que la lettre de change est l'instrument de ceux qui ont besoin de crédit ; le chèque est l'instrument de paiement de ceux qui peuvent s'en passer (1). Et, par suite, on proposait de soumettre le chèque aux mêmes droits du timbre proportionnel que les lettres de change.

Il faut donc savoir attendre, et ménager les mœurs commerciales du pays ; on ne peut conduire par la violence le monde des affaires, moins encore que tout autre.

Sans doute, en France aussi bien qu'en Angleterre, le jour viendra où la *petite et moyenne industrie* comme la grande, cesseront d'avoir des *caisses* particulières, pour tout verser et tout reprendre à l'unique caisse du banquier. Ainsi mis à l'abri des erreurs de comptes, du vol, des incendies, profitant de l'intérêt réduit qui lui sera procuré, tout commerçant, tout particulier versera dans la circulation ces capitaux immobilisés, et en quelque sorte émiettés dans chaque maison. Alors se fonderont par toute la France, les banques solides que l'agriculture, ainsi que nous aurons l'occasion de le redire, attend avec des besoins plus pressants encore que le commerce lui-même. Alors succédera à l'essai jusqu'ici presque stérile, tenté à Paris, rue de la Banque, un large, un véritable *clearing-house*, cet intermédiaire nécessaire, ce marché propre au merveilleux et encore tout nouvel instrument de paiement et de liquidation qui apporte un levier d'une puissance pour ainsi dire illimitée, au monde économique.

(1) M. Guibal, à l'Assemblée nationale, *Séance du* 10 *février* 1874, M. Laroche-Joubert, à la Chambre des députés, 16 *décembre* 1878.

# TITRE IV

## DES TITRES AU PORTEUR

## CHAPITRE I

### LÉGISLATION FRANÇAISE

Des titres au porteur qui constituent des effets de commerce : *renvoi.* — Des titres au porteur appliqués aux valeurs industrielles : — Des valeurs mobilières d'après le Code de 1807 ; — Conversion des actions nominatives en titres au porteur ; loi 24 juillet 1867 ; conditions requises pour la conversion ; conséquences de la conversion. — De la transmission des titres au porteur ; — capacité : femmes mariées ; mineurs, loi 27 février 1880 ; — Tradition à titre de dépôt de mandat, on de nantissement. — Destruction des titres au porteur : — Droit commun, jurisprudence antérieure ; — Analyse de la loi du 15 juin 1872.

Nous avons vu les vicissitudes éprouvées en France par les *billets au porteur*.

Mais nous avons constaté en même temps que les prohibitions de la loi visaient exclusivement le caractère de substitut de la monnaie, que peuvent revêtir ces engagements. Les titres au porteur qui ne sont pas destinés par leur nature à remplacer les espèces, sont demeurés à l'abri de toute atteinte. L'usage commercial en a librement disposé.

Nous n'avons pas à traiter ici des titres au porteur qui constituent des effets de commerce : chacune de ces valeurs, successivement étudiées, doit être envisagée au fur et à mesure sous toutes ses faces. C'est ce qui a été fait à propos de la *lettre de change,* du *chèque,* du *billet à ordre ;* nous ferons de même pour les *valeurs en marchandises.*

Le *billet de banque* a trouvé, dans notre introduction, les notions que nous pouvions réunir, sans entrer dans l'étude spéciale du régime des banques.

Viennent ensuite les *bons du trésor,* qui sont des billets au porteur ou à ordre ; puis les *rentes sur l'État,* qu'une ordonnance du 29 avril 1831 a permis de convertir en titres au porteur. Mais nous nous bornerons à mentionner ces titres publics ; nous ne pourrions en étudier le caractère et le rôle, sans franchir le cadre de notre sujet (1).

Il convient seulement d'étudier ici l'application du titre au porteur aux valeurs des sociétés industrielles.

On a peine à trouver, dans l'ancienne jurisprudence, un exemple d'actions au porteur. Toutefois, la *Compagnie de l'Occident,* créée par un Edit d'août 1717, aurait émis des titres de cette nature (2).

Il est certain que le caractère essentiellement fugitif et fragile de ces titres semble, au premier abord, mal convenir au contrat de société. Qu'est-ce qu'un associé dont le nom n'est, en droit, consacré par aucun document ? Qu'est-ce qu'une part sociale, dont on peut être dépossédé

_______

(1) Voir *Traité des valeurs mobilières et effets publics,* par M. Buchère, 2ᵉ édition, 1881.

(2) Troplong, *Sociétés,* nᵒ 150.

par la perte ou le vol ? Ce qui se conçoit pour une somme d'argent, représentée aussi bien, après tout, par un billet au porteur que par une certaine quantité de pièces de monnaie, s'explique plus difficilement, quand il s'agit d'un titre de propriété productif de revenus.

Toutefois, c'est avec un incomparable succès que le Code de commerce a prévu et admis la conversion des titres des sociétés en valeurs au porteur. La circulation des richesses est si étendue, leur mobilité extrême est entrée si avant dans les mœurs, que le législateur a dû se préoccuper de garantir les actionnaires contre une précipitation exagérée à accueillir les titres au porteur, et aussi contre les suites de la perte ou du vol.

Voici comment disposait le Code de 1807 :

« Art. 35. — L'action (*de la société anonyme*) peut être *établie* sous la forme d'un titre au porteur. Dans ce cas, la cession s'opère par la tradition du titre. »

On voit que le législateur ne prenait aucune précaution contre l'agiotage. Il ne prévoyait nullement le cas où des hommes d'affaires véreux créeraient une société doublement anonyme, en quelque sorte, et se substitueraient, dès le début, par la tradition manuelle de véritables chiffons de papier ne représentant aucun fonds social réel, des personnes victimes de trompeuses amorces. Le texte admet, en effet, que l'action peut être « établie » au porteur, par conséquent au moment même de sa création.

Il n'y avait pas imprudence de la part du législateur de 1807. L'art. 37 ajoutait en effet : « La société anonyme ne peut exister qu'avec *l'autorisation du roi*, et avec son *approbation pour l'acte* qui la constitue ; cette approbation doit être donnée dans la forme prescrite par les règlements d'administration publique. » Ainsi, l'examen préalable du Conseil d'État et la sanction du gouvernement étaient prescrits à titre de garantie contre l'agiotage et la fraude (1).

Aussi bien, ce fut une grande question qui souleva une controverse célèbre, que de savoir si le principe des titres au porteur pouvait être étendu aux actions des sociétés en commandite. Devant le Tribunal de commerce de la Seine, Persil et Dupin aîné soutenaient la négative ; Philippe Dupin et Odilon Barrot l'affirmative (2).

La rédaction de l'art. 38 laissait la question en suspens :

« Le capital des sociétés en commandite pourra être *aussi* divisé en actions, sans aucune autre dérogation aux autres règles établies pour ce genre de société. »

Il y avait une grave raison de douter : C'est que les sociétés en commandite se fondent sans autorisation. Toutefois, il existe ici un ou plusieurs associés en nom, indéfiniment responsables, qui constituent une garantie étrangère à la société anonyme ; dans tous les cas, en matière commerciale, l'interprétation doit être favorable à la liberté. C'est dans ce sens que la Cour de Paris, par arrêt du 17 février 1856, trancha le débat.

La loi du 17 février 1856 sanctionna cette solution favorable, mais elle en atténua sagement la portée :

« Les actions des sociétés en commandite sont *nominatives jusqu'à leur entière libération* (art. 2). »

_________________

(1) La jurisprudence du Conseil d'Etat n'admettait, du reste, les actions au porteur qu'après libération de moitié. Tel est aussi le principe que devait adopter la loi du 24 juillet 1867.

(2) Dalloz, R. P. 32. 1.107.

Ce fut donc seulement après le versement de la totalité du montant de la souscription, que l'associé bailleur de fonds put obtenir la conversion de son titre en action au porteur.

Lorsque le législateur, faisant un premier pas vers la liberté pour les sociétés anonymes, permit la création de *sociétés à responsabilité limitée* sans autorisation, la même condition de libération totale fut également exigée pour la conversion des actions en titres au porteur (L. 23 mai 1863).

Enfin, la loi fondamentale aujourd'hui en matière de sociétés par actions, en posant le principe d'une̹ liberté entière, a ainsi réglé le point qui nous occupe :

« *Loi du* 24 *juillet* 1867, art. 3. Il peut être stipulé, mais seulement par les *statuts constitutifs* de la société, que les actions ou coupons d'actions pourront, après avoir été *libérés de moitié,* être convertis en actions au porteur par délibération de l'assemblée générale. » Ainsi, trois conditions :

1° Que les statuts constitutifs de la société aient prévu et admis par avance la conversion ;

2° Que l'action soit libérée de moitié ;

3° Qu'une délibération de l'assemblée générale autorise la conversion.

Il faut, d'abord, que les statuts constitutifs, originaires, de la Société admettent le principe de la conversion : Cette condition primordiale est indispensable pour que les actions soient mises au porteur avant la libération intégrale.

En second lieu, cette libération de moitié doit être générale, et comprendre toutes les actions : Ce n'est pas successivement et individuellement, en quelque sorte, que la conversion peut avoir lieu, à mesure des versements ; il suffit, mais il faut que la moitié du capital social se trouve réalisée (1).

Enfin une délibération de l'assemblée générale des actionnaires doit intervenir et ouvrir le droit éventuel à la conversion, prévu par les statuts.

Pourquoi tant de précautions? La loi s'y attache en vue de l'atteinte portée à la *responsabilité* des souscripteurs par cette transformation des actions libérées de moitié seulement en titres transmissibles de la main à la main. Nous allons insister sur ce point essentiel.

Notons tout de suite que la règle générale, et on peut dire de droit commun, que consacraient, à titre exclusif, les lois de 1856 et de 1863, reste debout : Les actions entièrement libérées peuvent toujours être mises au porteur.

En principe, en effet, le souscripteur d'une action est tenu jusqu'à ce qu'il ait entièrement accompli son obligation. Mais, une fois qu'il a versé en entier la somme fixée par son engagement, il est bien évident que la société n'a plus rien à lui réclamer ; il est titulaire d'un droit vis-à-vis d'elle, dont il fait l'usage qui lui convient, sans être recherché ni contrôlé dans la libre disposition de son bien. Le législateur eût été bien mal venu à se préoccuper de ce qui advient des titres libérés.

Toutefois, il se peut que les statuts de la société proscrivent expressément toute conversion. En ce cas, l'actionnaire ayant accepté cette clause du contrat, doit la respecter. Encore lui restera-t-il la faculté de solliciter une modification aux statuts : Ce que la société a fait, la so-

(1) *Voyez* M. Paul Pont. *Sociétés commerciales*, n° 916.

ciété peut le défaire ; nous ne serons plus ici en présence d'une disposition légale exigeant une clause *originaire,* constitutive de la société, mais dans le domaine des conventions.

Admettons même, si l'on veut, que dans le silence des statuts, la transformation des titres doive être autorisée par la société. Il y aura, du moins, cette différence entre les deux hypothèses, c'est que la modification aux statuts prévue dans le premier cas exige une assemblée *extraordinaire,* composée d'un nombre d'actionnaires représentant la moitié au moins du capital social (1), tandis que l'autorisation à donner dans le second cas, peut être délibérée dans une assemblée ordinaire (2).

Arrivons aux conséquences qui résultent de la conversion des actions non libérées en titres au porteur.

Ces conséquences se résument, ainsi que nous l'avons déjà indiqué, dans une diminution de garanties vis-à-vis de la société. Sans doute, on pourrait maintenir la responsabilité indéfinie de l'actionnaire primitif, du souscripteur, jusqu'à l'entière libération : Mais ce serait une situation complexe et fausse qui résulterait de ce double engagement, tant de la personne qui s'est dépouillée de son titre, que du titre lui-même passé de mains en mains.

En autorisant la conversion après versement de moitié, le législateur s'est résigné à admettre en même temps une libération de fait pour le montant total du titre. En réalité, la conversion des actions libérées de moitié, en titres au

_________________________

(1) Loi 24 juillet 1867, art. 31.

(2) L. 1867, art. 277.

porteur, équivaut, pour la société, à l'abandon de moitié de son capital social.

S'il en est ainsi, on comprend désormais sans peine les précautions de la loi : D'abord, les fondateurs de la société ont dû envisager cette situation éventuelle et l'admettre expressément dans les statuts constitutifs. Et ce n'est pas tout. En second lieu, cette faculté elle-même sera-t-elle ramenée à exécution ? C'est une question sur laquelle l'assemblée générale des actionnaires doit être appelée à délibérer. La réponse se dégagera de l'examen de la situation sociale, et se formulera par la possibilité ou l'impossibilité de renoncer à l'appel de la seconde partie du capital souscrit. Si la décision est favorable, les actions sont implicitement déclarées libérées, et les souscripteurs dégagés du surplus de leur obligation.

Toutefois, cette libération gratuite aura-t-elle son effet immédiatement ? Non : La loi réserve la responsabilité du souscripteur pendant un délai de *deux années*. En effet, si l'on écarte les périls de l'agiotage en interdisant la constitution originaire et exclusive des sociétés par actions au porteur, ce serait retomber sur l'écueil évité au début, que de permettre une conversion précipitée. Par une sorte de coup de surprise, l'assemblée générale pourrait trop aisément autoriser la conversion, et par suite la libération des titres d'une société qui, loin d'être assez prospère pour se priver du surplus des fonds souscrits, se trouverait aux portes de la faillite.

Ce qui précède est consacré, en termes d'ailleurs mal conçus, par le second paragraphe de l'article déjà cité.

*Loi du* 24 *juillet* 1867, art. 3 : « — Soit que les actions restent nominatives après cette déclaration, soit qu'elles aient été converties en actions au porteur, les souscripteurs primitifs qui ont aliéné les actions, et ceux auxquels ils les ont cédées *avant le versement de moitié* restent tenus au paiement du montant de leurs actions pendant un délai de deux ans, à partir de la délibération de l'assemblée générale. »

Ce texte maintient, pendant deux années, la responsabilité intégrale, tant des *souscripteurs* que des actionnaires devenus *cessionnaires avant le vote de conversion.* A prendre la loi dans sa lettre, il semble que l'hypothèse envisagée est celle d'une cession opérée *avant le versement de moitié :* Mais ces derniers mots sont, dans la pensée du législateur, synonymes de ceux-ci, « *le vote de conversion,* » lequel vote ne peut, en effet, intervenir « avant le versement de moitié ». De telle sorte que, par abus de langage, on peut indifféremment désigner les cessions suspectes, par l'une ou l'autre de ces deux expressions : « cession antérieure au vote », ou « cession antérieure au versement de moitié ».

La preuve qu'il en est ainsi, résulte du point de départ assigné à la prescription de deux ans, lequel n'est autre que ce même vote, ou, en d'autres termes, « la délibération [de l'assemblée générale ». Le législateur a en vue l'actionnaire qui veut se débarrasser de ses engagements ; le souscripteur ou cessionnaire qui vote la conversion, c'est-à-dire sa libération : le tout, à la veille de la faillite. On a voulu retenir cette hâte frauduleuse, en maintenant pendant deux ans toutes les responsabilités. C'est la sincérité du vote en assemblée générale, qui a fixé l'attention du législateur.

La rédaction est, d'ailleurs, incomplète et périlleuse.

Il en résulte pourtant, d'une manière implicite, que les personnes devenues cessionnaires après la délibération demeurent à l'abri de toute responsabilité : En effet, elles bénéficient d'un fait acquis, et toute collusion de leur part est écartée.

Et ce n'est pas assez : Quelle sera la situation du sous-cripteur qui n'a point cédé son titre, ou qui le cède *après*, et non avant le vote de conversion ? A prendre ici encore le texte dans sa lettre, il semblerait que cet actionnaire dût rester tenu indéfiniment, sans bénéficier de la prescription de deux ans dont les souscripteurs-cédants sont favorisés. Mais rien ne serait plus injuste, rien n'est moins admissible (1).

Les conditions prescrites par la loi pour la création des actions au porteur, trouvent d'ailleurs une sanction dans les dispositions pénales édictées par les articles 14 à 16 de la loi du 24 juillet 1867.

Tel est donc, au moins après l'expiration du délai de deux ans qui suit la conversion, le caractère de l'action au porteur : C'est un titre légalement libéré de toute obligation soit au regard du détenteur soit vis-à-vis du cédant ;

---

(1) Pourtant, cette singulière distinction est soutenue par d'excellents auteurs : MM. Bédarride, Alauzet, Vavasseur. Mais elle a été victorieusement combattue par MM. Rataud et Beudant, de la Faculté de Paris.

On a soulevé d'autres difficultés que l'obscurité du texte justifie bien moins encore.

M. Rivière, notamment, n'a pas craint de soutenir que la libération par le laps de deux ans s'effectuerait alors même que le vote de l'assemblée générale aurait été *contraire* à la conversion. Ce n'est pas seulement là le renversement du principe même de la matière qui fait dépendre la libération de la conversion, et celle-ci d'un vote éclairé et sincère des intéressés : Le texte n'est point ici aussi obscur qu'on le prétend ; et il

c'est une valeur absolue, transmissible de la main à la main.

Au surplus, les principes généraux sur la *capacité* des personnes recevront par rapport à la transmission des titres au porteur, leur application commune. Il faut remarquer seulement, que si la cession a été faite entre particuliers, sans l'intermédiaire des agents de change, la preuve sera difficile à faire.

C'est ainsi que la vente opérée par la femme mariée sans le consentement de son mari, se trouve en opposition avec les prescriptions rigoureuses de l'article 217 du Code civil : si la preuve d'une telle vente est faite par le mari, il peut revendiquer les titres.

De même en ce qui concerne le mineur ou l'interdit : Sous la même réserve de la preuve à faire, ils sont restituables contre l'acte qui les a lésés (art. 1304 et 1305 du Code civil).

Il faut noter ici, à l'égard des cessions consenties par le tuteur, les dispositions édictées par la loi du 27 février 1880. Le tuteur ne peut aliéner les valeurs mobilières appartenant au mineur, « sans y être autorisé préalablement par le conseil de famille » ; et même, « lorsque la valeur des meubles incorporels à aliéner dépassera 1,500 fr. en

---

nous semble qu'il tranche les difficultés s'il en est de possibles. « Soit que les actions restent nominatives après *cette déclaration,* » dit la loi : Or, quelle est cette déclaration ? Le précédent paragraphe s'exprime clairement : « Les actions *pourront être converties* en actions au porteur *par délibération,* » etc.

Si le vote est défavorable à la conversion, il est évident que la « déclaration » prévue n'a pas eu lieu ; il n'y a pas de conversion, pas de titre au porteur : Les choses restent entières, et notre article 3 demeure sans application.

(Voir M. Paul Pont, n° 936 à 945, avec les références.)

capital, la délibération sera soumise à l'homologation du tribunal ». De plus, l'aliénation ainsi autorisée doit être faite « par le ministère d'un agent de change, toutes les fois que les valeurs seront négociables à la Bourse, au cours moyen du jour » (Art. 1 à 3).

Ces prescriptions s'appliquent également au mineur émancipé *au cours de la tutelle,* c'est-à-dire qui a perdu son père ou sa mère : L'assistance du curateur ne suffit plus pour compléter sa capacité (Art. 4).

Ce n'est pas tout. La même loi étend les mêmes conditions et formalités *à la conversion* des titres nominatifs en titres au porteur. Ainsi, le seul fait de la conversion est assimilé à l'aliénation elle-même. Le législateur a pensé que le premier de ces actes n'était qu'un pas vers le second.

La jurisprudence n'avait pu franchir la distance qui sépare ces deux faits et transformer la conversion en aliénation : La Cour de cassation sollicitée de statuer dans ce sens de sa propre autorité, s'y était justement refusée ; de telle sorte qu'aujourd'hui encore, en ce qui concerne la femme séparée de biens, par exemple, la conversion continue à être envisagée comme un simple acte d'administration (1).

La tradition d'un titre au porteur n'a point toujours pour but de transmettre la propriété.

Les valeurs de cette nature peuvent être remises à titre de *dépôt* ou de *mandat.* Dans ce cas, il est prudent de cons-

---

(1) Cassation. 4 août 1878. — *Voy.* Rapport au Sénat, *Journal officiel* 7 mai 1878. — *Cf* M. Bressolles, *Explication de la loi des* 27-28 *février* 1880 : Toulouse, 1880, Privat et Armaing ; M. Buchère, *Revue pratique de droit français,* 1881.

tater par écrit la convention : le prêteur ou déposant aura soin de retenir un récépissé énonciatif de la nature du titre, avec numéro d'ordre. Il est évident qu'à défaut de cette précaution, le dépositaire ou emprunteur venant à décéder ou à tomber en faillite, les héritiers ou créanciers seraient fondés à invoquer la présomption de propriété résultant du fait même de la détention.

Les titres au porteur peuvent aussi être remis à titre de *nantissement*. En ce qui concerne le gage commercial, nous n'avons en quelque sorte qu'à rappeler ce qui vient d'être dit. Le débiteur devra se préoccuper de la preuve à faire. Autrement, point de difficulté : La loi du 23 mai 1863 (art. 91 *nouveau* du Code de commerce) n'exige aucune formalité spéciale même vis-à-vis des tiers.

En matière civile, au contraire, un acte ayant date certaine et signifié à la compagnie, est indispensable, aux termes de l'art. 2075 du Code civil (1).

Il nous reste à examiner les conséquences qui résultent de la destruction ou de la perte de titres aussi fragiles que ceux dont nous venons de nous occuper.

La feuille de papier qui fait foi de ces titres peut être, en effet, *détruite par accident ;* elle peut être *perdue ;* elle peut être *volée,* ou simplement *détournée,* par suite d'abus de confiance.

La jurisprudence a beaucoup varié à ce sujet. Les seuls textes de droit commun qu'il était possible de viser, et non sans difficulté pourtant, consistaient dans les articles 2262, 2277, d'une part, 2279, 2280, de l'autre. L'article

(1) Voir pour les vicissitudes antérieures de la jurisprudence, M. Buchère, *Traité des Valeurs mobilières,* n° 403 et suiv. 797 et suiv.

2262 permettrait de verser le capital *trente ans* seulement après l'époque d'exigibilité, pour que la société se vît au besoin couverte par la prescription ordinaire. L'art. 2277 portant prescription des arrérages après cinq ans, les coupons et dividendes pouvaient être remis à l'expiration de ce délai au réclamant.

Quant aux articles 2279 et 2280 du Code civil, ils autorisaient les solutions suivantes :

1° Le possesseur de bonne foi bénéficie d'une prescription instantanée, qui le met à l'abri de la revendication du propriétaire originaire ;

2° Toutefois, au cas de *perte* ou de *vol,* la revendication reste ouverte ;

3° Exception qui ne s'applique pas au *détournement* par suite d'abus de confiance ou d'escroquerie ;

4° Exception qui cesse même de s'appliquer, quand le possesseur de bonne foi a acheté le titre « dans un marché public, ou d'un marchand vendant des choses pareilles ».

De telle sorte que la revendication vis-à-vis du tiers détenteur n'était possible qu'aux seuls cas de *vol* ou de *perte* et à la condition que le tiers n'eût pas acheté· le titre en Bourse ou même chez un changeur.

Sans doute, le propriétaire victime d'un vol ou d'une perte et arrêté par un achat fait en Bourse ou chez un changeur, ou bien dépouillé par l'abus de confiance, pouvait se retourner vers l'agent de change ou le changeur, s'il y avait intervention et, de plus, faute de la part de ces derniers : il faut supposer qu'ils avaient été avertis par des oppositions signifiées ; spécialement, en ce qui touche les changeurs, ils pouvaient avoir négligé d'inscrire l'opération sur leurs registres (1). Mais la jurisprudence hésitait à admettre une responsabilité aussi lourde sans textes spéciaux.

D'autre part, les tribunaux ne savaient sur quelle disposition légale ils pourraient bien s'appuyer pour prescrire aux compagnies la délivrance d'un *duplicata*. A quel moment se placer, d'ailleurs, dès lors qu'on ne pouvait se mettre à l'abri d'une règle de prescription, et comment libérer l'ancien titre, si l'on en créait un nouveau (2)?

Ces difficultés, vraiment inextricables avec l'aide des seuls principes généraux, laissaient sans garantie une propriété qui a déjà pris une place si étendue dans l'ensemble de la richesse publique.

Une pétition présentée au Sénat en 1862, fut l'objet d'un remarquable rapport dû à M. Bonjean (3). En 1868, une commission fut nommée pour étudier une proposition de loi.

Enfin, à la suite des vols et des destructions qui sont résultés de la guerre et de la Commune en 1870-1871. une loi est intervenue à la date du 15 juin 1872. Nous allons en analyser rapidement les dispositions.

Tout d'abord, notons que la loi nouvelle consacre l'application des art. 2279 et 2280 du Code civil, pour le cas où le propriétaire du titre n'a pas mis à profit les dispositions qu'elle édicte (Art. 14).

Au contraire, voici par quelles voies « le propriétaire

---

(1) Loi 19-21 mai 1791, chapitre IX, art. 5.

(2) *Voy.* M. Buchère. *op. cit.,* n° 822 et suiv.

(3) *Moniteur* du 3 juillet.

de titres au porteur qui en est dépossédé par quelque événement que ce soit peut se faire restituer. »

Opposition est signifiée à l'établissement débiteur, par huissier (Art. 2).

S'agit-il de toucher de simples « *coupons détachés du titre,* si l'opposition n'a pas été contredite, l'opposant pourra, après *trois années,* à compter de l'échéance et de l'opposition, réclamer le montant desdits coupons de l'établissement débiteur, sans être tenu de se pourvoir d'autorisation ». S'agit-il d'*intérêts ou de dividendes* à toucher, l'opposant attendra qu'une année se soit écoulée et que, dans tous les cas, « deux termes au moins d'intérêts ou de dividendes aient été mis en distribution ». Ces termes appellent le propriétaire au siège de la société et le mettent en demeure de se faire connaître, s'il est autre que l'opposant.

Le délai expiré, ce dernier se « pourvoit auprès du président du Tribunal civil du lieu de son domicile, afin d'obtenir l'autorisation de toucher les intérêts ou dividendes échus ou à échoir, au fur et à mesure de leur exigibilité et même le capital » dans le cas où il deviendrait exigible (Art. 3).

Si l'autorisation est refusée, le Tribunal statuera sur simple requête (Art. 7).

En vertu de l'autorisation obtenue en justice, l'opposant pourra toucher les dividendes en fournissant une caution, qui sera de plein droit déchargée au bout de deux ans : Si mieux il n'aime exiger le dépôt des sommes échues ou à échoir à la Caisse des Dépôts et consignations en attendant l'expiration du délai de deux ans, pour retirer les sommes déposées et percevoir librement par la suite les intérêts et dividendes à échoir, au fur et à mesure de leur exigibilité (Art. 4).

S'agit-il enfin du *capital* devenu exigible, l'opposant qui a obtenu l'autorisation de justice, peut : ou bien toucher la somme en fournissant une caution qui sera déchargée *dix ans* après l'époque d'exigibilité, pourvu toutefois qu'il se soit écoulé au moins cinq ans depuis l'autorisation elle-même ; ou bien exiger le dépôt à la Caisse des Dépôts et Consignations pendant un pareil délai de six ans (Art. 5).

Un nantissement peut d'ailleurs suppléer à la caution (Art. 6).

Au surplus, si le tiers porteur des titres se présentait avant que les paiements n'eussent été effectués, l'effet de l'opposition resterait supendu jusqu'à ce que la justice eût prononcé entre l'opposant et le tiers porteur. La loi a même eu soin de prescrire les mesures nécessaires pour que les deux parties soient mises en présence. L'établissement « doit retenir les titres contre un récépissé remis au tiers porteur ; il doit de plus, avertir l'opposant, par lettre char-gée, de la présentation du titre, en lui faisant connaître le nom et l'adresse du tiers porteur » (Art. 10).

Lorsque les formalités ont été régulièrement suivies, la société est libérée. Les délais de la prescription se trouvent ainsi abaissés à trois ans, au lieu de cinq, pour les arréra-ges ; à dix ans, au lieu de trente, pour le capital. La loi se borne à réserver le droit du tiers porteur vis-à-vis de l'opposant qui aurait indûment touché (1).

_______

(1) Art. 9 : « Les paiements faits à l'opposant suivant les règles ci-dessus posées libèrent l'établissement débiteur envers tout tiers porteur qui se présenterait ultérieurement. Le tiers porteur au préjudice duquel

Voilà pour les sommes à toucher. Le propriétaire dépossédé arrête la main du voleur par son opposition signifiée au lieu où ces sommes sont payables.

Mais, qu'arrivera-t-il si le titre est passé aux mains d'un tiers de bonne foi ? Ce titre et les avantages qui y sont attachés suivra-t-il le sort prévu par les articles 2279 et 2280 du Code civil ?

S'il en était ainsi, ce n'eût guère été la peine d'écrire une loi. Encore faut-il que la règle « *En fait de meubles* possession *vaut titre,* » se trouve écartée ; encore faut-il que les titres soient frappés *d'intransmissibilité.*

Ce résultat ne saurait dépendre de la seule volonté du législateur.

Pour que le tiers détenteur puisse être justement dépouillé, le droit exige qu'il ait été averti de l'origine du titre ; c'est à ce prix qu'on pourra le frapper d'une présomption de mauvaise foi.

Une *opposition* nouvelle est nécessaire, mais cette fois vis-à-vis du public. Comment y parviendra-t-on ?

C'est ici que le législateur intervient, et décide que l'opposition signifiée aux officiers spécialement chargés par la loi (Art. 76 du Code de commerce) de l'aliénation des titres, vaudra contre tout le monde. Ces officiers sont les agents de change. Pour ne pas obliger le propriétaire dépossédé à faire une notification spéciale à chacun des agents de change institués dans toutes les villes, la loi crée un *Bulletin quotidien* destiné à révéler la situation des titres recherchés.

les dits paiements auraient été faits, conserve seulement une action personnelle contre l'opposant qui aurait formé son opposition sans cause. »

En conséquence, l'opposition est signifiée par huissier au syndicat des agents de change, à Paris, avec réquisition de faire publier au *Bulletin* les numéros des titres, aux frais de l'opposant (Art. 4). Cela fait, « toute négociation ou transmission postérieure au jour où le bulletin est parvenu ou aurait pu parvenir par la voie de la poste dans le lieu où elle a été faite, sera sans effet vis-à-vis de l'opposant » (Art. 12). Toutefois, la loi ajoute : « Sauf le recours du tiers porteur contre *son vendeur* et contre *l'agent de change* par l'intermédiaire duquel la négociation aura eu lieu ».

La responsabilité des agents de change est ainsi réduite au seul cas où il y a eu publication par le Bulletin, sans excepter pourtant l'hypothèse d'une notification individuelle, et celle de droit commun où la mauvaise foi serait démontrée (Art. 12).

Enfin il reste un dernier besoin à satisfaire. Le propriétaire dépossédé grâce à la double opposition, est sûr de garder le bénéfice de son titre : Mais, ce titre lui-même, il ne l'a point, et il ne saurait par conséquent en réaliser la valeur.

La loi prescrit la délivrance d'un *duplicata,* lorsqu'un délai de dix ans analogue à celui qui est exigé pour toucher un capital exigible, se sera écoulé depuis l'autorisation (1).

Toutefois, « le temps pendant lequel l'établissement n'aurait pas mis en distribution de dividendes ou d'in-

---

(1) Art. 15. « Lorsqu'il se sera écoulé dix ans depuis l'autorisation obtenue par l'opposant, conformément à l'art. 3, et que, pendant le même laps de temps, l'opposition aura été publiée sans que personne se soit présenté pour recevoir les intérêts ou dividendes, l'opposant pourra exiger de l'établissement débiteur qu'il lui soit remis un titre semblable au premier. Ce titre devra porter le même numéro que le titre ordinaire, avec la mention qu'il est délivré par duplicata. Le titre délivré en duplicata conférera les mêmes droits et sera négociable dans les mêmes conditions. »

térêts ne sera pas compté dans le délai ci-dessus ». En effet, les époques de paiement par la société constituent des mises en demeure, pour la partie prenante, de se faire connaître.

La loi ajoute que le tiers porteur qui représenterait ultérieurement le titre originaire, n'aurait plus qu'une « action personnelle » contre l'opposant : c'est-à-dire une action en revendication dirigée contre l'opposant personnellement, et non contre l'établissement de qui procède l'émission.

Enfin, celui qui réclame un *duplicata* doit, non seulement en payer les frais ; il doit encore garantir, par un dépôt ou une caution, l'inscription, pendant dix ans, au *Bulletin* quotidien : Cette dernière mention est requise pour éviter que le titre originaire, désormais frappé de déchéance, reparaisse sur le marché et soit transmis à un cessionnaire de bonne foi, qu'aucune publication ne tiendrait plus averti.

La disposition finale de notre loi (art. 16) exclut de son application les *billets de banque* et les *rentes* et autres titres au porteur émis par l'État.

En effet, quant aux billets de banque, ce sont des valeurs de circulation, et non un placement. Un substitut de la monnaie doit être mobile comme les espèces elles-mêmes, et se transmettre sans formalités extrinsèques d'aucune sorte.

Quant aux titres au porteur émis par l'État, leur caractère insaisissable permet à l'administration des finances de les payer à bureau ouvert, chez les divers agents : Ces facilités pour le public seraient bientôt supprimées, si la négligence de ses nombreux préposés pouvait entraîner la responsabilité de l'administration centrale. Toutefois, le législateur a innové utilement à l'égard même de ces titres, en ce qui concerne la délivrance des duplicata. A raison de l'imprescriptibilité des titres, les cautionnements exigés étaient indéfiniment retenus : La loi nouvelle a fixé à 20 années, le délai durant lequel le cautionnement devrait rester aux mains de l'administration ; passé ce temps « le trésor sera définitivement libéré envers le porteur des titres primitifs, sauf l'action personnelle de celui-ci contre la personne qui aura obtenu le duplicata ».

Ainsi se trouve affermie cette propriété si importante, quoique si fragile, des titres au porteur.

# CHAPITRE II.



Belgique : Loi 18 mai 1873. — *Code allemand.* — *Projet suisse.* —
*Projet italien.* — De l'extension de la loi de 1872 à toutes les valeurs
négociables par endossement ou au porteur.

La loi du 18 mai 1873 a profondément modifié le Code
de commerce en vigueur en Belgique.

En ce qui concerne la transformation des actions nominatives en titres au porteur, le législateur a maintenu la
condition rigoureuse d'une libération complète (art. 40,
§ 2).

Le titre au porteur est donc par lui-même une valeur
absolue, dans tous les cas. Il n'est cependant pas sans
intérêt de mesurer la responsabilité qui pèse sur le souscripteur.

En principe, cette responsabilité est intégrale. Toutefois, elle ne garantit que les engagements de la société
antérieurs à la cession. Ce résultat se produit à l'aide de
moyens de *publication* annuelle, qui ont trait aussi bien à

la situation des actionnaires eux-mêmes qu'à celle de la société (1).

Les autres législations se rapprochent, au contraire, de la loi française.

Le *Code allemand* n'exige, pour libérer le souscripteur, qu'un versement de 40 °/₀ : Toutefois, il subordonne cette libération aux dispositions des statuts constitutifs. Le texte est muet, d'ailleurs, sur les recours qu'il faut exercer contre les ayants cause (art. 222).

Le *Projet suisse* s'en tient exclusivement au versement des 40 °/₀ et déclare à ce prix le souscripteur libéré. Il n'est pas davantage question des recours.

Il est vrai que l'action récursoire est de droit commun : La loi française de 1867 est également muette à cet égard.

(1) Pour rendre un compte exact de ce système légal, il suffit de reproduire les articles 41 et 42 de la loi :

« Art. 41. La situation du capital social sera publiée, au moins une fois par année, à la suite du bilan. Elle comprendra : L'indication des versements effectués ; *la liste des actionnaires qui n'ont pas encore entièrement libéré* leurs actions avec l'indication des sommes dont ils sont redevables. La *publication de cette liste* a, pour les changements d'actionnaires qu'elle constate, la même valeur qu'une publication faite conformément à l'art. 12 (formes requises pour l'acte constitutif de la société). »

« Art. 42. Les souscripteurs d'actions sont, nonobstant toute stipulation contraire, responsables du montant total de leurs actions ; la cession des actions ne peut les affranchir de contribuer aux *dettes antérieures à la publication.* L'ancien propriétaire a un recours solidaire contre celui à qui il a cédé son titre et contre les cessionnaires ultérieurs. »

Du reste, cette responsabilité, même ainsi limitée, n'est pas sans terme :

« Art. 127. Sont *prescrites* par *cinq ans* : Toutes actions contre les associés ou actionnaires à partir soit de la *publication de leur retraite* de la société, etc... »

Ainsi, la publicité de la cession fixe le point de départ d'une prescription de cinq ans appliquée à la responsabilité du souscripteur.

Le *Projet italien*, comme la loi belge, est plus explicite. Au surplus, il faut et il suffit, comme chez nous, que le versement de moitié ait été fait, et que l'assemblée générale ait autorisé la conversion. Quant aux statuts, ils peuvent être muets sur ce point : On ne les interrogera qu'au cas où ils exigeraient un versement supérieur à la moitié. D'autre part, le souscripteur originaire n'est tenu que jusqu'à concurrence de moitié, sauf son recours (art. 166).

Cela posé, quelles sont les mesures prises pour sauvegarder la propriété des titres au porteur ?

En Belgique, le projet déposé au cours de la législature de 1877 n'a guère fait autre chose que reproduire notre loi française du 15 juin 1872.

Le *Code allemand* est, il est vrai, plus original.

Mais, on n'y rencontre aucune mesure nouvelle. C'est, comme chez nous : D'une part, la publication d'une opposition ; et, de l'autre, l'annulation ou déchéance du titre, suivie de la délivrance d'un duplicata : avec des prescriptions spéciales variant de six mois à quatre ans (1).

Que devons-nous conclure de cet examen ?

Certes, notre législation est loin d'être irréprochable sur cette délicate matière.

Mais, la matière elle-même est si nouvelle qu'on ne peut guère sans présomption, chercher querelle au législateur avant que l'expérience ait éclairé la question.

Ce que nous disons du législateur s'applique aussi bien aux éléments puisés à l'étranger qu'à notre loi française. Comment apprécier l'œuvre à peine éclose de nos voisins :

(1) Voir *Annuaire de la Société de législation comparée,* 1873, p. 106, et 1878, p. 168.

Encore faudra-t-il attendre que la jurisprudence et la doctrine aient fixé la portée des textes rapportés dans nos Annuaires de Législation comparée (1).

Nous serions tenté, plutôt, de demander une refonte de la loi de 1872 avec extension à toutes les valeurs *négociables par endossement ou au porteur :* c'est-à-dire à tous les titres de propriété mobilière transmissibles par les voies commerciales.

Nous citerons un exemple pour expliquer l'intérêt de la question :

Une personne a traité avec une Compagnie d'*Assurances sur la vie.* Le bénéfice de ce contrat est susceptible d'être cédé par endos. L'assuré perd son titre et en obtient un duplicata : A sa mort, la Compagnie refuse de faire droit à la présentation du duplicata, et dépose la somme assurée à la Caisse des Dépôts et consignations, jusqu'à l'accomplissement de la prescription *trentenaire !*

Il a été jugé que cette solution était la seule juridique (2). Et pourtant rien n'est plus contraire au résultat cherché

---

(1) Le savant professeur de droit commercial à l'Université de Pavie dont nous avons souvent cité les doctrines pleines d'autorité, s'est singulièrement mépris en s'attachant au seul texte de la loi de 1867, art. 3 :

« Aux termes de la loi française le souscripteur primitif, qu'il ait ou qu'il n'ait pas converti son titre provisoire (nominatif) en titre au porteur, et ses ayants-cause demeurent obligés pendant deux ans pour le montant intégral des actions, *s'il n'en a été versé au moins la moitié.* Cette moitié payée, ils sont libérés (*se di queste (azioni) non fu pagata almeno la metà ; pagata che sia,* sono liberati.) » (*Sul progetto per la riforma del Codice di Commercio,* Studii di Ercole Vidari. p. 113.)

(2) Paris 13 décembres 1851. (Dalloz, 55,5, 33.) — D'autres décisions sont intervenues toujours dans le même sens. La dernière est du tribunal de la Seine, en date du 12 février 1881.

(*Gazette des tribunaux,* 3 mars 1881.)

par la personne qui a contracté l'assurance dont le montant est recouvrable à son décès.

Régulariser la délivrance du duplicata, admettre le versement sous caution, avec autorisation de justice ; réduire la prescription sinon au délai de cinq ans édicté pour la lettre de change, du moins à une durée inférieure à trente années : tel serait, croyons-nous, l'objet d'urgentes mesures législatives qu'il est nécessaire tout au moins d'étudier.

La fortune mobilière est toute moderne : Il faut créer des règles nouvelles applicables à cet élément nouveau.

# LIVRE II

## DES VALEURS EN MARCHANDISES

### TITRE I

DES VALEURS EN MARCHANDISES DU DROIT COMMUN

### CHAPITRE I

DES FACTURES. — DES ORDRES DE LIVRAISON. — DU CONNAISSEMENT ET DE LA LETTRE DE VOITURE

Le *Crédit des marchandises.* — De la transmission de la propriété des meubles : — Tradition ; art. 1141, et 2279 du Code civil ; 576-578 du Code de commerce. — La Facture ; — effet de la tradition ; — vente de marchandises placées *au loin* ; — factures au porteur, ou à ordre ; jurisprudence ; usage commercial. — Les ordres de livraison ; — clause à ordre ; — comparaison avec la lettre de change. — Le connaissement ; — art. 576 § 2 du Code de commerce ; — négociation du connaissement. — La lettre de voiture, — à personne dénommée, — au porteur, ou à ordre. — De l'endossement : — Si l'énonciation de la *valeur fournie* est obligatoire : Jurisprndence ; MM. Delamarre et Le Poitvin ; réfutalion ; — de l'endossement à titre de gage ou de dépôt.

La lettre de change comme le billet à ordre ou le chèque, créaient des rapports entre les personnes. Au contraire, les valeurs en marchandises supposent essentiellement des rapports entre personnes et choses. Nous abordons maintenant, pour ainsi dire, le *crédit des marchandises,* substitué au crédit personnel. C'est qu'en effet, la négociation du titre transmet avec la propriété du titre même, celle de biens meubles corporels.

A la vérité, en matière de chèques, aussi bien que de lettres de change, nous avons admis, comme un effet de l'endossement, la translation de la propriété de la provision. Mais, d'abord et en ce qui touche la lettre de change, la provision n'est exigée qu'à l'échéance ; puis, il faut reconnaître que la provision des valeurs précuniaires demeure inévitablement, dans des cas trop nombreux, la propriété soit du tireur soit du tiré. En résumé, la négociation a pour effet essentiel, le transport de droits incorporels, et, accessoirement seulement, dans certains cas, la transmission de la provision.

Les valeurs en marchandises, au contraire, reposent nécessairement et absolument sur une provision faite au moment de la création du titre, et la négociation de ces valeurs a pour objet essentiel, avec la transmission du titre, celle de la provision elle-même.

De ce fait que les valeurs en marchandises sont intimement liées à une provision assurée d'avance et dans tous les cas, et de ce que leur négociation a pour objet la transmission de biens corporels, résulte la nécessité d'envisager ici, au premier plan, les règles qui gouvernent la translation de la propriété des meubles.

Sans doute, le législateur moderne, dégageant des liens de la matière, l'homme maître de la terre après Dieu, a proclamé le principe que la propriété des choses se transmet par la seule volonté, *solo consensu* (Art. 1138. C. c.). Néanmoins, il est des nécessités de fait auxquelles l'esprit ne peut se soustraire : L'abandon de la *tradition*, comme moyen essentiel de transmission des choses, n'a pu enlever toute importance à leur délivrance réelle, à leur détention matérielle. La loi ne saurait méconnaître la légitimité des prétentions de l'acheteur, qui vient dire à un acheteur antérieur à lui : « J'ignorais votre marché qu'aucun signe extérieur ne dénonçait ; la chose m'a été livrée ; je la détiens : Que ne l'avez-vous réclamée aussitôt votre marché conclu. »

En effet, la loi ne peut songer ici, en matière d'objets susceptibles de déplacement, à prescrire la tenue d'un livre de transcription pareil à celui qu'elle ouvre pour servir en quelque sorte d'état civil aux choses de nature immobilière. Les droits des tiers doivent donc demeurer saufs : « Celle des deux (personnes) qui a été mise en possession réelle est préférée et demeure propriétaire, encore que son titre soit postérieur en date, pourvu toutefois que la possession soit de bonne foi. » (Art. 1141. C. c.)

Tels sont les principes consacrés par notre droit. L'influence décisive, laissée en pareil cas à la tradition, n'a d'autre source que la règle tutélaire de la *prescription instantanée* des meubles, admise par l'art. 2279 du même Code civil.

Le Code de commerce, loin de porter atteinte à ce système inspiré par l'équité et la saine raison, le précise et le complète encore.

Le législateur de 1807, se plaçant dans l'hypothèse de la *faillite* de l'acheteur, garantit, aussi longtemps que la tradition n'a pas été consommée, les droits du vendeur à crédit : Celui-ci ne peut voir, en effet, ses marchandises augmenter l'actif d'un acheteur devenu impuissant à en acquitter le prix :

« Art. 577. — Pourront être *retenues* par le vendeur les marchandises, par lui vendues, *qui ne seront pas délivrées au failli, ou qui n'auront pas encore été expédiées*, soit à lui soit à un tiers pour son compte. »

Même lorsque les marchandises ont été mises en route à l'adresse de l'acheteur défaillant, le vendeur peut encore les saisir :

« Art. 576. — Pourront être *revendiquées* les marchandises expédiées au failli, *tant que la tradition n'en aura point été affectuée dans ses magasins*, ou dans ceux du commissionnaire chargé de les vendre pour le compte du failli... »

Le Code de commerce intitule le chapitre où se trouvent ces deux articles : *De la Revendication* ; et ce mot est écrit, notamment, dans l'art. 576.

S'agit-il véritablement de « revendication », dans les hypothèses prévues par ces textes ? En d'autres termes, est-il vrai que le vendeur soit demeuré *propriétaire ?* Non, assurément : La propriété était bien et dûment transférée. Seulement, dans le cas de l'art. 577, le Code de commerce se borne à reproduire la disposition de l'art. 1612 du Code civil, où se trouve consacré le *droit de rétention* jusqu'au paiement du prix ; le législateur de 1807 emploie d'ailleurs lui-même le terme exact lorsqu'il dit : « peuvent être *retenues* etc. » Quant à l'art. 576, il n'a pas d'autre objet, dans le § cité, que d'admettre la *Résolution* de la vente faute de paiement du prix, conformément aux principes posés par les art. 1184, 1654 et suivants du Code civil.

Ce qui précède est encore confirmé par l'art. 578, ainsi conçu :

« Art. 578. Dans le cas prévu par les deux articles

précédents, et sous l'autorisation du juge-commissaire, les syndics auront la faculté d'*exiger la livraison des marchandises*, en payant au vendeur le prix convenu entre lui et le failli. »

Il faut donc se garder d'induire des articles écrits au chapitre *de la Revendication*, qu'en droit commercial, la propriété des meubles ne se transmet que par la tradition (1). La vérité est qu'en France, la volonté humaine exerce sur les choses mobilières ou immobilières, un domaine qui n'est limité que par les circonstances de fait auxquelles une raison équitable doit attacher d'importantes conséquences. Ces circonstances de fait se résument dans la tradition.

Il importait, au début de cette étude générale sur les valeurs en marchandises, d'examiner le rôle de la tradition, et de déterminer l'influence qu'elle exerce sur la transmission des meubles corporels.

Tel est, aussi bien, le point de vue auquel se trouvaient placés ceux qui dégagèrent du droit commmun les valeurs négociables que nous avons à étudier.

Et d'abord *la Facture*.

La facture, on le conçoit, a été le premier instrument, le plus élémentaire et le plus naturel moyen de constater les transmissions de marchandises.

L'usage, qui en matière commerciale, vaut loi, n'a pas tardé à admettre les reventes successives à l'aide de la facture, soit *remise* de la main à la main, soit transmise par *endossement*. Est-ce à dire que le commerçant qui aura

_______________

(1) Telle est pourtant la doctrine enseignée notammeut par MM. Delamarre et Le Poitvin, dans leur *Traité de droit commercial*.

acheté une quantité de marchandises formant un corps
certain, en sera nanti vis-à-vis des tiers par la seule remise de la facture? Si, avant qu'il n'ait pris possession,
son vendeur vend *et livre* la chose à un tiers, sera-t-il encore préféré à ce tiers? Non, sans doute ; l'acheteur demeure, tant qu'il n'a pas reçu livraison, sous le coup de
la *prescription instantanée* en faveur d'un second acqué-
reur (1).

Supposons, d'autre part, que Paul, acheteur de Pierre,
après avoir à son tour revendu la chose à Jean en lui remettant la facture, tombe en faillite : Pierre *retiendra* ou
*revendiquera* s'il y a lieu, conformément aux art. 577,
576 § 1ᵉʳ, les marchandises, et ne consentira à s'en dessaisir qu'autant qu'il sera payé de son prix. Jean devra
donc, aux termes de l'art. 578, payer ce prix, fût-il supérieur à celui qu'il aurait consenti vis-à-vis de Paul.
Puisque les marchandises étaient en quelque sorte à leur
portée, les acheteurs doivent s'imputer à faute de ne pas
avoir pris successivement livraison immédiate. Il n'est
aucun motif pour faire fléchir les principes.

Mais le commerce s'est préoccupé de la situation faite
aux acheteurs de marchandises placées *au loin*, par
exemple en la possession d'un commissionnaire du vendeur, domicilié dans une autre ville. Si, en pareil cas, le

---

(1) MM. Delamarre et Le Poitvin vont plus loin. Ils admettent que
la chose n'étant pas livrée, demeure la propriété du vendeur, et que si
celui-ci tombe eu faillite, ses créanciers et ayants-cause la revendiqueront
en faveur de la masse, *alors même que l'acheteur aurait payé son prix.*
(T. VI, p. 207 *note*). Cette solution est la conséquence inévitable de
la doctrine des auteurs, d'après laquelle, en droit commercial, la propriété
serait transférée *par la tradition.*

premier acheteur tombe en faillite, peu importe au deuxième
acheteur : On admet que le dessaisissement de la chose ac-
compagne la transmission de la facture, et dès lors les
art. 577 et 576 § 1ᵉʳ restent sans application à l'égard de
ces marchandises dont la tradition impossible à faire immédiatement, a été *réputée accomplie* au moment du contrat. Il demeure bien entendu, au surplus, que la *prescription instantanée* aurait ici encore son effet inévitable, si le
vendeur vendait et *faisait livrer*, par son commissionnaire,
les marchandises à un tiers-acheteur de bonne foi.

Sous cette réserve, il est exact de dire que « la facture
remplit l'office d'une *lettre de change*, avec cet avantage
de plus que la provision en est toujours faite » (1).

La facture peut être *au porteur*, ou revêtue de la *clause à
ordre*. Mais, dans le silence de la loi, l'usage admet que
toute remise de la facture, celle-ci ne fût-elle ni à ordre ni
au porteur, suffit à transmettre envers les tiers, avec la
propriété du titre, celle des effets ou marchandises qu'il
réprésente (2).

C'est fort bien. Mais il semble que la *clause à ordre*, une
fois inscrite formellement, devrait conserver les effets que
lui attribue le droit commun. Fixons d'abord l'espèce. Pierre
a vendu à Paul des marchandises soit présentes soit placées
au loin, avec remise d'une facture *à ordre*. Paul revend la
chose à Jean, et lui *passe* la facture. Paul venant à tomber
en faillite, Pierre ne devrait plus, conformément au droit
commun en matière d'effets de commerce, pouvoir s'armer

<hr>

(1) MM. Delamarre et Le Poitvin, T. 1. p. 264.

(2) Ainsi jugé par une décision du Tribunal de commerce de Marseille
en date du 27 nov. 1819. *Voy.* MM. Delamarre et Le Poitvin, *loc. cit.*

des exceptions qui lui sont personnelles contre le preneur Paul ; il ne devrait pas pouvoir invoquer les art. 577, 576 § 1ᵉʳ sous prétexte que Paul n'a pas payé son prix, mais bien accepter de Jean, aux termes de l'art. 578, le montant du prix consenti par ce dernier envers Paul.

Mais la loi est muette, et l'*usage* ne s'est pas prononcé dans ce sens. On a, au contraire, confondu la *remise* de la simple facture, avec la *négociation* de la facture à ordre, de telle sorte que c'est par une exception en faveur des ventes de marchandises placées *au loin*, que les tiers sont protégés contre l'application des art. 577 et 576-1°.

Aussi bien, en ce qui touche les achats et ventes de marchandises soit présentes soit absentes, le commerce a-t-il créé un autre instrument de circulation, auquel sont régulièrement appliqués les principes généraux en matière de négociation des effets de commerce : Nous voulons parler des *Ordres de livraison.*

La vente *à livrer* procure au commerce un moyen de circulation des marchandises singulièrement rapide.

Paul a acheté certaines marchandises de Pierre; il les revend à Jean, sans en avoir pris livraison. Au lieu de les faire transférer dans ses magasins pour les transférer à son tour dans ceux de Jean, Paul rédige un *ordre de livraison*, conçu à peu près en ces termes : « Je prie Pierre de livrer à Jean, la marchandise qu'il a à me livrer fin courant. — Paul. »

Jusqu'ici, tous les inconvénients qui résultent du défaut de tradition, subsistent. Si, avant la livraison opérée, Paul vient à tomber en faillite, il n'y a pas de raison pour que Pierre soit privé du bénéfice de l'art. 577 ; il retiendra les marchandises, à moins que Jean ne lui paie le prix intégral tel que Paul l'avait consenti avec Pierre. En effet, le titre émane de Paul, et fût-il muni de la clause à ordre, la situation de Pierre n'en saurait être atteinte. Ici donc nul motif de faire échec au principe consacré par l'art. 577 : Pierre n'a traité qu'avec Paul ; la faillite de celui-ci survenue, il retient la chose jusqu'au paiement total du prix.

Mais, il en est autrement, si un *endossement* vient changer les rapports personnels de Paul avec Pierre, en des obligations absolues vis-à-vis du public. Supposons que Paul, à la disposition duquel se trouvent les marchandises chez Pierre, son vendeur ou son commissionnaire, rédige l'ordre de livraison en ces termes : « Je prie Pierre de livrer à Jean *ou à son ordre.* » Jean à son tour revend la chose ; il remet à son acheteur le titre, après avoir écrit au bas : « Et pour moi livrez à Philippe. » Puis, Jean tombe en faillite. Pierre pourra-t-il, s'armant de l'art. 577, s'opposer à la délivrance de la chose ? Non assurément.

Par la clause à ordre, le caractère d'effet de commerce a été imprimé au titre. Le dessaisissement est opéré en ce qui regarde Paul du moins, et les art. 577 et 576-1° ne peuvent être invoqués par lui. Ce ne sera plus le prix convenu avec Jean que Pierre pourra exiger, aux termes de l'art. 578, en échange des marchandises, mais seulement le prix d'achat consenti par Philippe, le porteur.

On peut donc, ici mieux encore que dans l'état du droit pratiqué en ce qui touche la circulation des factures, comparer les ordres de livraison à la lettre de change. On peut même, d'une manière générale, dire que les ordres de livraison « sont au commerce de marchandises ce que la lettre de change est au commerce d'argent (1). »

_______

(1) MM. Delamarre et Le Poitvin, **T. V.** p. 165.

Arrivons enfin, dans cette revue rapide des valeurs en marchandises, dégagées du droit commun soit par l'usage soit par la loi, au *Connaissement* et à la *Lettre de voiture.*

Le connaissement est l'acte par lequel un expéditeur et le capitaine d'un navire, constatent le chargement de marchandises sur le navire, et les conditions du transport.

Cet acte, destiné originairement et essentiellement à établir un contrat de transport, peut aussi, accessoirement, servir à la circulation des marchandises. En effet, la chose se trouve désormais en lieu sûr et en mains sûres : La personne dénommée sur le connaissement pourra seule réclamer la dilivrance, à l'arrivée du navire.

Si donc, pendant que la marchandise est en voyage, le propriétaire de celle-ci veut la vendre, il transmettra le connaissement à son acheteur par un acte séparé : L'acheteur armé du connaissement dont il est devenu propriétaire, obtiendra du capitaine, exclusivement à toute autre personne, la délivrance de la marchandise.

Il n'y a même pas ici à redouter la *prescription instantanée* en faveur d'un tiers-acheteur, puisque la chose est à la garde du capitaine de navire.

Qu'arrive-t-il si, pendant le voyage, l'acheteur nanti du connaissement revend à son tour la chose et transmet le connaissement à une troisième personne, puis tombe en faillite ?

C'est ici qu'il nous faut reproduire le § 2 de l'art. 576, dont nous n'avons cité jusqu'ici que le début : « Néanmoins, poursuit la loi, la revendication ne sera pas recevable si, avant leur arrivée, les marchandises ont été revendues sans fraude, sur *factures et connaissements* ou lettres de voiture *signées* par l'expéditeur. »

On le voit, la loi n'admet le dessaisissement à l'encontre

du premier vendeur, qu'à une double condition : 1° Que la *facture* ait été transmise cumulativement avec le connaissement ; 2° que ces deux pièces soient signées de l'expéditeur. Ces conditions ont été exigées dans l'intérêt du premier vendeur, l'une lors de la rédaction du Code en 1807 (ancien art. 578) ; l'autre lors de la refonte du titre des faillites en 1838. Elles ont pour objet de permettre au premier vendeur de conserver, s'il le juge convenable, le droit de revendication en cas de faillite de son acheteur.

Nous avons supposé jusqu'ici le connaissement *à personne dénommée*. Hâtons-nous de dire que cet acte peut être transmissible par les voies rapides de la *négociation*.

*L'usage* avait déjà introduit cette faculté sous l'empire de *l'Ordonnance de la marine* du mois d'août 1681. Le Code de 1807 l'a formellement admise : Art. 281. — « Le connaissement... peut être à ordre ou au porteur, ou à personne dénommée. »

L'usage a fait, sous la législation de 1807, en faveur de la *lettre de voiture*, ce qu'il avait déjà fait sous celle de 1681 en faveur du connaissement. Sans doute, l'art. 102, parmi les énonciations de la lettre de voiture, indique purement et simplement « le nom de celui à qui la marchandise est adressée » : Mais, on n'a point pensé que la loi ait voulu sanctionner la forme *à personne dénommée*, à l'exclusion de celles à ordre ou au porteur. La preuve que cette interprétation est légitime, ne se rencontre-t-elle pas dans l'assimilation que fait l'art. 576, du connaissement et de la lettre de voiture, au point de vue de leur transmission même ?

Ainsi donc, en ce qui concerne le connaissement, et,

devons-nous ajouter, la lettre de voiture, le législateur est intervenu et il a fixé l'usage. Mais de la disposition formelle de l'art. 281, ne semble-t-il pas résulter que le connaissement *à personne dénommée* soit intransmissible *par la voie de l'ordre ?*

La jurisprudence de la Cour de cassation semble avoir conclu en ce sens, non sans raison selon nous, dans ses arrêts des 1ᵉʳ mars 1843 et 12 janvier 1847, sur lesquels nous reviendrons plus bas.

Mais encore, est-ce à dire que l'art. 576 § 2 cesserait de s'appliquer au cas où le connaissement ainsi rédigé serait transmis par *acte séparé ?* C'est l'hypothèse unique posée par nous, et il ne nous a pas paru qu'il y eût à hésiter, en présence des termes absolus de l'art. 576, lesquels visent d'une manière générale « les ventes faites, sans fraude, *sur factures et connaissements* ou lettres de voiture signées de l'expéditeur ». Dira-t-on qu'il est de principe, en matière de négociation, que les exceptions personnelles à l'auteur de l'émission contre le preneur du titre, ne cessent vis-à-vis de celui-là, qu'autant qu'il a inscrit lui-même la clause *à ordre* ou au porteur? Ce raisonnement ne serait pas de mise ici, puisque la loi est intervenue expressément pour établir elle-même de son autorité absolue, l'exception opposable par le porteur ; la loi a protégé l'expéditeur, non à l'aide des principes généraux de la négociation, mais en recourant à des formalités toutes spéciales, qui consistent en ce que : 1ᵒ la facture doit accompagner le connaissement ; 2ᵒ l'une et l'autre de ces pièces doit être *signée* de lui.

Le droit commun en matière de clause à ordre, n'a donc rien à voir dans l'application de l'art. 576. Tout connaissement, comme toute facture, sont, par cet article, supposés transmissibles : Reste uniquement à déterminer les conditions intrinsèques de la transmission.

Le connaissement est-il *à personne dénommée,* il faudra un acte séparé (1).

Le connaissement est-il *à ordre*, on devra remplir les conditions requises pour l'endossement.

C'est ici que nous nous retrouvons en présence des arrêts de la Cour de cassation, déjà indiqués. La Cour suprême exige l'application de l'art. 137, lequel prescrit, pour l'endossement de la *lettre de change,* l'indication de la *valeur fournie.* Cette extension des règles écrites pour la lettre de change, à tels autres titres négociables, nous paraît excessive.

Lorsque le législateur a voulu rendre applicables au *billet à ordre* « les dispositions relatives aux lettres de change et concernant... l'endossement », etc., il a eu soin de le dire formellement dans l'art. 187. De même (art. 313), en ce qui concerne le *contrat à la grosse,* auquel on peut joindre ici sans hésitation, le *contrat d'assurance.* En tous ces cas, il s'agit d'ailleurs de valeurs pécuniaires.

Mais soit. Que l'on se réfère au titre de la lettre de change en matière de valeurs négociables, pour y puiser les *principes généraux* en vigueur sous l'empire du Code de commerce, rien de mieux : Quant à y rechercher des formalités de droit étroit, c'est dépasser, ce nous semble, les règles d'une saine interprétation.

Et qu'on le remarque, ce qui est dit du connaissement doit l'être non pas seulement de la lettre de voiture, ce qui est évident, mais encore de tous autres titres négociables,

_____
(1) Valin, L. II, T. X, Art. 3.

spécialement de la facture et des ordres de livraison. Dira-t-on que l'usage ayant créé ces titres, est maître de leur sort, tandis que le législateur en écrivant l'art. 281 a dû nécessairement se reporter à la section où s trouve compris l'art. 137 ? Comment admettre que la loi, en consacrant l'usage de la négociation du connaissement, ait modifié cet usage sans en rien dire, au contraire de ce qu'elle faisait à l'égard du billet à ordre.

Nous ne croyons point avoir à discuter la théorie, étrange à nos yeux, d'après laquelle MM. Delamarre et Le Poitvin enseignent que le connaissement ne serait pas un effet *négociable*. D'après ces auteurs, si recommandables d'ailleurs, c'est bien à tort que l'« on arrive à transformer *l'endos-mandat* du connaissement en l'endos-transport de la lettre de change et à faire du connaissement un *papier négociable*, c'est-à-dire un effet vendable (1) ».

Bornons-nous à reproduire un des nombreux passages où les deux auteurs réfutent d'avance leur propre système : « L'art. 381 du code commercial veut que le connaissement puisse être fait soit *à ordre*, soit *au porteur*, ou à personne dénommée, disposition que ne contenait pas l'ordonnance de la marine. Cette innovation exigée par l'immense accroissement des relations et des transactions maritimes du commerce français, a changé le connaissement, autrefois valeur inerte, en un papier *négociable*, et c'est pourquoi on l'a justement qualifié, en l'appelant la *lettre de change des mers*. L'effet de *l'endossement* d'une telle lettre de change, dont la provision est toujours *faite à l'avance* et est toujours un corps certain, non seulement par les marques

_________

(1) T. VI, p. 493, etc.

et les autres désignations que le connaissement renferme, mais encore par le nom du navire qui transporte la chose, *cet effet*, disons-nous, *personne ne l'ignore,* c'est de transférer à l'instant et incommutablement la propriété des objets vendus (1). »

Nous ne saurions mieux dire. Ajoutons seulement que cette *lettre de change* n'a pas seulement le privilège d'avoir sa provision toujours faite à l'avance, mais celui encore d'être toujours *acceptée* par le capitaine signataire du connaissement.

Revenons, en finissant, à l'examen de la jurisprudence relative à l'endossement. Nous avons raisonné contre la jurisprudence, comme si les arrêts de la Cour de cassation statuaient sur la transmission d'un connaissement à titre de *vente*. En réalité, il s'agissait dans les espèces soumises à la Cour suprême, de la transmission à un commissionnaire, et du droit de *gage* accordé à celui-ci par les art. 91 et suivants.

Or, la Cour de cassation exige l'énonciation de la *valeur fournie* même dans l'endossement fait par l'acheteur failli à son commissionnaire. A défaut de cette formalité, le gage disparaît et la revendication reste ouverte à l'expéditeur. Ceci revient à dire que l'endossement ne procure un droit de gage qu'à la condition de transférer la propriété elle-même. Une pareille interprétation ne semble-t-elle pas véritablement contraire à la nature des choses : Où il n'est besoin que de possession, de détention, elle exige la propriété !

Ne serait-il pas infiniment plus simple et plus logique,

_______

(1) T. V, p. 64.

dans le système même de la Cour de cassation, de voir dans l'endossement fait au profit du commissionnaire sans énonciation de la valeur fournie, l'endossement irrégulier de l'art. 138? Un tel endossement « n'opère pas le transport; il n'est qu'une procuration ».

Qu'est-ce donc, aussi bien, que le commissionnaire, sinon un *mandataire* chargé de vendre pour le compte du mandant, des marchandises qui ne sont, *en aucun cas*, sa propriété, mais qu'il détient et sur lesquelles, par le fait de la détention, il exerce un droit de gage ?

Quoi qu'il en soit, par l'objet même des arrêts que nous venons d'examiner, on voit, et c'est par ce dernier point que nous achèverons ce que nous avions à dire du connaissement, on voit qu'il peut servir non seulement à transmettre la propriété, mais encore à constituer un *gage*. Il en est de même de la facture.

L'un et l'autre de ces titres représentant la valeur qu'ils désignent, il en résulte qu'ils peuvent être donnés en gage ou remis en dépôt, bien que, dans la rigueur des principes, ces contrats étant *réels* exigent la détention effective de la chose par le gagiste ou le dépositaire (1).

(1) *Cf.* MM. Delamarre et Le Poitvin, T. I, p. 265.

# CHAPITRE II.



Stérilité des textes législatifs; — de l'usage commercial. — Angleterre : statut royal sur la revendication des marchandises expédiées avec connaissement ; — Etats-Unis, etc. ; — comparaison de la législation française ; — système intermédiaire : effet ordinaire de la clause à ordre. — De l'application du droit commun en matière de négociations, soit au connaissement et à la lettre de voiture, soit à la facture ; — des ordres de livraison.

Nous avons, on le devine, peu de choses à dire sous ce chapitre, en ce qui concerne une matière créée et presque uniquement réglée par l'usage.

De la *facture*, dans le Code de commerce, quelques mots seulement en ce qui touche la preuve des achats et ventes (art. 109), et relativement au sort des marchandises vendues sur connaissement ou lettre de voiture. — Des *ordres de livraison*, rien. — Du *connaissement,* et surtout de la *lettre de voiture*, des dispositions si incomplètes au point de vue de la négociation, qu'il eût peut-être été plus sage au législateur de garder le silence.

A l'étranger, on conçoit qu'il en doit d'autant plus être

de même que la France n'a cessé de rester le guide des autres nations dans la confection des lois générales. C'est la France qui, la première, dès le temps de Charles VII, faisait les plus louables efforts pour parvenir à la rédaction des Coutumes. C'est la France qui, à la lumière du grand siècle, vit éclore ces admirables monuments de législation dont l'Ordonnance du commerce et l'ordonnance de la marine comstituent les éléments les plus parfaits. Enfin, c'est à la France de 1807 que tant de peuples d'Europe ont dû la législation commerciale dont ils jouissent, sans parler ici des autres codes qui nous furent également empruntés.

Plus que nous encore, s'il se peut, les autres peuples restent donc livrés aux incertitudes de l'usage commercial.

Pourtant, la nation d'habitude la moins apte à l'unification de ses lois, la Grande-Bretagne, a fixé à son tour un point important, que le législateur de 1807 entoure d'une vigilance excessive à nos yeux : Nous voulons parler de la revendication des marchandises revendues sur le connaissement par le négociant tombé en faillite.

La loi française s'est préoccupée, on le sait, de sauvegarder les droits du fabricant expéditeur. On ne s'est pas borné à exiger l'absence de *fraude*, pour que la vente consentie pendant le voyage sur le connaissement, fût soustraite à toute résolution ou « revendication ». On veut que la *facture* soit en la possession du tiers acheteur avec le connaissement. Et ce n'est pas assez : Il a été édicté que l'une et l'autre des pièces dont il s'agit, devront être signées par l'expéditeur, pour valoir transport définitif.

Ce sont là, il faut le reconnaître, des prescriptions qu'on a pu croire sages, utiles, nécessaires même, mais dont le caractère arbitraire ne saurait faire de doute.

Le commerce étranger n'a pas cru nécessaire de recourir à une protection poussée aussi loin. Une loi anglaise est même intervenue pour consacrer l'entière validité du transport à l'aide du connaissement seul, transmis sans le concours de formalités spéciales. Voici, en effet, ce que nous lisons dans l'ouvrage de MM. Delamarre et Le Poitvin (1) : « La jurisprudence anglaise nous semble avoir mieux pourvu aux intérêts du commerce et de l'industrie... En Angleterre, aux États-Unis, et, nous croirions pouvoir le dire sans trop de témérité, chez toutes les nations commerçantes du monde, la fiction de la tradition par le connaissement opère autant dans le cas qu'elle suppose, que la vérité dans le cas qui est vrai. Cette jurisprudence sanctionnée par un statut royal pourrait ainsi se traduire : « Le droit de saisie n'a plus lieu si la marchandise a été revendue en route, et que le sous-acheteur en ait, de bonne foi, reçu du premier acheteur le connaissement ou la lettre de voiture. »

Pour nous, c'est un système intermédiaire qui nous paraîtrait devoir triompher.

Que la loi française ait recouru, en faveur du fabricant expéditeur, à des mesures excessives, périlleuses et arbitaires, cela ne fait pas de doute à nos yeux. Mais encore faut-il reconnaître que la législation anglaise abandonne, dans un esprit d'exagération contraire, l'expéditeur sans défense aux pièges qui lui sont tendus par la spéculation.

Le système que nous voudrions proposer réserve au fabricant expéditeur les garanties qu'il a le droit de réclamer ; il échappe, en même temps, à toute accusation d'arbitraire.

_______

(1) T. VI, p. 449.

C'est, effet, purement et simplement le retour au droit commun que nous demandons.

C'est en restituant à la *clause à ordre* sa vertu naturelle que, d'après nous, toutes choses seraient remises à la place qui leur convient.

Que la loi consacre les conséquences légitimes du caractère d'effet de commerce reconnu par elle au connaissement, et il nous semble que tous les intérêts seront sauvegardés. L'expéditeur a-t-il créé le connaissement *à ordre ?* Par ce seul fait, il a renoncé à opposer au porteur l'exception de non-paiement du prix, qui lui est personnelle avec le preneur. Ici s'applique la disposition écrite dans le § 2 de l'art. 576 ; en même temps, devient inutile et disparaît la double exigence édictée dans l'intérêt exclusif de l'expéditeur, et dont les conséquences sont si funestes au commerce, en ce que, notamment, l'acheteur, s'il n'a pu revendre sur connaissement que moitié de la chose en voyage, se trouve dans l'impossibilité de revendre l'autre moitié, faute de pouvoir présenter la facture et établir son prix d'achat. Il demeure entendu que le connaissement créé *à personne dénommée*, et transmis par acte séparé, ne jouirait point du privilège d'opérer le dessaisissement de l'expéditeur. C'est précisément en créant le titre dans ces conditions que le fabricant expéditeur se réserverait la revendication en cas de faillite de l'acheteur.

On voit que nous n'avons imaginé rien de compliqué, ni d'arbitaire. Nous ne faisons autre chose qu'invoquer le seul droit commun.

Ce n'est pas seulement à la *lettre de voiture*, que nous voudrions tout naturellement voir étendre les principes généraux de la *négociation*. Pourquoi tous autres titres favorisés de la *clause à ordre*, ne bénéficieraient-il pas des mêmes avantages ?

Après avoir admis la *facture* au porteur, ou transmissible par la voie de l'endossement, on n'a su tirer aucune des conséquences les plus naturelles et les plus avantageuses de cette création. L'usage, s'appuyant tant bien que mal sur les fictions d'une doctrine incertaine que l'utilité seule a pu soutenir, s'est pris à distinguer entre les marchandises *présentes* et celles qui se trouvent placées *au loin* à une distance d'ailleurs absolument arbitraire. On a cru pouvoir, sans trop blesser les principes, assimiler cette situation à celle des marchandises en voyage : « Qu'importe, a-t-on dit, que la chose voyage vers l'acheteur ou l'acheteur vers la chose ? « (1) Et, sans plus s'inquiéter des droits du vendeur, on l'a déclaré dessaisi, et on l'a ainsi privé de son droit de revendication.

Remarquons-le bien. En empruntant la disposition arbitraire écrite dans l'art. 576 au sujet du connaissement, on s'est bien gardé d'en reproduire en même temps les garanties nécessaires quoique excessives en faveur de l'expéditeur. Ici encore, nous le répéterons : Que n'a-t-on, au lieu de mettre au même rang, par la plus étrange confusion de tous les principes du droit commercial, et la facture à ordre et la facture à personne dénommée, que n'a-t-on appliqué le droit commun en matière de négociation !

Laissant là ces distinctions imaginaires entre les marchandises situées à Bordeaux, et celles qui se trouvent à Libourne, ces rapprochements fantaisistes entre les marchandises qui voyagent et les marchandises vers lesquelles

---

(1) MM. Delamarre et Le Poitvin, T. V, p. 70.

on voyage, que ne s'est-on borné à déclarer dessaisi tout vendeur qui aura remis une facture *à ordre*. Le vendeur croit-il devoir se réserver la revendication en cas de faillite, il fait la facture à personne dénommée ; si l'acheteur ne consent pas à cette condition, il s'adresse ailleurs. Le vendeur a-t-il foi dans le crédit de l'acheteur, il lui remet une facture à ordre : Par cela seul il se dépouille du droit d'opposer au porteur l'exception de non-paiement du prix. Rien n'est plus commode, ce nous semble, pour le commerce ; et en même temps, rien n'est plus sûr.

Arrivons enfin aux *ordres de livraison*.

Ici, que rencontrons-nous ? L'application régulière des principes dont nous demandons la consécration, en ce qui concerne et la facture et le connaissement.

Nous n'avons rien à dire, rien à toucher : si ce n'est pourtant, en ce qui concerne les formalités à remplir, par exemple pour constater le refus de livrer la marchandise (1).

Ne trouvons-nous pas, dans la pratique des ordres de livraison telle que le commerce l'a consacrée, un argument nouveau et décisif en faveur de la doctrine que nous soutenons ? Oui, quand l'usage est bon, quand il est conforme aux principes généraux du droit, que le législateur s'empresse de le consacrer. Lorsqu'il pèche, au contraire, par la forme, par les conditions extrinsèques qui gouvernent son application, au législateur il appartient d'en rectifier le mécanisme, et d'en soumettre le jeu aux exigences du droit commun.

Certes, nous sommes loin de dédaigner le rôle de la

_______

(1) *Voy.* MM. Delamarre et Le Poitvin, T. V, p. 167. — De même, il serait utile que la loi vînt déterminer les conditions extrinsèques que devrait réunir la *facture* pour satisfaire au nouveau rôle qui lui est attribué. (*Op. cit.*, T. I, p. 265. 9).

*coutume* dans le droit commercial. Ce rôle est grand, nécessaire, et par conséquent légitime. Jamais, assurément, des législateurs, dans leur cabinet, n'auraient découvert l'emploi attribué par la pratique commerciale à la facture, aux ordres de livraison, au connaissement, pas plus qu'à la lettre de change ou au chèque. Mais la pratique, la coutume, l'usage enfin, sont faits d'éléments accidentels, surajoutés, et par conséquent incohérents. C'est la mission élevée du législateur que d'intervenir pour fixer l'usage et lui assigner dans le droit, la place à laquelle l'ont destiné sa nature et son objet.

# TITRE II

## DES RÉCÉPISSÉS-WARRANTS

## CHAPITRE I



Parmi les valeurs en marchandises examinées dans le titre précédent, une seule, le connaissement, protège l'acheteur, non seulement contre la *revendication* du vendeur originaire, mais aussi contre la *prescription instantanée* d'un tiers acheteur. Ce résultat provient, d'ailleurs, en ce qui concerne les marchandises en voyage, de ce qu'elles sont nécessairement remises aux mains d'une personne, le capitaine du navire, qui n'en fera la délivrance qu'au vu du connaissement.

Mais, toutes autres marchandises, soit qu'elles se trouvent dans les magasins du vendeur, soit qu'elles restent détenues par un commissionnaire, sont susceptibles d'être livrées à un tiers, alors même que la vente en eût été antérieurement consentie à un premier acheteur. Le commissionnaire, en effet, à la différence du capitaine, ne peut se refuser à exécuter les ordres arbitraires de son mandant.

On est parvenu par une ingénieuse création du progrès commercial, à établir sur terre, pour toutes marchandises, des établissements susceptibles de jouer uu rôle analogue à celui du navire qui porte sur mer les marchandises expédiées. Ces établissements portent le nom de *Magasins Généraux* ; les commerçants sont admis à y opérer des consignations dont la garde est confiée à une administration, qui devient en quelque sorte le « capitaine » de ces bâtiments ou magasins. Le transport des marchandises ainsi mises en sûreté, s'opère entre les négociants à l'aide des *Récépissés* fournis par l'administration des magasins généraux. Au *récépissé*, est joint un *Warrant* ou *Bulletin de gage* destiné à permettre le prêt sur nantissement, sans déplacement de la chose. L'un et l'autre de ces titres, ensemble ou séparément, sont transmissibles par la voie de l'endossement.

C'est cette création, si simple et si commode, qui a réellement donné naissance au *crédit des marchandises.*

Depuis longtemps déjà, le commerce anglais tire un grand profit de l'existence d'Entrepôts ou *Docks*, où sont reçues en dépôt toutes espèces de marchandises, exotiques ou indigènes. Ces Docks, ouverts par l'industrie privée et sans autorisation ni surveillance du gouvernement, délivrent, en échange de la marchandise, un certificat de dépôt ou *Warrant*. A cette pièce est jointe, lorsque le dépôt doit se prolonger, un bulletin de pesage ou *Weight-Note*.

Le *warrant* est destiné à transmettre soit la propriété de la chose, soit la possession à titre de nantissement. Toutefois, l'esprit pratique du commerce anglais n'a pas tardé à reconnaître l'inconvénient qu'offre l'unité d'un titre, servant à la fois à prouver soit le droit de propriété, soit le droit de gage seulement. Aussi est-il passé dans les usages que la transmission du *warrant* seul, sans *weight-note* à l'appui, ne donne naissance qu'au droit de gage. C'est au moyen du *weight-note* qui n'est en soi qu'un bulletin constatant le poids de la marchandise, que la propriété est transmise. L'un et l'autre de ces titres peut circuler de main en main, grâce à un premier endossement qui les transforme en valeurs *au porteur*.

Aussi bien la pratique anglaise, paraît-il (1), admet, pour ainsi dire dans tous les cas, l'intermédiaire des courtiers pour la transmission des marchandises déposées dans les *docks*. Les choses se passent alors comme il suit :

Le déposant remet le warrant au courtier chargé de la vente, et reçoit de celui-ci qui est en même temps banquier, une avance de fonds jusqu'à concurrence des 3[4 de la valeur des marchandises. Si la vente a lieu, le déposant se dessaisit alors du weight-note : cette pièce est remise à l'acheteur, qui verse le quart ou le cinquième du prix de vente, laquelle somme est remise au déposant. Celui-ci a

---

(1) *Voy.* Exposé des motifs de la loi du 28 mai 1858.

désormais cessé d'être propriétaire, il ne lui reste plus qu'un crédit chez le courtier-banquier, pour le solde définitif de son prix. Avant de remettre à l'acheteur le weight-note, le courtier y a constaté le chiffre de la somme restant due, ainsi que le délai très court nommé *prompt*, dans lequel ce solde devra être acquitté. En payant dans le délai fixé, l'acheteur déjà propriétaire et muni du weight-note, retire le warrant, des mains du courtier.

Si nous supposons qu'il n'y ait pas eu vente, c'est le déposant qui, dans ce délai déterminé, aura eu à rembourser le courtier de son avance, pour pouvoir retirer le warrant.

Qu'arrive-t-il au cas où le délai expire sans que le courtier soit remboursé, soit par le déposant, soit par l'acheteur au cas de vente? C'est ici encore qu'une seconde institution apparaît, également nécessaire, pour assurer le succès des dépôts sur warrants.

On ne s'est point dissimulé sans doute les dangers que peuvent offrir les *ventes publiques* sans formalités de justice, soit en facilitant la fraude du commerçant près de la faillite et qui veut faire disparaître son actif, soit en permettant d'écraser le marché tout à coup et d'amener des dépréciations ruineuses pour l'industrie d'une place déterminée. Néanmoins, la Hollande, les Villes hanséatiques, aussi bien que l'Angleterre elle-même, n'ont pas hésité à favoriser la pratique des ventes publiques, et cette dernière nation a dû peut-être en partie à ces ventes colossales, où accourent les étrangers, de devenir le marché du monde. En ce qui concerne spécialement la réalisation des marchandises déposées dans les docks, n'était-il pas indispensable que la vente pût avoir lieu immédiatement sans intervention du juge, même à titre gracieux ? Comment parvenir, sans l'emploi de ces moyens énergiques, à atteindre le but proposé, savoir : la mobilisation de la marchandise, au point même de l'assimiler, dans la mesure possible, aux espèces métalliques.

Avant d'étudier, en France, le mécanisme des consignations dans les Magasins généraux, et le rôle des Récépissés-warrants, il est intéressant et utile de suivre pas à pas, depuis son origine, l'idée féconde qui devait, à l'exemple des institutions commerciales de l'Angleterre, trouver sa formule définitive dans la loi du 28 mai 1858.

Les lois douanières du 8 floréal an II et du 2 juillet 1836 avaient créé en quelque sorte la première forme des magasins généraux.

La Douane ouvre au commerce des magasins ou entrepôts, dans lesquels elle reçoit les marchandises importées en France, soit de nos colonies, soit de l'étranger. Tant que ces marchandises se trouvent « en entrepôt, » elles sont censées se trouver encore au lieu de leur origine, et la perception des droits de douane est suspendue. Pendant ce laps de temps qui est régulièrement de trois années et peut être prolongé, le propriétaire avise à disposer de sa chose en la vendant, soit en France soit à l'étranger.

On le voit : l'entrepôt, à vrai dire, continue le navire, et l'administration de la douane se substitue au capitaine, pour la garde des marchandises. Seulement, le connaissement n'existant plus, le propriétaire de la chose doit, pour en disposer en faveur d'un tiers, recourir à un *transfert en douane*, c'est-à-dire à des écritures passées sur les registres de la douane.

Tous droits sur les marchandises sont transmis à l'acheteur.

A la vérité, la douane ne joue que le rôle d'un commissionnaire de l'acheteur, et il pourrait arriver qu'ignorant une vente antérieure, elle enregistrât le transfert en faveur de ce dernier. Mais, le premier acheteur, ainsi victime de la *prescription instantanée*, doit s'imputer à faute de n'avoir pas exigé de son vendeur le transfert en douane immédiat en sa faveur: car il ne s'agit ici que d'une tradition fictive, et non d'un déplacement plus ou moins long et dispendieux des marchandises; et tel est justement l'avantage au point de vue général du commerce, qui seul nous occupe, de la création des entrepôts.

Aussi bien, les inconvénients ne manquent-ils pas en ces sortes d'opérations.

Et d'abord, l'administration des douanes est toujours maîtresse de se refuser à enregistrer les *transferts*. C'est une faveur qu'elle accorde au commerce. Une pratique constante a consacré, il est vrai, ce bénéfice, mais des circulaires ministérielles nouvelles pourraient toujours détruire ce que des circulaires ont établi.

Encore n'est-ce là que le moindre des inconvénients opposés à l'emploi des transports en douane. Le mal véritable réside en ceci, qu'à chaque transmission de la chose, il faut se rendre auprès de l'administration et faire consigner l'opération sur les registres. Or, à chaque transmission nouvelle, nouvelle transcription à l'entrepôt. Il y a donc là un moyen facile et sûr de vendre et d'acheter : de *valeurs en marchandises*, il n'en existe pas trace.

Pour ouvrir le *crédit des marchandises*, il faudrait que l'administration des douanes délivrât au propriétaire de la chose un titre détaché des registres à souche, avec faculté pour le déposant de transmettre ses droits sur la chose et ses obligations vis-à-vis de la douane, par la remise ou l'endossement du titre.

C'est ce qui a été fait en 1848, grâce à la création des magasins généraux.

Au lendemain de la Révolution de 1848, en présence de la crise redoutable qui désolait le commerce, le ministre des finances exposa aux membres du gouvernement provisoire la nécessité d'ouvrir des magasins généraux. Nous croyons devoir reproduire les parties essentielles de ce rapport : «... Vous devez faire pour la marchandise ce que vous avez fait (par la création des *Comptoirs d'escompte*) pour le papier : elle a besoin d'issues ; il faut lui en ouvrir... J'ai pensé que le meilleur moyen de remédier au mal, c'était d'anticiper sur la consommation par la circulation. J'ai pensé qu'il fallait rendre la vie, pour le moment, à des valeurs aujourd'hui stagnantes... Dans le but de mettre les chefs d'industrie en mesure de disposer dès aujourd'hui du prix de leurs marchandises, il serait établi à Paris et dans les départements, des magasins généraux où les négociants et les industriels viendraient déposer leurs matières premières, marchandises et objets fabriqués, dont ils seraient propriétaires. En échange de leurs dépôts, ils recevraient une reconnaissance extraite d'un registre à souche. *Ce récépissé, indiquant la valeur vénale de la marchandise, estimée à dire d'experts*, constaterait la propriété qui serait transmissible par voie d'endossement. Les porteurs des récépissés du magasin central seraient admis à les *déposer en garantie* au comptoir d'escompte de leur circonscription. Revêtus du timbre de la République, et représentant une valeur matérielle, solide, tangible, *prochainement réalisable*, les récépissés seraient regardés comme équivalents à une seconde signature... »

Voici maintenant les principales dispositions du décret rendu à la suite de ce rapport, sous la date du 21 mars 1848 :

« Art. 1er. — Il sera établi à Paris et dans les autres villes où le besoin s'en fera sentir, des magasins généraux où les négociants et les industriels pourront déposer les matières premières, les marchandises, les objets fabriqués dont ils seront propriétaires.

» Art. 2. — (Exécution).

» Art. 3. — Il sera délivré aux déposants des récépissés revêtus : 1° du timbre de la République ; 2° du timbre des magasins où les marchandises auront été déposées. Ces récépissés extraits de registres à souche *transférant la propriété* des objets déposés, seront transmissibles par voie d'endossement.

» Art. 4. — Ces magasins seront placés sous la surveillance de l'État.

» Art. 5 et 6. — (Exécution). »

Ce décret-loi se borne donc à établir des magasins généraux et à prescrire la délivrance d'un *récépissé*, au moyen duquel le déposant pourra transférer *la propriété* des marchandises. Rien n'est dit de l'*expertise* préalable ; rien de la *remise en garantie* du récépissé, soit à un négociant ou banquier quelconque, soit aux *comptoirs d'escompte* ; rien des moyens de rendre *prochainement réalisable* la valeur représentée par le récépissé.

Les ministres étant, à cette époque, investis du droit de

prendre des mesures ayant force d'ordonnance ou décret, le ministre des finances prit, à la date du 26 mars, un arrêté destiné à servir de règlement d'administration publique pour l'exécution du décret du 21 mars.

Aux termes des art. 4 et 5 de cet arrêté, le récépissé de la marchandise en énonce « la valeur vénale au cours du jour, telle qu'elle est constatée par une expertise, à laquelle procèdent, au moment du dépôt, des experts choisis par la chambre de commerce, le conseil municipal ou la chambre consultative des arts et manufactures, parmi les négociants, et assistés d'un courtier de commerce ou d'un commissaire-priseur ».

Ce point fixé, l'arrêté entre dans le domaine législatif. Par son art. 7, dérogeant à l'art. 2076 du Code civil, il édicte que « toute personne qui voudra prêter sur des marchandises déposées sera valablement saisie du *privilège de nantissement* par le transfert du récépissé à son ordre ». Cet article subordonne, en même temps, la validité du transfert, soit à titre de vente, soit à titre de nantissement, à son inscription sur les registres du magasin, sans même distinguer entre le premier transfert et les subséquents. L'art. 10 réglemente la présentation du récépissé aux comptoirs d'escompte : Ces établissements de crédit recevront, pourvu qu'il y soit joint un billet à ordre, le récépissé tenant lieu de seconde signature. Cette disposition se trouve même étendue à la Banque, grâce à un décret-loi portant la même date de l'arrêté, 26 mars, et aux termes duquel « la Banque de France et ses comptoirs pourront admettre à l'escompte, *en remplacement de la troisième signature*, les récépissés de dépôt sur marchandises mentionnés dans le décret du 21 mars ».

Enfin, le ministre, complétant son œuvre et achevant de satisfaire aux vues émises dans son rapport, crée une nouvelle dérogation à la loi (art. 2078 du Code civil). L'art. 11 de l'arrêté du 26 mars établit d'abord que : « à défaut du paiement à l'échéance, le concessionnaire porteur du récépissé pourra exercer son recours contre l'emprunteur et les endosseurs *ou sur la marchandise déposée*». Puis il ajoute : « Dans ce dernier cas, le président du tribunal de commerce, sur la simple production de l'acte de protêt, ordonnera la vente de la marchandise aux enchères. »

Ainsi, le récépissé qui n'était aux termes du décret qu'un titre destiné à transmettre la propriété, devenait en même temps, de par l'arrêté ministériel, un instrument de crédit, représentant, au point de vue du droit de gage et du privilège de nantissement, la marchandise elle-même. La réalisation de la chose ainsi engagée, était facilitée par la seule intervention du président du tribunal de commerce.

Cette application des magasins généraux à la transmission fictive, à titre de gage, des marchandises, devait, en réalité, devenir l'objet principal de cette institution. C'est le prêt sur nantissement au moyen du récépissé, bien plus que la circulation des marchandises par des ventes successives à l'aide du même titre, que l'on vit entrer en faveur dans le commerce. Aussi, bien que l'arrêté du 26 mars fût illégal d'après la législation même du moment, on put constater, dès le 30 juin de la même année, qu'il avait été déposé, dans les magasins généraux, des marchandises pour une valeur de 49 millions, sur laquelle somme il avait été prêté, à la même époque, pour une valeur de 26 millions.

Il était urgent qu'un décret-loi vînt régulariser cette situation. Ce décret est en date du 3 août. Il est utile d'en reproduire les termes :

« Art. 1er. — Toute personne qui, en vertu des décret et arrêté des 22 et 26 mars dernier, aura prêté ou prêtera sur des marchandises déposées dans les magasins publics, sera valablement saisie du privilège de nantissement par le transfert du récépissé à son ordre, et par la mention dudit transfert sur le registre du magasin avec indication de la somme prêtée. — (Impôt.)

» Art. 2. — A défaut de paiement à l'échéance, le cessionnaire porteur du récépissé pourra exercer son recours contre l'emprunteur et les endosseurs ou sur la marchandise déposée. Dans ce dernier cas, le président du tribunal de commerce, sur la simple production de l'acte de protêt, ordonnera la vente de la marchandise aux enchères. » La fin de l'article autorise les comptoirs d'escompte à faire vendre le gage sans l'intervention de justice, après un délai de huitaine, conformément à ce qui avait été précédemment établi en faveur des sous-comptoirs de garantie. »

Tel était le système que, sous l'empire de pressants besoins, la législation de 1848 avait créé.

Le succès de l'institution ne répondant pas à toutes les espérances qu'on avait conçues, on s'est préoccupé de remanier notre législation.

# CHAPITRE II

LOIS DU 28 MAI 1858. — EXAMEN CRITIQUE DES LÉGISLATIONS COMPARÉES

Loi « sur les ventes publiques de marchandises en gros ». — Loi « sur les négociations concernant les marchandises déposées dans les magasins généraux». — Récépissé et Warrant, joints ou séparés ; — transmission par l'endossement ; effets de l'endossement ; — bénéfice de discussion. — Application des lois de 1858 ; — comparaison des législations anglaise et française ; — causes de l'insuccès relatif des magasins généraux en France.

Deux lois présentées dans un *Exposé des motifs* unique ont été votées le même jour, 28 mai 1858, et promulguées à la même date, 11 juin : La première, *sur les négociations concernant les marchandises déposées dans les magasins généraux ;* la seconde, *sur les ventes publiques de marchandises en gros.*

Disons tout de suite, et pour n'y plus revenir, que « la vente volontaire aux enchères, en gros » a été admise, sous la seule réserve que la marchandise se trouverait comprise dans les diverses catégories d'un tableau annexé à la loi. La nomenclature établie sur ce tableau a eu pour but d'exclure de l'application de la loi, les *marchandises fa-*

*briquées,* par suite d'une considération que dictaient « l'humanité et la politique » : « Une dépréciation subite et trop considérable des objets fabriqués peut compromettre l'existence des manufactures et priver tout à coup de travail de grandes masses d'ouvriers (1). »

En ce qui concerne spécialement la réalisation des marchandises déposées dans les magasins généraux, la première loi s'en réfère aux dispositions que nous venons de rapporter, sous la seule réserve d'un délai de « huit jours après le protêt ». Passé ce court délai, le porteur sur nantissement peut « sans aucune formalité de justice, faire procéder à la vente publique aux enchères et en gros de la marchandise engagée, dans les formes et par les officiers publics indiqués dans la loi du 28 mai 1858 (art. 7) ».

Étudions maintenant l'économie de la législation de 1858 « sur les négociations concernant les marchandises déposées dans les magasins-généraux ».

La loi nouvelle commence par supprimer la formalité inutile et gênante de l'expertise, qui jusque-là devait accompagner le dépôt. Cette expertise était inutile, car la valeur vénale des marchandises est essentiellement variable, et les « cours » seuls peuvent en déterminer le prix. Elle était gênante, en ce qu'elle introduisait l'immixtion de personnes étrangères dans les affaires du déposant.

Aussi, l'art. 1er de la loi se borne-t-il aux prescriptions suivantes : « Les magasins généraux établis en vertu du décret du 21 mars 1848, et ceux qui seront créés à l'avenir recevront les matières premières, les marchandises et les objets fabriqués que les négociants et industriels vou-

_______________

(1) Exposé des motifs.

dront y déposer. Ces magasins sont ouverts... avec l'autorisation du gouvernement et placés sous sa surveillance. Des *récépissés* délivrés aux déposants énoncent leur nom, profession et domicile, ainsi que la *nature de la marchandise* déposée et les *indications propres à en établir l'identité et à en déterminer la valeur.* »

Ainsi, le *récépissé* délivré par ces magasins, vis-à-vis desquels l'autorisation et le contrôle du gouvernement sont maintenus, constate l'identité et procure les moyens de fixer la valeur au moment où il en sera besoin. Les titres délivrés par les magasins généraux ne peuvent, au surplus, garantir autre chose que la qualité générique, extérieure et apparente, de la marchandise. On doit appliquer ici les principes admis en matière de connaissement (1).

Cette sage modification de la loi antérieure, quelque favorable qu'elle puisse être au succès de l'institution, est peu de chose auprès de celle édictée par l'article suivant : « Art. 2. A chaque récépissé de marchandises est annexé, sous la dénomination de *warrant,* un bulletin de gage contenant les mêmes mentions que le récépissé. » La création du warrant met un terme à l'inconvénient grave qui résultait de l'unité d'un titre, destiné aussi bien à transmettre la propriété qu'à constituer le gage. On se rappelle de quelle manière cette amélioration avait déjà été indroduite en Angleterre par la pratique : Au *warrant* est attribué exclusivement l'emploi de bulletin de gage ; on en détache son annexe, le *weight-note,* pour l'appliquer à la transmission de la propriété.

(1) Cassation (*Ch. des requêtes*) 21 juillet 1869 (*Journal du Palais,* p. 927).

Le législateur de 1858 a conservé au warrant sa qualité de bulletin de gage : Mais, au lieu d'un titre irrégulier, auquel un usage conventionnel seul a pu attribuer une vertu pour laquelle il n'était pas fait, le même législateur maintint, sous le nom de *récépissé*, l'existence du certificat de dépôt constatant la propriété de la chose, rôle qui appartenait originairement au warrant. En résumé, on a, joints l'un à l'autre, deux certificats de dépôt, l'un recevant le nom de récépissé, et consacré à la transmission de la propriété ; l'autre conservant la dénomination de warrant, et destiné à servir de bulletin de gage.

Ces deux titres peuvent rester réunis, ou circuler séparément : L'un et l'autre se transmettent par voie d'endossement (1).

---

(1) Voici le texte des articles qui ont trait à ce point, d'ailleurs essentiel.

« Art. 3. — Les récépissés et les warrants peuvent être transférés par *voie d'endossement, ensemble ou séparément.*

« Art. 4. — *L'endossement du warrant, séparé du récépissé, vaut nantissement* de la marchandise au profit du cessionnaire du warrant.

« *L'endossement du récépissé* transmet au cessionnaire *le droit de disposer* de la marchandise, *à la charge* par lui, lorsque le warrant n'est pas transféré avec le récépissé, de *payer la créance garantie par le warrant,* ou d'en laisser payer le montant sur le prix de la vente de la marchandise. »

Enfin, « Art. 5. — L'endossement du récépissé et du warrant, transférés ensemble ou séparément, doit être *daté.*

« L'endossement du warrant séparé du récépissé doit en outre énoncer le montant intégral, en capital et intérêts, de la créance garantie, la date de son échéance, et les nom, profession et domicile du créancier.

« Le *premier cessionnaire du warrant* doit immédiatement faire *transcrire l'endossement* sur les registres du magasin, avec les énonciations dont il est accompagné. Il est fait mention de cette transcription sur le warrant. »

Le texte de la loi dit expressément (art. 4, § 2) que l'endossement du *récépissé* transmet au cessionnaire *le droit de disposer* de la chose. C'est qu'en effet, le déposant ne désirera pas toujours transmettre la *propriété* de la marchandise. « On peut supposer, lisons-nous dans *l'exposé des motifs*, que l'endossement du récépissé aura ce résultat dans le plus grand nombre de cas ; mais si c'était là la conséquence légale et nécessaire de l'endossement du récépissé, on irait au delà du but. Le récépissé doit pouvoir être transféré à un autre titre qu'à titre de vente, et, par exemple, à titre de mandat pour vendre ou pour retirer la marchandise. Il faut donc laisser toute latitude à cet égard au propriétaire du récépissé, et, en conséquence, il suffit, comme le dit à dessein l'art. 4, que l'endossement du récépissé confère à celui à qui il est transféré le droit de disposer de la marchandise ; en d'autres termes, qu'il équivale, en langage commercial, à *un ordre de livraison*. A quel titre le cessionnaire du récépissé pourra-t-il disposer ? C'est ce que dira le contrat préexistant à l'endossement dont l'endossement n'est que l'exécution, et dont les conditions, qui peuvent être très variées... n'importent qu'aux rapports entre le cédant et le cessionnaire du récépissé. »

L'endossement du *warrant* est soumis à la formalité d'une première et unique *transcription* sur les registres du magasin. Cette transcription est nécessaire, on le comprend sans peine ; mais elle suffit, sans qu'il soit besoin de l'imposer encore aux cessionnaires subséquents.

La simple remise de l'un ou de l'autre des deux titres n'engendre aucun droit au profit de celui qui les a reçus. Vainement, un prêteur qui aurait avancé le prix des marchandises déposées serait-il convenu avec l'emprunteur

que les warrants resteraient entre les mains du premier
jusqu'à remboursement, cette seule possession ne saurait
donner naissance même à un *droit de rétention* sur les
titres dans la faillite du déposant (1).

Il nous faut relever ici une innovation importante du législateur de 1858.

Avant de pouvoir actionner l'emprunteur, le prêteur
est tenu de faire vendre la marchandise et d'en épuiser la
valeur. Ce *bénéfice de discussion* est ainsi justifié dans l'*exposé des motifs :* « On a remarqué, avec raison, que la
disposition actuelle met l'emprunteur dans une situation
fâcheuse ; qu'il a perdu la disposition de la marchandise
en la donnant en nantissement, et qu'il n'en a pas moins
chargé son crédit. Sa position loin de se simplifier s'est
compliquée. » L'art. 9, en conséquence, dispose que « le
porteur du warrant n'a de recours contre l'emprunteur et
les endosseurs qu'après avoir exercé ses droits sur la marchandise, et en cas d'insuffisance. Toutefois, en reportant
l'ouverture du droit de recours contre les endosseurs, tel
qu'il résulte de l'art. 165 et suivants, au jour de la réalisation de la vente, l'article 9 a dû éviter que les endosseurs ne demeurassent indéfiniment sous le coup de l'action qui les menace : Dans ce but, il prescrit au porteur
de « procéder à la vente *dans le mois* qui suit la date du
prêt, sous peine d'être déchu de son droit de recours
contre les endosseurs ».

Terminons cette analyse de la loi du 28 mai 1858 dans
ses éléments essentiels, en mentionnant la disposition aux
termes de laquelle les warrants peuvent être reçus par la

_______________

(1) Cassation (*Ch. civile*), 19 décembre 1863 (*J. du Palais,* 1866, p. 147).

Banque de France et par les Comptoirs d'escompte, avec dispense d'une signature, sans qu'il y soit joint un billet à ordre, contrairement aux prescriptions de la législation antérieure : « Art. 11. Les établissements publics de crédit peuvent recevoir les warrants *comme effets de commerce* avec dispense de l'une des signatures exigées par leurs statuts. »

Telle est la législation définitivement appliquée en France aux négociations concernant les marchandises déposées dans les magasins généraux. La loi du 28 mai 1858, complétée par celle portant la même date relative aux ventes publiques, a emprunté aux législations des peuples voisins toutes les dispositions susceptibles de favoriser le succès des magasins généraux.

L'*Exposé des motifs* démontrait en ces termes la nécessité de réformes législatives : « Les ventes publiques en gros sont très rares, lisons-nous dans ce document, et les warrants n'ont guère été employés jusqu'ici qu'à titre d'expédient, à défaut d'autres moyens de crédit, et dans les moments de crise. En 1848 et en 1857, ils paraissent avoir rendu des services, mais des services momentanés et pour ainsi dire accidentels. Leur négociation n'est pas plus devenue une opération commerciale courante que les ventes publiques ne sont devenues des ventes habituelles. » La législation nouvelle a, dans une large mesure, porté remède à cette fâcheuse situation.

Au Havre, notamment, il existe quatre magasins généraux, dont deux surtout ont une très grande importance. Un mouvement considérable de marchandises s'opère dans ces établissements, et des récépissés et des warrants y sont délivrés aux déposants. L'un des magasins (celui des Docks, détail qui dénote à lui seul une organisation excellente, sert en même temps d'entrepôt réel pour la Douane (1).

Les ventes publiques sur la même place, en dehors des ventes de marchandises avariées, sont assez fréquentes. Il en existe de périodiques pour certains produits.

De même, à Marseille. Il existe dans ce port et notamment dans les docks et entrepôts, divers magasins généraux, où les lois du 28 mai 1858 reçoivent leur pleine application.

A la vérité, il faut le reconnaître, l'institution qui nous occupe n'a pas obtenu jusqu'ici sur d'autres places une égale faveur.

A Bordeaux, par exemple, des magasins établis à grands frais, entre le port et les gares de chemins de fer, sont demeurés sans emploi. Les prêts sur warrants, aussi bien que les ventes publiques, n'ont pas l'importance qu'on eût désiré leur voir prendre. Si le port de Bordeaux est resté, à cet égard, aussi loin de ceux du Havre et de Marseille, le commerce des places intérieures ignore trop souvent les bénéfices de la législation de 1858.

Est-ce à dire que cette législation soit encore timide et insuffisante? Tournant de nouveau nos regards vers l'Angleterre, devrions-nous songer à lui emprunter la liberté absolue qui préside, en ce pays, à la création des magasins généraux?

______

(1) Cet établissement confine aux bassins intérieurs du port, et en possède même un qui lui est propre, donnant accès aux navires et bordé de hangars où les marchandises une fois débarquées sont immédiatement déposées.

Nous ne le pensons pas. Le commerce, autant, sinon plus que toutes autres relations humaines, exige deux conditions indispensables à son développement et à son existence même : la première de ces conditions est la liberté ; mais la seconde, aussi essentielle que la première, est la sécurité. Il se peut que la race anglo-saxonne, par l'effet d'un caractère lent et calculateur, s'accommode d'une liberté absolue ; pour nous, il nous faut, avant toutes choses, que la sécurité soit assurée, pour ainsi dire, de prime abord et en dehors de nous. S'il pouvait naître de la défiance quant au dépôt des marchandises qui doivent constituer le gage, nous verrions aussitôt dans les warrants un papier-monnaie et le pire de tous.

La faculté offerte à chacun, sans garantie comme sans contrôle, de créer des magasins généraux, n'aurait en France d'autre effet que de compromettre l'institution elle-même, et de réduire au néant les bénéfices qu'elle procure actuellement à certaines de nos places.

Ce n'est point dans la législation qu'il faut chercher les causes de l'application restreinte où en est restée chez nous une institution qui jouit ailleurs d'une si grande importance.

La première et la principale de ces causes doit être attribuée à la défaveur qui n'a jamais cessé d'entourer, en France, le prêt sur nantissement. C'est là une vérité de fait, que l'ensemble de nos lois mêmes suffit à démontrer (1). Il convient encore de tenir compte de l'absence des *courtiers-banquiers*, que nous avons rencontrés en Angleterre. Mais ce n'est là qu'une cause seconde, pour

_______________

(1) *Voy*. M. Troplong. *Du Nantissement*.

ainsi dire : si les courtiers n'ajoutent pas, chez nous, à leurs attributions celles de banquiers-prêteurs sur gage, c'est justement par une suite du peu de faveur que nous accordons à cette source de crédit.

Au surplus, il faut le remarquer, si nos voisins d'Outre-Manche tirent un si grand parti des magasins généraux et des ventes publiques, c'est que leurs places sont non seulement des ports, mais surtout des ports de circulation, c'est-à-dire, avant tout, des marchés.

Bordeaux sert à l'exportation de ses vins et de tant d'autres ressources de notre pays ; il sert à l'importation des produits étrangers pour notre vaste territoire. Les institutions qui nous occupent n'ont ici, pour ainsi dire, que faire. Au contraire, le Hâvre, Marseille, se trouvant dans la même situation que Liverpool, ont recours aux mêmes agents commerciaux, avec le même succès.

Aussi, l'honorable président de la Chambre de commerce de Marseille, en nous adressant les renseignements statistiques que nous avions pris la liberté de lui demander, n'a-t-il pas craint de déclarer que la législation de 1858 avait satisfait aux besoins du commerce : « Jusqu'à ce jour, écrit-il, l'application des lois sur les magasins généraux et les ventes publiques n'a soulevé aucune réclamation. »

# TITRE III

## DES BILLETS EN MARCHANDISES ET DES « ORDRES EN DENRÉES »

## CHAPITRE I

### DES BILLETS EN MARCHANDISES

Du Billet en marchandises ; comparaison avec le billet à ordre : — Législation prussienne. — De l'usage commercial en France ; — caractère de l'obligation créée ; — effet de la clause à ordre ; — distinction entre les billets souscrits par des commerçants ou de simples particuliers : — situation fâcheuse des propriétaires-agriculteurs ; — nécessité de créer un titre applicable aux choses fongibles.

L'usage commercial auquel déjà sont dues ces véritables *lettres de change en marchandises* qu'on appelle les ordres de livraison et les factures, admet également des *billets à ordre* payables en marchandises.

Dans l'un et l'autre cas, l'opération prévue par notre Code se trouve exactement renversée. C'est ainsi que dans le billet en marchandises, le souscripteur reçoit des espèces et s'engage à remettre, non plus de l'argent, mais une chose.

Cet effet de commerce a été formellement prohibé par la législation prussienne (1), dans la crainte sans doute qu'il ne serve d'aliment à des jeux de Bourse. En France, l'usage l'a établi ; mais son emploi est fort restreint. La forme de lettre de change revêtue par les factures, les ordres de livraison, les connaissements, est beaucoup plus avantageuse au commerce.

Il est certain que le billet en marchandises doit rester dans la limite où l'usage a force de loi, et qu'il s'applique exclusivement aux transactions entre commerçants. « Cependant on a vu, écrit M. Nouguier, de simples propriétaires voulant se défaire de leurs *récoltes,* choisir cette forme de vente. Ils en recevaient le prix, et en compensation ils fournissaient un billet en marchandises par lequel ils prenaient l'engagement de livrer le produit de leurs champs au temps voulu (2). »

Mais « cette forme de vente » ou, pour parler plus exactement, ce mode d'exécution d'une vente de récoltes futures, est, dit M. Nouguier, « une simple promesse ».

*Simple promesse,* soit. Encore faut-il préciser exactement le sens de cette expression. Et d'abord, l'obligation ainsi créée sera purement civile. Ensuite, la *clause à ordre* pourra sans doute être valablement stipulée par les parties ; mais les conséquences de cette clause seront restreintes dans leurs strictes limites. Il en résultera purement et simplement une cession-transport par la voie rapide de l'endossement, sans signification au débiteur ni acceptation de sa part. Mais cette cession sera et demeu-

(1) *Op. cit.,* T. II, **p. 240.**

(2) *Loc. cit.*

rera une « cession ordinaire » (1), sans que la clause à ordre puisse y attacher aucune des « faveurs » dont jouit la transmission des *effets de commerce,* spécialement en ce qui concerne les exceptions personnelles du souscripteur vis-à-vis du cédant.

En traitant du billet à ordre payable en espèces, nous avons admis que la clause à ordre n'a d'influence que sur le mode du transport, lorsque l'une des conditions prescrites par l'art. 188 vient à faire défaut. C'est en quelque sorte *à fortiori* que nous écarterons ici toute extension des règles de la négociation, à des engagements qui n'ont, en réalité, rien de commun avec ceux que le législateur a prévus. L'art. 188 le dit formellement : le billet à ordre doit énoncer « la somme à payer ».

Des *valeurs en marchandises,* le Code de 1807 ne paraît pas même soupçonner l'existence, et son esprit comme sa lettre repoussent toute application des dispositions qu'il contient aux opérations de cette nature.

C'est donc entre commerçants seulement, et par la force de l'usage commercial, que des valeurs payables en marchandises, sous forme de billets à ordre ou de lettres de change, peuvent être créées et jouir des bénéfices attachés à la circulation des effets de commerce.

Ce n'est point, d'ailleurs, qu'il ne nous en coûte de rejeter sous le joug du droit civil les opérations des propriétaires-cultivateurs.

On sait quelles sont les souffrances de l'agriculture, en France, et l'on s'accorde à reconnaître que la cause de sa langueur et de son immobilité, en présence du prodi-

_____

(1) Cassation, 14 août 1850. Arrêt plusieurs fois cité.

gieux élan donné au commerce et à l'industrie, provient
du manque de crédit et de capital roulant. L'un des éco-
nomistes-agriculteurs les plus éminents de ce temps,
M. Léonce de Lavergne, réclamait, non sans raison,
en 1865, « l'institution par la loi d'un nombre déterminé
de banques », avec « l'obligation d'établir des comptoirs
dans tous les chefs-lieux d'arrondissement de leur circonscription » (1).

Cette pensée est excellente. Reste à trouver l'instrument le plus favorable à servir le crédit des agriculteurs.
Or, d'après des évaluations fournies par un autre déposant, dans la même enquête, il existerait en France un
capital de 6 milliards en récoltes, non utilisé pour le crédit
de l'agriculture (2). Il est bien connu, en effet, que la vente
des produits agricoles se règle presque uniquement au
comptant. De telle sorte que cet ordre de transactions ne
suscite la création d'aucune valeur de crédit, pas plus en
espèces qu'en marchandises. Souvent, à la vérité, l'acheteur bénéficie, pour le paiement, d'un délai que les relations bienveillantes des campagnes permettent de prolonger impunément : Mais, loin de procurer un avantage
réciproque au producteur, cette pratique ajoute encore
aux difficultés et aux incertitudes de l'industrie agricole.
Quelle déperdition de forces ! et quelle vicieuse organisation d'une branche si importante, si essentielle, de notre
richesse nationale !

Ce résultat lamentable est manifestement dû au défaut

______

(1) Enquête sur la circulation monétaire et fiduciaire ; *ajoutez* déposition de M. Gareau, ancien député.

(2) Déposition de M. le comte d'Esterno.  .

d'un instrument de crédit susceptible d'être employé par les non-commerçants pour la circulation des denrées.

Le propriétaire essayera-t-il de se servir des *ordres de livraison,* cette lettre de change appliquée aux marchandises ? L'usage commercial ne suffit plus à ouvrir pour lui cette porte de salut. Il lui faudrait recourir à l'intermédiaire obligé d'un *commissionnaire.* Mais, si cette marche est possible, par exemple au possesseur de vastes vignobles en Languedoc, qui ayant de grandes quantités à vendre, sait aisément se plier aux habitudes du commerce (1), comment en pourrait-il être de même d'un propriétaire modeste ou d'un fermier, obligé d'opérer ses transactions sur le seul marché qui se trouve à sa portée !

Pourquoi donc, en face des valeurs pécuniaires, et à côté des valeurs en marchandises, ne placerait-on pas des titres ayant pour objet la prestation de denrées agricoles (2) ? « En réalité, écrivent MM. Delamarre et Le Poitvin,

(1) *Voy.* MM. Delamarre et Le Poitvin, T. VI, p. 309.

(2) Une circulaire ministérielle, en date du 30 juillet 1879, après avoir démontré l'urgence, plus que jamais pressante, de mesures destinées à venir au secours de l'agriculture, poursuit ainsi :

« Le gouvernement a institué une commission à laquelle il a confié le soin d'étudier cette question du *crédit agricole mobilier,* ainsi que les moyens de faciliter aux exploitants de notre sol l'accès des capitaux. Cette commission qui fonctionne auprès de mon ministère a décidé qu'avant de poursuivre ses études, il était indispensable qu'elle fût bien fixée sur la réalité et l'étendue des besoins dont il s'agit, ainsi que sur les moyens dont les agriculteurs ou leurs représentants les plus autorisés pourraient recommander l'attention au gouvernement. »

Voici les principales questions que le ministre invite les préfets à soumettre aux Conseils généraux : « *Pourquoi* les cultivateurs se *plaignent-ils de manquer de crédit* pour leurs opérations ? — Quels sont les prêteurs ? Existe-t-il des intermédiaires entre les prêteurs et les emprun-

il n'est aucun motif de ne pas appliquer le change aux choses *fongibles* (celles qui se consomment par le premier usage qu'on en fait), et qui ont un cours régulier. » Ces éminents auteurs voient, avec raison, « une opération analogue exécutée par les *ordres de livraison* » (1). MM. Delamarre et Le Poitvin renvoient enfin au « Code des Deux-Siciles, section ii, *Degli ordini in derrate* (des ordres en denrées), art. 189 ».

En effet, l'Italie jouit de titres de crédit appliqués à la circulation des fruits de la terre. On rencontre dans la législation de ce pays, aussi bien sous la forme de la lettre de change que sous celle du billet à ordre, de véritables *valeurs en denrées.*

L'examen de ce sujet qui emprunte une importance particulière à l'intérêt de l'agriculture, pour laquelle ce siècle si fécond en progrès industriels n'a, pour ainsi dire, rien su faire, terminera notre travail.

teurs, et quels sont-ils ? Existe-t-il dans le département des *établisse-ments de crédit*, banques, comptoirs de la Banque de France, comptoirs d'escompte ou d'autres établissements financiers, magasins généraux, etc., ouverts aux cultivateurs, et d'après quelles règles ? — *Comment serait-il possible d'améliorer* les conditions actuelles du crédit mobilier appliqué aux cultivateurs *et quelles mesures législatives*, administratives ou économiques, le gouvernement pourrait-il adopter utilement pour faciliter aux cultivateurs l'accès du crédit agricole mobilier ? »

(1) T. V, p. 435, *à la note.*

# CHAPITRE II



Des ordres en denrées : — Code italien ; — assimilation avec la lettre
de change. — *Projet italien.* — Délai maximum pour l'échéance ;
prohibition des ordres à vue ; — règles concernant l'exécution ; —
rigueurs excessives contre l'accepteur. — Réformes à introduire dans
le régime des ordres en denrées ; — avantages de ce nouveau titre
dans l'intérêt de l'agriculture. — Opportunité d'une refonte législative comprenant l'ensemble des effets de commerce.

Lorsqu'il fut promulgué dans le royaume de Naples, par
un décret du 5 novembre 1808, le Code de commerce français reçut l'addition d'une disposition particulière concernant les « Ordres en denrées » (*Degli ordini in derrate*).

Cette disposition est passée dans le Code de commerce
italien rédigé en 1865, sous le nom assez malheureusement changé de « Billets à ordre en denrées » (*Degli Big-
lietti all'ordine in derrate*) : C'est, en effet, la forme de la
lettre de change, et non celle du billet à ordre, que le législateur de 1865 appliquait aux anciens ordres en denrées.
Il suffit, pour s'en assurer, de lire l'art. 275 dont voici la
traduction :

« Les billets à ordre en denrées doivent contenir la date,

la qualité et la quantité des denrées à consigner ; les nom
et prénom de la personne à l'ordre de laquelle doit se faire
la consignation ; les nom, prénom, résidence de *celui à
qui l'ordre* est adressé ; le temps auquel la consignation
doit se faire ; la valeur, comme dans les lettres de change. »

Ainsi il y a un *tiré* à qui l'ordre est adressé (*al quale
l'ordine à diretto*). C'est donc véritablement une lettre de
change, payable en denrées, que nous avons devant les
yeux. Le législateur italien n'a pas seulement commis une
erreur dans les termes, en employant la qualification
inexacte de billets à ordre ; il est résulté de cette fausse
appréciation, que la loi s'est bornée à reproduire le
renvoi aux articles écrits pour la lettre de change, dans la
même mesure où elle y renvoyait en faveur du billet à ordre
commun : « Art. 276. Les dispositions relatives à la lettre
de change qui, selon l'art. 274, sont communes aux billets
à ordre en espèces (*in denaro*), s'appliquent aussi aux billets à ordre en denrées. »

Est-ce donc à dire que les dispositions concernant *l'acceptation* et la *provision* n'auront pas ici leur place ? Elles
semblent, en effet, inévitablement exclues par les termes
mêmes de la loi. Pourtant, la force des choses oblige les
commentateurs du Code de 1865 à restituer au titre en
question son caractère assimilable à la lettre de change,
et, en conséquence, à admettre que là où il y a un tiré, se
doit appliquer la législation édictée par le Code en ce qui
touche la provision et l'acceptation (1).

Aussi bien, le Code lui-même consacre implicitement
cette doctrine, quant à l'acceptation du moins. Nous aurons,

(1) *Voy.* M. Vidari. *La lettera di cambio*, p. 673.

en effet, à étudier la nature et l'étendue du recours accordé au porteur par l'art. 280, contre *l'accepteur (acceptante)*. Reste indéterminé le rôle de la provision. Or, les termes absolus du même article 230 déclarent le tireur libéré, sans lui imposer l'obligation de prouver qu'il avait fait provision à l'échéance. En présence de ce texte formel, il ne paraît plus possible de faire intervenir la législation de la lettre de change, et d'étendre au cas actuel les rigueurs de l'art. 203.

Disons tout de suite que le *Projet* pour la réforme du Code de commerce rectifie cette rédaction vicieuse.

Ce projet restitue d'abord au titre, son nom d'*ordini in derrate*. En outre, l'art. 244, en déterminant les énonciations nécessaires à la validité de l'ordre en denrées, a soin de permettre soit la forme de la lettre de change, soit celle du billet à ordre. Ce texte est ainsi conçu : « L'ordre en denrées doit contenir : 1° l'indication du lieu et des jour, mois et année de l'émission ; — 2° l'énonciation d' « ordre en denrées », ou autre équivalente ; — 3° l'espèce de la denrée à consigner, et les qualité et quantité ; — 4° le temps de la consignation ; — 5° les nom et prénom de la personne en faveur de laquelle il est donné (1) ; — 6° la signature de celui qui émet le titre (*la sottoscrizione dell'emittente*). — Si la denrée doit être consignée par une personne autre que celle qui émet le titre, l'ordre doit en outre contenir : — 7° Les nom et prénom de celui qui

_______

(1) « *Al favore della quale* è dato ». A ce langage peu net et peu juridique, M. Vidari propose, non sans raison, de substituer ces termes : « *All'ordine della quale devesi fare la consegna* » (à l'ordre de laquelle se doit faire la consignation). *Voy.* M. Vidari, *Studii sul progetto per la riforma del Codice di commercio*, p. 372.

est appelé à consigner (1), et — 8° le lieu de la consignation.

Le projet a évité tout d'abord, comme on le voit, d'employer, au sujet de la signature du titre, une expression de
nature à s'appliquer exclusivement soit à la forme du billet
à ordre soit à celle de la lettre de change. Ensuite, distin-
guant expressément entre ces deux formes, les rédacteurs
ont ajouté des énonciations spéciales à la lettre de change.

Revenons à l'examen des dispositions portées par le
Code de 1865.

L'art. 278 prohibe absolument l'échéance *à vue,* encore
bien qu'aux termes de l'art. 246 un délai maximum soit
fixé : « Les billets en denrées, dit l'art. 278, ne peuvent
être *tirés* à une échéance indéfinie, mais seulement à une
époque déterminée. S'il y a eu pacte contraire, le billet est
réputé *simple obligation,* encore qu'il soit souscrit par des
commerçants. »

Le but de cette disposition est de prévenir les dangers
que ferait courir au débiteur l'arbitraire laissé au bénéficiaire de réclamer la livraison à l'époque qu'il jugerait la
plus favorable à ses intérêts, c'est-à-dire celle où le prix
des denrées, dont la valeur est essentiellement variable, se
serait accru.

Au moment de l'échéance, comment s'opère la prestation de la chose ? « Art. 279. Arrivé le terme fixé par le
billet, il est loisible au porteur de le faire exécuter au

_______________

(1) M. Vidari propose ici encore, au texte du projet, un nouveau changement également digne, par les mêmes motifs, d'être pris en considération. Dire : « *il nome e cognome di colui sul quale è tratto* (les nom et
prénom de celui sur qui il est *tiré*).

moyen du chargement de la denrée par terre ou par eau, ou bien par son transport dans d'autres magasins ou lieux de dépôt. Il peut pour son compte et à ses risques, la maintenir, après l'époque exprimée sur le billet, dans les magasins ou lieux de dépôt où elle se trouve, si toutefois ce procédé est conforme aux usages locaux. » Réciproquement, si le porteur ne se présente pas à l'échéance, le débiteur peut obtenir de la justice l'autorisation de déposer la chose dans un magasin public ; ou bien il la gardera ; ou encore, si la denrée est exposée à se détériorer, il en opérera la vente : Dans tous les cas, la chose sera au compte du porteur et à ses risques (1).

Dans l'hypothèse où le *porteur* a laissé passer l'échéance sans réclamer la chose, quelle action pourra-t-il désormais exercer contre le débiteur ? L'art. 280 dispose que « le possesseur du billet en denrées, qui n'a pas veillé à l'exécution en temps utile, conserve ses droits contre l'*accepteur* seulement ; tireurs et endosseurs sont libérés. »

Ainsi, l'accepteur demeure soumis, non pas seulement à une action civile, mais à la rigueur des principes de la négociation (*azione cambiaria*). Et pourtant, l'accepteur n'est pas en faute : Il est, au contraire, en quelque sorte la victime des fantaisies arbitraires du porteur, et la loi, bien loin de venir à son secours, le tient soumis au bon plaisir d'autrui. Cette disposition a été sans doute inspirée par le respect des habitudes rurales, et de ces usages locaux auxquels s'en référait tout à l'heure expressément l'art. 279. Mais, une telle exception apportée aux principes

_______

(1) *Cf.* M. Vidari. *La lettera di cambio*, p. 673.

par les usages les plus vicieux, a été sagement bannie du projet nouveau.

On ne saurait, en effet, trop blâmer la condescendance du législateur à des coutumes qui comptent parmi les fléaux les plus funestes dont souffre l'agriculture. Ce qui fait le plus défaut aux transactions agricoles, c'est une organisation solide des règles universellement admises, et des principes exactement déterminés.

L'usage des *ordres en denrées* sagement réglementé, établi sur des bases aussi larges et aussi fermes que possible, procurerait à l'agriculture en quelque sorte le fil conducteur qui manque à ses opérations.

Ce sont les valeurs capables de mobiliser les récoltes, de les escompter et de les faire circuler comme des espèces, qui, seules, pourront assurer l'activité et. la régularité nécessaires au mouvement de l'industrie agricole. Il est grand temps, en vérité, que l'agriculture, à son tour, puise une vie nouvelle à la source féconde du crédit, où le commerce a depuis longues années centuplé ses forces. Ou nous nous abusons étrangement, ou l'instrument qu'on a vainement cherché ailleurs (1) pour ce progrès né-

---

(1) On a demandé, d'abord, le rétablissement de la *rente foncière* perpétuelle, le plus détestable des systèmes, auquel l'ancien droit s'était vu contraint de recourir par suite de l'absence du prêt à intérêt. On a réclamé avec plus de fermeté une réforme de la législation en matière de *gage*, de nature à permettre le nantissement en bestiaux et ustensiles d'exploitation, sans déplacement de ces objets : Voir l'enquête de 1865, dépositions de Beaumont et d'Esterno. Le comte d'Esterno a renouvelé récemment avec vivacité cette demande d'une modification applicable à l'art. 2073 du Code civil. (*Voy. Economiste français* du 19 juillet 1879.)

Enfin la circulaire ministérielle du 30 juillet 1879 vise le crédit agricole mobilier *réel*, en même temps que personnel, savoir celui qui « repose

cessaire, est dans nos mains. L'enquête de 1865 résume les plaintes et les demandes de l'agriculture, par ces mots toujours répétés : Il faut à l'agriculture de l'argent ! Aujourd'hui, même langage : « La terre, dit excellemment le comte d'Esterno, la terre est un alambic qui rend de l'alcool non en proportion de sa capacité, mais en proportion de la masse et de la richesse des substances qu'on lui donne à distiller (1). »

Or, quel est le but, quelle est la raison d'être des ordres en denrées ?

« Les ordres en denrées, écrit M. Vidari, ont pour but de procurer de l'argent à qui en a besoin, par le moyen d'un engagement correspondant en denrées à consigner à l'échéance de l'obligation. » Et l'éminent professeur de droit commercial ajoute : « Dans les contrées agricoles, ces ordres en denrées peuvent être d'un grand secours. Ils fournissent, en effet, un moyen de transformer, pour ainsi dire, les denrées en espèces, ou en d'autres valeurs : un nouveau titre de crédit est ainsi créé pour faciliter davantage encore les affaires. Ces ordres permettent en

sur une garantie mobilière, récoltes, matériel, etc. ; en un mot, revêt la forme du prêt sur gage ou nantissement. » Mais, n'est-ce pas la force même des choses qui a fait du gage un contrat réel ? La loi de 1863, portant modification des art. 91 et suivants du Code de commerce, n'a point échappé à cette nécessité de fait. On ne peut se soustraire à un tel résultat qu'à l'aide d'heureux expédients comme l'établissement des magasins généraux, lesquels, du reste, exigent déjà un premier déplacement. — Voir, pourtant, la proposition déposée au commencement de l'année 1881, par M. Mir, député, et apportant aux articles 2074, 2076, 2078 et 2102 du Code Civil des modifications destinées à permettre la constitution du gage agricole sans déplacement des objets.

(1) *Economiste français*, 19 juillet 1879.

quelque sorte d'escompter les espérances des récoltes à
venir ; les fruits et les moissons avant qu'ils ne soient
accrus, ou arrivés à leur maturité, deviennent susceptibles
de procurer crédit et argent pour l'heure présente. Auxi-
liaires efficaces de l'industrie agricole, et puissants res-
sorts pour le crédit, les ordres en denrées peuvent devenir
des facteurs capables d'activer dans une forte mesure la
prospérité et la richesse du pays (1). »

Nous n'ajouterons rien à ces paroles pleines d'autorité.
Aussi bien, la valeur que nous venons d'examiner se
recommande assez d'elle-même, tant par son mécanisme
si simple que par ses résultats si utiles, si indispensables,
doit-on dire, en présence tant de l'immense développement de l'industrie que des progrès de l'agriculture elle-
même dans plusieurs pays voisins. Par la création en
France des ordres en denrées, sous la double forme de la
lettre de change et du billet à ordre, on peut désormais
compléter un grand ensemble, et élever en quelque sorte
au crédit un monument législatif. L'heure semble venue
d'une vaste refonte législative en ce qui touche les effets
de commerce. Le législateur moderne est apte à formuler,
en un livre qui serait l'un des plus importants de tout le
Code commercial, l'ensemble des principes applicables à
tous les titres négociables.

Toutes les branches de la richesse nationale ne doivent-
elles pas être également dotées de cette circulation, comparable, sous bien des rapports, à celle qui donne la vie
aux êtres organisés ! Par la division des titres au porteur
ou négociables par voie d'endossement, en *valeurs pécu-*

_______

(1) M. Vidari. *La lettera di cambio*, p. 667-8.

*niaires* et en *valeurs en marchandises*, par la subdivision de ces dernières en valeurs en marchandises proprement dites et en valeurs en denrées, on procurera leur outil indispensable à chacun des trois grands facteurs économiques, le Commerce, l'Industrie, l'Agriculture.

FIN

# TABLE



## LIVRE I

### DES VALEURS PÉCUNIAIRES

#### TITRE I

##### DE LA LETTRE DE CHANGE

#### CHAPITRE I

##### NATURE ET ORIGINE DE LA LETTRE DE CHANGE. — ANCIEN DROIT

## CHAPITRE II

### DE LA LETTRE DE CHANGE EN DROIT FRANÇAIS



## CHAPITRE III

### DE LA LETTRE DE CHANGE D'APRÈS LES LÉGISLATIONS ÉTRANGÈRES



## CHAPITRE IV

### EXAMEN CRITIQUE DES LÉGISLATIONS COMPARÉES SUR LA LETTRE
### DE CHANGE

# TITRE II

## DU BILLET A ORDRE

### CHAPITRE I

#### DU BILLET A ORDRE. — DROIT FRANÇAIS



### CHAPITRE II

#### LÉGISLATIONS ÉTRANGÈRES. — EXAMEN CRITIQUE DES LÉGISLATIONS COMPARÉES.



# TITRE III

## DU CHÈQUE

### CHAPITRE I

#### DU CHÈQUE. — SA NATURE ; — SON ORIGINE ; — SON UTILITÉ

## CHAPITRE II

### DU CHÈQUE A L'ÉTRANGER, SPÉCIALEMENT EN ANGLETERRE.



## CHAPITRE III

### DU CHÈQUE EN FRANCE



## CHAPITRE IV

### EXAMEN CRITIQUE DES LÉGISLATIONS COMPARÉES SUR LE CHÈQUE

# TITRE IV

## DES TITRES AU PORTEUR

### CHAPITRE I

#### LÉGISLATION FRANÇAISE



### CHAPITRE II

#### LÉGISLATIONS ÉTRANGÈRES, EXAMEN DES LÉGISLATIONS COMPARÉES.

# LIVRE II

## DES VALEURS EN MARCHANDISES

### TITRE I

#### DES VALEURS EN MARCHANDISES DU DROIT COMMUN

##### CHAPITRE I

DES FACTURES. — DES ORDRES DE LIVRAISON. — DU CONNAISSEMENT
ET DE LA LETTRE DE VOITURE



##### CHAPITRE II

LÉGISLATIONS ÉTRANGÈRES. — EXAMEN CRITIQUE DES LÉGISLATIONS
COMPARÉES

# TITRE II
## DES RÉCÉPISSÉS -WARRANTS

### CHAPITRE I
#### DES RÉCÉPISSÉS-WARRANTS. — LEUR ORIGINE EN ANGLETERRE ET EN FRANCE



### CHAPITRE II
#### LOIS DU 28 MAI 1858. — EXAMEN CRITIQUE DES LÉGISLATIONS COMPARÉES



# TITRE III
## DES BILLETS EN MARCHANDISES ET DES « ORDRES EN DENRÉES »

### CHAPITRE I
#### DES BILLETS EN MARCHANDISES

## CHAPITRE II

### DES « ORDRES EN DENRÉES »

# A LA MÊME LIBRAIRIE

*Précis de droit civil*, contenant : dans une première partie, l'exposé des principes, et dans une deuxième, les questions de détail et les controverses, — suivi d'une table des textes expliqués et d'une table analytique développée, par G. BAUDRY-LACANTINERIE, professeur à la Faculté de droit de Bordeaux, 1882, 3 volumes grand in-8°.                37 fr. 50
    Le tome premier seul paru.                12 fr. 50
    (Les tomes II et III paraîtront prochainement.)

*Précis du Cours d'Économie politique*, professé à la Faculté de droit de Paris, contenant, avec l'exposé des principes, l'analyse des questions de législation économique, par PAUL CAUWÈS, professeur à la Faculté de droit de Paris, 2e édition 1881-1882, 2 volumes grand in-8°                20 fr.

*Cours de procédure*, — organisation judiciaire, compétence et procédure en matière civile et commerciale, par E. GARSONNET, professeur à la Faculté de droit de Paris, 1882, tome 1er seul paru.                10 fr.
    Le tome deuxième et dernier paraîtra prochainement.

*Cours élémentaire de droit romain*, contenant l'explication méthodique des Institutes de Justinien et des principaux textes classiques, pour la préparation aux examens de baccalauréat, de licence et de doctorat en droit, par E. DIDIER-PAILHÉ, professeur à la Faculté de droit de Grenoble, 2e *édition*, revue et corrigée par CHARLES TARTARI, professeur de droit romain à la Faculté de droit de Grenoble, 1881, 1 volume in-8°                12 fr. »

*Précis de droit criminel*, comprenant l'explication élémentaire de la partie générale du Code pénal, du Code d'instruction criminelle en entier et des lois qui ont modifié ces deux Codes, par R. GARRAUD, professeur de droit criminel à la Faculté de droit de Lyon, 1881, 1 vol. in-8°                10 fr. »

*Précis de l'histoire du droit français*, cours d'introduction à l'Étude du droit, par ALFRED GAUTIER, professeur à la Faculté de droit d'Aix, 1882, 1 volume in-8°                8 fr. »

*Histoire de la procédure criminelle en France*, et spécialement de la procédure inquisitoire depuis le XIIIe siècle jusqu'à nos jours, par A. ESMEIN agrégé à la Faculté de droit de Paris. 1882. 1 volume in-8.                10 fr.
(Ouvrage couronné par l'Académie des Sciences, morales et politiques.

*Constitutions européennes*, résumé de la législation concernant les parlements, les conseils provinciaux et communaux et l'organisation judiciaire dans les divers États de l'Europe, avec une notice sur le congrès des États-Unis d'Amérique, par G. DEMOMBYNES, avocat à la Cour de Paris, 1881, 2 vol. in-8°.                48 fr. »

*Traité des assurances maritimes*, par ÉMILE CAUVET, président du tribunal civil de Narbonne, 1879-1881, 2 volumes in-8°                16 fr. »

*Essai sur la séparation des pouvoirs* dans l'ordre politique, administratif et judiciaire, par A. SAINT-GIRONS, avocat à la Cour d'appel de Lyon, professeur à la Faculté libre de droit, 1881, 1 vol. in-8°                9 fr. »
(Ouvrage couronné par l'Académie des sciences morales et politiques.)

*Traité de droit international public* en temps de paix, par CARNAZZA-AMARI, professeur de droit international à l'Université royale de Catane, traduit en fançais et précédé d'une étude sur l'état actuel du droit des gens en Italie, par MONTANARI-REVEST, ancien bâtonnier de l'ordre des avocats près le Tribunal civil de Toulon, juge suppléant au même siège. 1880-1882, 2 volumes in-8°                16 fr. »

*Le tarif général et raisonné des notaires*, étude sur les principes et le mode de rémunération des actes notariés, sur la procédure du tarif, la taxe, les recouvrements des frais et honoraires, l'action en restitution, etc., par Albert AMIAUD, ancien président de la chambre des notaires d'Angoulême, 2e édition, revue et augmentée, 1881, 2 volumes in-8°                15 fr. »

*Discours, plaidoyers et œuvres diverses* de Edmond ROUSSE, membre de l'Académie française, avocat à la cour de Paris, ancien bâtonnier, 1882, 2 volumes in-8°                15 fr. »